Cecilia Sifontes

Wie werde ich ein Engel

So können uns Flügel wachsen

KAILASH

FSC

Mix

Produktgruppe aus vorbildlich
bewirtschafteten Wäldern und
anderen kontrollierten Herkünften

Zert.-Nr. SGS-COC-1940
www.fsc.org
© 1996 Forest Stewardship Council

Verlagsgruppe Random House
FSC-DEU-0100
Das für dieses Buch verwendete
FSC-zertifizierte Papier *Munken Premium* liefert
Arctic Paper Munkedals AB, Schweden

Bibliografische Information der Deutschen Bibliothek
Die Deutsche Bibliothek verzeichnet diese Publikation
In der Deutschen Nationalbibliografie; detaillierte bibliografische Daten
sind im Internet unter http://dnb.ddb.de abrufbar.

Umschlaggestaltung: Weiss/Zembsch/Partner: Werkstatt München
Satz: te•ha, Anif
Druck: GGP Media GmbH Pößneck
Printed in Germany 2008

ISBN 978-3-7205-6054-2

INHALT

TEIL I

Was Engel sind,
wie sie uns sehen

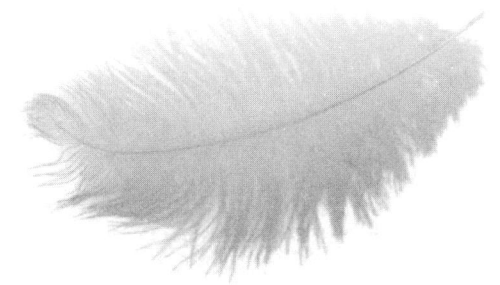

1. Moderne Engel – Was wollen sie?

Wir begleiten dich auf deiner gesamten Lebens-
reise, geleiten dich auf dem Weg des Lichts, lieben
dich für den du bist, sehen deinen göttlichen Fun-
ken, erwecken dich behutsam, wenn du bereit bist.

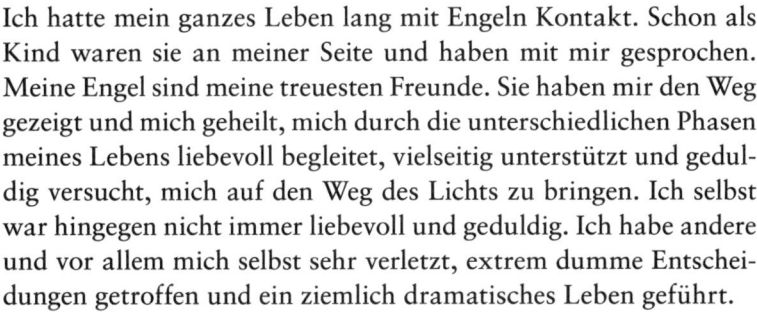

Ich hatte mein ganzes Leben lang mit Engeln Kontakt. Schon als Kind waren sie an meiner Seite und haben mit mir gesprochen. Meine Engel sind meine treuesten Freunde. Sie haben mir den Weg gezeigt und mich geheilt, mich durch die unterschiedlichen Phasen meines Lebens liebevoll begleitet, vielseitig unterstützt und geduldig versucht, mich auf den Weg des Lichts zu bringen. Ich selbst war hingegen nicht immer liebevoll und geduldig. Ich habe andere und vor allem mich selbst sehr verletzt, extrem dumme Entscheidungen getroffen und ein ziemlich dramatisches Leben geführt.

Kontakt mit Engeln zu haben bedeutet also nicht, dass man automatisch klug wird oder auf Rosen gebettet durch das Leben schwebt, keineswegs. Denn Engel sind einfach da und warten liebevoll ab. Sie lassen uns genau das machen, was wir wollen. Sie haben kein Bedürfnis, für uns Entschlüsse zu fassen, uns zu beeinflussen oder unser Leben zu steuern. Sie wollen einfach ansprechbar sein, ihre Unterstützung anbieten und uns einen lichtvolleren Weg aufzeigen, sobald wir das selbst wollen. Ich mochte das damals lange Zeit nicht, war den größten Teil meines bisherigen Lebens unerhört stur und wollte alles auf meine Art machen.

Man muss sich doch wohl nicht um Engel kümmern, dachte ich, und ich tat, was viele tun. Man kümmert sich so oft gerade nicht um diejenigen, die immer für einen da sind und einen lieben. Es ist einfach, Engel als selbstverständlich anzusehen. Im Gegensatz zu Menschen scheinen sie sich nicht darum zu kümmern, ob man sie beachtet und warten trotzdem geduldig weiter ab.

Ist es nicht seltsam, dass sie nicht aufgeben? Ich meine, wir Menschen müssen wohl als die dümmste Rasse des Universums gelten. Wir bringen uns gegenseitig um, schmieden Intrigen, versuchen uns durchzumogeln, nutzen andere aus, während wir alle mithelfen, den Planten zu verschmutzen. Und dann behaupten wir noch, dass wir eine intelligente und friedliebende Rasse sind.

Ist es nicht wunderbar, dass sie nicht aufgeben? Obwohl wir uns derart aufführen, haben die Engel offensichtlich ein völlig anderes Bild von uns Menschen. Sie kümmern sich nicht darum, was wir falsch machen, sondern fokussieren* sich so lange auf unser göttliches Potenzial, bis wir es selber sehen. Sie sind da und lieben uns über alles, bis wir aufwachen und beginnen, die Welt aus ihrer Perspektive zu sehen.

> Engel richten sich auf mein
> göttliches Potenzial aus, um es
> für mich sichtbar zu machen.

Selbstverständlich hast du bereits einen Engel an deiner Seite, obwohl du ihn vielleicht noch nicht bemerkt hast. Wenn du damit beginnst, dieses Buch zu lesen, wird dein Engel auf seine ganz spezielle Weise damit anfangen, mit dir und deinem Bewusstsein zu arbeiten. Damit du verstehst, dass es Engel gibt. Ich kann also nur hoffen, dass du nicht genauso verstockt oder dumm bist, wie ich es war, sondern die grenzenlose Liebe und die lichtvolle Unterstützung annimmst, die dein Engel dir geben möchte.

Es passt hierher, dass ich erzähle, wie ich schon von Anfang an ziemlich dämlich war. Bereits am Tag meiner Geburt kam ich in Bezug auf meine Engel auf eine schiefe Bahn. Ich habe nämlich völlig missverstanden, warum sie mit dabei waren.

In das Leben auf der Erde geboren zu werden, ist eine göttliche Gabe und auch in den geistigen Welten ein großes Ereignis. Wenn

---

* Die Autorin macht einen klaren Unterschied zwischen „fokussieren" und „konzentrieren". Der erste Begriff ist ein gesammeltes Schauen, das ganz natürlich vor sich geht; der zweite Begriff vermittelt eher eine Anstrengung, und deshalb verwendet die Autorin ihn nicht.

wir ins Leben treten, folgen unsere geistigen Führer und Engel dem Geschehen mit großer Spannung und der Entbindungsraum ist voller Lichtwesen und Engel, die uns in dieser Welt willkommen heißen möchten. Bei meiner Geburt waren sowohl meine Seele, meine geistigen Führer und eine ganze Schar von Engeln da als auch die Seelenführer und Engel meiner Eltern.

Schon von Geburt an hatte ich zu diesen geistigen Lehrmeistern und ihrer göttlichen Liebe und ihrem göttlichen Licht Zugang. Ich hatte all die Unterstützung, die man sich nur wünschen kann, um meinen Platz im Leben als geistige Lehrerin auf der Erde einzunehmen, aber das hatte ich leider nicht verstanden.

Man könnte ja meinen, dass bei so viel Licht und Liebe und einer derart unendlichen geistigen Präsenz das Leben für das Kleinkind ganz toll werden müsste. Allerdings habe ich von Anfang an das meiste missverstanden. Sobald ich geboren war, empfand ich die neue Situation als beängstigend. Es war sehr kalt und ich erhielt einen ordentlichen Klaps auf den Hintern. Ich habe es damals direkt bereut, zur Erde zu kommen, und wollte augenblicklich zurück auf die Seelenebene. „Wer will schon auf einem derart schrecklichen Planeten sein?", dachte ich mir. Das drückte ich dann durch gellendes Geschrei unmissverständlich aus. Die einzige Antwort, die ich von allen Engeln und Lichtwesen erhielt, war ihre Zufriedenheit mit der Lage. Sie wollten meine Ankunft auf der Erde kräftig feiern, während ich einfach nur schnellstmöglich fort wollte. Bei genauerem Hinsehen mag es so gewesen sein, dass diese ganze Schar von Engeln aufgrund meiner Sturheit ausgesandt wurde, um mich auf jeden Fall hier zu halten.

Dumm und stur, wie ich war, zog ich schon bei Geburt einen völlig falschen Schluss. Es fühlte sich ja nicht so an, als ob die Engel auf meiner Seite gewesen wären. Ich wollte wieder heim und sie wollten mich hier auf der Erde haben. Ich meinte also, dass sie versuchten, mir ein Leben hier aufzuzwingen. Ich dachte, dass diese Wesen mich enttäuschten und daher weigerte ich mich, auch nur irgendetwas von ihnen anzunehmen. Begreifst du, wie verzogen ich mich benahm? Hier gibt es massenhaft Leute, die sich nach Kontakten mit Engeln sehnen, und ich, die ich schon von Anfang an Kontakt mit ihnen hatte, war der Meinung, dass das gar nicht wünschenswert wäre.

Und so sind wir wohl alle, wir Menschen. Wir sind so damit beschäftigt, uns verlassen zu fühlen, uns selbst leidzutun, dass wir nicht begreifen, dass im Universum ein enormer Aufwand betrieben wird, damit wir es hier so herrlich wie nur möglich haben. Tatsache ist, dass alle Lichtwesen und Engel im gesamten Universum gerade uns hier auf der Erde sehr hoch einschätzen. Wir scheinen der nächste Planet auf der Liste zu sein, auf dem das Bewusstsein sich erhöhen wird und alle Wesen zu Engeln werden!

Letzten Endes hat es gedauert, bis ich etwa 30 war, bevor ich begann, die Größe und Weite all der Unterstützung zu begreifen, die wir hier auf der Erde haben. Erst zu diesem Zeitpunkt konnte ich ihre Liebe annehmen. Wie leicht wir doch ein viel besseres Leben sowohl für uns selbst als auch für die gesamte Menschheit erschaffen könnten, wenn wir mit den Engeln zusammenarbeiten würden.

„Besser spät als gar nicht", ist eine Einsicht, die gut auf mich zutrifft. Wenn ich auf meine Geburt zurückblicke, ist mir völlig klar, dass ich und viele andere Lichtarbeiter, die um diese Zeit geboren wurden, Schwierigkeiten hatten, den Grund für unsere Ankunft zu verstehen. Es schien, als ob das Energiefeld der Erde unser Bewusstsein in einem Maße dämpfte, dass wir sogar den Zweck unseres Lebens vergaßen.

Zum Glück spielt dies letztlich aber keine Rolle. Engel haben unendliche Geduld und stehen bis zum Tag unseres Erwachens an unserer Seite. Und wenn wir erwachen, sagen sie nicht: „Meine Güte, du hast aber lange gebraucht", sondern „Willkommen, herrlich dass du hier bist. Wir haben auf dich gewartet."

Ich möchte klarstellen, dass ich über moderne Engel aus einem heutigen Blickwinkel spreche. In der Geschichte gibt es ja unzählige Beschreibungen von Engeln, zum Beispiel in der Bibel. Obwohl dies sicherlich wundervolle Berichte sind, interessieren sie mich doch nicht. Denn das geschah vor mehr als 2000 Jahren und wurde entsprechend dem Weltverständnis der damaligen Zeit erklärt. Wir sind mittlerweile zu einer völlig anderen Sichtweise der Welt gelangt. Warum also an alten Ideen und Bildern über Engel festhalten? Es ist hohe Zeit, dies zu ändern und damit zu beginnen, die Funktionen und Möglichkeiten moderner Engel zu untersuchen.

Ich denke, wenn sich ein Engel vor 2000 Jahren offenbarte, so hat der Empfänger versucht, sich und anderen das, was er sah, mit dem damals zugänglichen Wissen zu erklären und solche Offenbarungen in Übereinstimmung mit den damals geltenden sozialen Normen zu interpretieren.

Jetzt haben wir jedoch andere Normen und neues Wissen und können daher die Botschaft der Engel auf völlig neue Art übersetzen. Natürlich wird nicht alles nur deshalb schon besser, weil es neu und modern ist. Für mich ist es jedoch leichter zu verstehen, was meine Engel sagen, wenn ich offen für die neue Art und Weise bin, wie sie sich zeigen, und wie wir sie sehen und hören können.

In diesem Buch spreche ich ganz allgemein von Engeln. Ich möchte sie nicht in Grade einteilen oder in Systeme stopfen, die es eigentlich nicht gibt. Ich arbeite mit Engeln, geistigen Führern, aufgestiegenen Meistern und anderen Lichtwesen zusammen, welche alle eine gemeinsame Aufgabe haben: uns zu erleuchten und zu helfen, das Potenzial des Lebens und den Zweck der Schöpfung zu verstehen.

Ein wichtiger Anteil im Verständnis des Zwecks von Engeln ist es, die Menschheit in die Zukunft zu führen, das Licht für uns zu halten und uns dadurch zu neuen Ideen zu inspirieren, zu neuer Forschung, neuen Formen des Zusammenlebens auf dem Planeten, neuer Technik, neuen Beziehungsformen, neuen Wegen, das Göttliche zu finden, neuen Anwendungsgebieten für unsere spirituelle Kraft und vieles mehr. Das soll nicht heißen, dass sie alles Alte verschrotten werden, sondern eher, dass sie es auf den neuesten Stand bringen, um es unserem heutigen Entwicklungsniveau anzupassen und uns zu inspirieren, auf die nächste Ebene zu gelangen. *Sie lehren eine ewige Wahrheit und inspirieren uns dazu, sie entsprechend den Voraussetzungen unserer heutigen Welt zu interpretieren.*

Engel sehen die zukünftigen Entwicklungsmöglichkeiten und erwecken unsere Sinne, sodass wir sie verstehen und uns vorwärts entwickeln können. In diesem Sinne sind Engel moderner als wir. Sie sind erfindungsreich und stimulieren unsere Sinne, sodass wir neugierig werden, neue Zusammenhänge zu entdecken. Ideen, die zum Beispiel von Sünde, Schuld und Scham handeln, haben Engel seit Langem hinter sich gelassen. Natürlich waren uns solche

Ideen nützlich, als wir uns auf einer anderen Entwicklungsstufe befanden. In unserer heutigen Lage hindern sie uns jedoch eher und halten unsere Entwicklung zurück. Heute sind ihre Schlüsselworte Liebe, Licht, vermehrtes Bewusstsein, Toleranz, Neugierde, Entdeckerfreude, Lebenslust. Morgen können auch diese Ideen schon wieder veraltet wirken, und dann werden uns die Engel inspirieren, unsere weitere Erforschung der Wirklichkeit auf eine ganz andere und wieder neue Weise fortzusetzen.

Gerade unser Antrieb, die Wirklichkeit zu erforschen und unsere Entwicklung vorwärts zu treiben, gehört zu den stärksten göttlichen Triebkräften, die wir anwenden können, um an unsere spirituelle Kraft zu kommen. Engel sind sehr daran interessiert und inspirieren uns zu neuer Forschung auf den Gebieten der Medizin, der Physik, der Chemie, der Mathematik und der Raumfahrt und koppeln diese Welten mit den geistigen Dimensionen zusammen. Meine Engel übermitteln mir, dass gerade auf diesen Gebieten der Beweis des Göttlichen erfolgen wird, und zwar in der nahen Zukunft!

Interessant daran ist, dass viele spirituell interessierte Menschen gerade vor der Forschung auf diesen Gebieten viel Angst haben. Oft wird geurteilt, dass Dinge, die zum Beispiel durch medizinische Forschung möglich werden, nicht im Sinne Gottes oder schlichtweg gefährlich seien. Ich bin der Meinung, dass es sehr wohl der Absicht Gottes entspricht, dass wir neue Wege finden, um ein längeres Leben mit höherer Lebensqualität zu führen. Ich denke nicht, dass es der Wille Gottes ist, stillzusitzen und unsere Krankheiten zu akzeptieren. Ich empfinde es als fantastisch, dass wir zum Beispiel auf dem Gebiet der Gehirnimplantate forschen, um damit Depression zu heilen, Parkinson, Autismus, Gedächtnisstörungen und Ähnliches. Ich bin mir sicher, dass viele Engel den Auftrag haben, derartige Forschung zu inspirieren. Der Hauptauftrag der Engel ist ja, uns vorwärts zu bringen, sodass wir mehr über die Wirklichkeit verstehen.

Durch aktive Zusammenarbeit mit Engeln kannst du dein Leben verbessern und harmonischer werden. Das kannst du natürlich mit oder ohne Engel machen. Warum sich aber nicht der angebotenen Kräfte bedienen, anstatt alles selbst zu machen? Engel haben den Überblick über dein Leben und können künftige Entscheidungen sehen, vor die du gestellt wirst. Sie wissen auch, welche Entscheidungen für dich am klügsten und von Licht erfüllt wären. Auch deshalb wäre es eine gute Idee, mit ihnen zusammenzuarbeiten. So vermeidest du unangenehme Umwege und eine Menge unnötiger Probleme. Und du hast immer die standhafte Unterstützung echter Freunde.

Nachdem ich selbst sowohl die Zusammenarbeit mit den Engeln als auch die Sabotage ihrer Hilfsangebote ausprobiert habe, kann ich bezeugen, dass Zusammenarbeit besser ist. Nicht, dass Engel protestieren würden, wenn du über sie hinwegsiehst. Sie würden auch nie auf den Gedanken kommen, dich dafür zu bestrafen, falls du ihnen den Rücken zuwendest. So arbeiten sie nicht. Engel strahlen immer unendliche Liebe aus und ermuntern dich in jeder Lebenssituation.

Gleichzeitig ist es unnötig belastend für einen selbst, das Bild einer kalten und lieblosen Welt aufrechtzuerhalten und sich einzubilden, alles wäre hoffnungslos, während man gleichzeitig vom gesamtem Universum mit Liebe „bombardiert" wird. Genau das passiert uns aber! Die gesamte Menschheit wird gerade jetzt von Engeln mit Liebe „bombardiert". Dies ist ihr Versuch, uns zum Verständnis unseres eigenen göttlichen Potenzials zu bringen.

Du glaubst vielleicht, dass es schwierig ist, mit Engeln zusammenzuarbeiten oder dass nur gewisse Menschen für Engelkontakte begabt sind. Vielleicht glaubst du, dass man eine Menge Rituale absolvieren und lange Zeit bestimmte geistige Techniken praktizieren müsste, um Zugang zur Kraft der Engel zu erhalten. Dem ist nicht so, ganz im Gegenteil. Die Zusammenarbeit mit Engeln ist einfach und verlangt von dir nichts Besonderes – einfach einen offenen Geist. Engel sind ja unbegrenzte Wesen, die für alle da sind. Sie sind immer bereit, auch dir und gerade dir ihre Unterstützung zu geben. Rituale sind nur nötig, wenn du der Meinung bist, dass sie *dich* darin unterstützen, um dich auf Engel zu fokussieren.

Es gibt eigentlich überhaupt keine Regeln, wie du Kontakt zu Engeln herstellen kannst, denn du hast ihn ja bereits. Es geht nur darum, wie du den Kontakt, der bereits besteht, bewusst wahrnehmen kannst. Da ist es gut, zu wissen, dass sich Engel von dir keine Höflichkeitsfloskeln erwarten. Sie freuen sich, wenn du

> Engel bieten mir die Möglichkeit eines
> besseren und harmonischeren Lebens an.

mal von dir hören lässt. Sie stehen dir bereits zur Seite und lieben dich über alles und erwarten sich nicht viel von dir ... – naja, dass stimmt nicht ganz genau. Sie erwarten sich von dir schon eine ganze Menge, kümmern sich allerdings nicht darum, ob du ihre Erwartungen jetzt oder in 1000 Jahren erfüllst. Sie leben nämlich in einer anderen Dimension, jenseits von Zeit und Raum. Du musst also keine Angst davor haben, etwas verkehrt zu machen, wenn du einen Versuch unternimmst, bewussten Kontakt zu Engeln aufzunehmen. Deine Engel freuen sich über deinen Versuch, sie haben ja dein ganzes Leben darauf gewartet. Das Einzige, was sie interessiert, ist, dass sie dir Liebe, Freude und Lebenslust geben dürfen. Wie das dann zustande kommt, ist für sie ohne Bedeutung.

> Engel sind grenzenlose Wesen,
> die für alle da sind.

Wenn man Engelliteratur wälzt, spricht man oft von Rangordnungssystemen, von mehr und weniger entwickelten Engeln, Erzengeln und gefallenen Engeln. Viele werden von einer solchen Struktur angesprochen, weil sie das Ganze etwas erklärt und außerdem zu unserer allgemeinen Auffassung der Gesellschaft passt. Mich spricht das nicht an, da meine Erfahrung mit Engeln anders aussieht. Engel sind Engel und wie wir sie wahrnehmen, hängt mehr von unserem Beobachtungsort ab.

Meine Erfahrung mit Engelkommunikation stimmt im Großen und Ganzen mit der modernen Psychologie überein. Ich war mein ganzes Leben lang an Psychologie interessiert, und daher interpretiere ich alles, was mir Engel erzählen, aufgrund dieser Voraussetzungen. Ich möchte deshalb auch in keiner Weise so verstanden werden, als ob alles, was ich in diesem Buch beschreibe, die einzige Weise ist, wie man Engel verstehen kann. Es spiegelt *meine persönliche Auffassung und Erfahrung* der Engel, des Lebens und dessen Möglichkeiten wider!

Engel lieben alles, was leicht ist. Sie vermitteln einen so unbeschwerten Blick auf das Sein, dass er schon beinahe naiv wirkt. Ein grundlegender Vorschlag der Engel ist: Wenn wir unsere Gedanken über das Sein ändern, wird sich das Sein verändern, um sich an unsere Gedanken anzupassen. Eigentlich einfach, oder nicht? Denn durch unsere Gedanken schaffen wir ein Bild, das verwirklicht werden kann. Dieses Bild wird zu einem Magneten, der Geschehnisse anzieht, die dem Bild ähneln. Wenn uns das nicht gefällt, was wir bisher angezogen haben, können wir durch die Veränderung zunächst unserer Gedanken dann auch unser Sein verändern. Wenn du das machst, senden dir deine Engel eine Menge Engelenergie, um dir dabei zu helfen, jene Wirklichkeit zu erschaffen, die du möchtest. Es ist nämlich eine ihrer Aufgaben, uns dabei behilflich zu sein, die Wirklichkeit zu erschaffen, auf die wir uns fokussieren.

> Wenn ich meine Gedanken über das
> Sein ändere, ändert sich das Sein, um
> meinen Gedanken zu entsprechen.

Meine Engel haben mich gebeten, dieses Buch für dich zu schreiben, um auf eine hoffentlich leicht begreifbare Art zu erläutern, wie du dich von Engelkraft erfüllen und ein Leben erschaffen kannst, das deinen eigenen Wünschen entspricht. Sie wollen dich inspirieren, das Leben von der Engelsperspektive aus zu betrachten, damit du dein gesamtes göttliches Potenzial siehst.

Engelpsychologie
Engelübungen 1   „Deine Göttlichkeit ist das Schönste, was wir kennen. Daher fokussieren wir uns auf sie, um sie in deiner Welt auch Wirklichkeit werden zu lassen."

Im Anschluss an jedes Kapitel gibt es Übungen und Aufgaben, die du anwenden kannst, wenn du Engel erleben, deine Engelkontakte vermehren und dein eigenes Engelselbst entwickeln möchtest.

So kann dein Engelselbst bewusster werden und dich herausfordern, neue Seiten an dir zu entwickeln, die du bisher nicht gekannt hast.

Du kannst die Übungen auf mehrere Arten machen. Wenn du dich stark motiviert fühlst, dein Engelselbst zu entwickeln, schlage ich dir vor, dass du dich auf eine Aufgabe pro Tag fokussierst. Mache auch gerne Wiederholungen, nachdem du alle absolviert hast. Oder du folgst deiner Inspiration und machst die Übungen, die dich gerade besonders ansprechen. Du findest sicherlich etwas, das deiner aktuellen Situation entspricht.

Indem du dich darin übst, das Leben aus der Engelsperspektive zu sehen, wirst du dazu inspiriert, das Leben anders zu sehen. Das beschleunigt deine eigene Entwicklung und du kannst neue Möglichkeiten entdecken, an die du bisher nicht gedacht hast. (Alle Übungen basieren auf den eingerahmten Merksätzen in jedem Kapitel.)

Engel richten sich auf mein göttliches Potenzial aus,
um es für mich sichtbar zu machen.

Genau das ist es, was Engel machen. Während du zur Arbeit gehst, aufräumst, Auto fährst oder etwas anderes machst, meinst du vielleicht, dass dich niemand sieht. Vergiss es: Du kannst dich nicht verstecken. Du wirst ständig von den Engeln liebevoll beobachtet. Und wenn sie dir zuschauen, sehen sie dein Licht, deine Liebe, dein Bewusstsein – oder deinen Bedarf an Licht, Liebe und Bewusstsein. Alles andere interessiert sie nicht. Es ist also unnötig, sich darüber Sorgen zu machen, ob sie gerade dabei sind, dir heimlich über die Schulter zu sehen, während du Dinge tust, die du lieber geheim halten würdest – sie sehen nur dein Licht, deine Göttlichkeit.

Lass deine Fantasie spielen. Stell dir vor, du sitzt mit einer Gruppe von Engeln zusammen, die dein Leben auf der Erde beobachten. Dann würdest du bemerken, dass du aufgeleuchtet hast, als du um 12 Uhr etwas Nettes zu deinem Kollegen gesagt hast. Um 15 Uhr bist du beinahe neben deiner Kaffeetasse eingeschlafen und hattest eine gute Idee, und du bist wieder aufgeleuchtet. Und um 17 Uhr, als du deine Kinder vom Kindergarten abgeholt hast, sind die Liebe und das Licht in deinem Herzen besonders stark geflossen. Auf so etwas richten sich Engel also aus. Sie sehen dein göttliches Potenzial; jedes Mal, wenn es sich deutlich zeigt, jubelt eine ganze Gruppe von Engeln vor Freude. „Schaut mal, Leute, hier ist noch ein Mensch der sein Potenzial anwendet! Habt ihr gesehen, wie stark er strahlt? Er ist dabei, aufzuwachen. Hurra ...“ So ist das wirklich bei den Engel und auf diesen Ebenen. Vielleicht könnte es auch zur Nummer eins deiner eigenen Prioritätenliste werden, dich auf dein eigenes Licht zu fokussieren und zu beobachten, wie es wächst.

Aufgabe: Stell dir vor, dass du dich von außen sehen kannst und du dir selbst während eines Tages folgst. Untersuche, wann dein göttliches Potenzial deutlich sichtbar wird und wann es schrumpft.

Engel empfehlen, alle solche Dinge häufiger zu tun, die dich zum Aufleuchten bringen.

Engel bieten mir dir Möglichkeit eines besseren und harmonischeren Lebens an.
Stelle mal die ernsthafte Überlegung an, was das beinhalten könnte. Selbst wenn du nicht an sie glaubst, hast du einen oder mehrere Engel zur Seite, die nur darauf warten, dein Leben leichter machen zu dürfen. Sie stehen dort, und alles was sie sehen, ist deine Göttlichkeit, dein wunderbares Licht, deine Liebe und vielleicht auch deine Neugierde ihnen gegenüber.

Stell dir weiter vor, dass du dich für ihre Unterstützung öffnest und du von ihrem Licht und ihrer Liebe umhüllt wirst. Verbleibe darin ein paar Minuten lang. Wenn sich das gut anfühlt, kannst du dich vielleicht selbst dafür entscheiden, ein besseres und harmonischeres Leben zu führen. Stell dir vor, dass du laut und deutlich zu deinen Engeln sagst:

Ich entscheide mich jetzt dafür, ein besseres und harmonischeres Leben zu erschaffen.

Wiederhole dies ein paar Male und stell dir vor, du sprichst sowohl zu dir als auch zu all den Engeln im ganzen Universum, um damit klar und deutlich deine Absicht zu bekräftigen und auszusenden, ein besseres und harmonischeres Leben zu erschaffen.

Indem du bewusst wählst, wie du dein Leben haben möchtest, hast du den ersten Schritt dazu unternommen, es so auch zu erschaffen. Stell dir dann weiter vor, dass die Engel deinen Entschluss entgegennehmen und direkt beginnen, dir eine Menge Energie zu schicken, damit du dein Ziel schneller verwirklichen kannst. Was ein besseres und harmonischeres Leben ist, unterscheidet sich natürlich von Person zu Person. Es gibt da keine allgemeingültige Definition. Daher ist es wichtig, darüber nachzudenken, was dies gerade für dich bedeuten würde. Schreibe daher die Antworten auf folgende Fragen nieder:

Was würde sich in meinem Leben verbessern?

Schreib alles auf, was du in deinem Leben verbessert sehen möchtest:

Was kann mich harmonischer machen?

Gibt es etwas Spezielles, dass dich harmonischer werden lässt? Schreib alles auf, was dir dazu einfällt, sowohl bedeutende Dinge als auch Kleinigkeiten:

Was kann ich schon heute tun,
um dieses Ziel zu erreichen?

Überleg dir, was du tun kannst, damit sich das Leben herrlich anfühlt und du bereits jetzt ein wenig harmonischer wirst. Erinnere dich daran, dass es eine Menge kleiner Dinge gibt, die zu deinem Gefühl der Harmonie beitragen können. Einfache Sachen, an die du normalerweise nicht denkst.

Ich selbst hör mir gerne schöne Musik an, nehme ein Bad, rufe Freunde an und lache gern oder gehe raus in die Natur. Es ist nämlich wichtig, dass du deinem Engel zeigst, dass es dir Ernst ist und du wirklich ein besseres und harmonischeres Leben haben willst. Vielleicht hast du bisher nur an große und umwälzende Dinge gedacht, die länger dauern, um sie zu erreichen. Indem du direkt mit kleinen Dingen beginnst, die du leicht durchführen kannst, zeigst du dir deinen Engeln und dir selbst, dass du wirklich eine Veränderung möchtest und dass sie bereits begonnen hat.

Vielleicht bist du dir etwas bewusster darüber, was du in deinem
Leben verbessern möchtest und was du bereits jetzt tun kannst,
um den Veränderungsprozess zu starten. Fang einfach an, fordere
dich selbst heraus und mache Pläne, wie du all das, was du hier
niedergeschrieben hast, erschaffen kannst und wie du den ersten
aktiven Schritt dazu schon heute machst!

Engel sind grenzenlose Wesen, die für alle da sind.

Klar: Engel sind für alle da. Sie sind eine Ressource, die nur darauf
wartet, uns Menschen zeigen zu dürfen, wie wir in Harmonie mit
allen Lebensformen leben könnten. Sie sehen für uns grenzenlose
Möglichkeiten für ein friedvolles Zusammenleben. Sie sind gleichermaßen daran interessiert, dir, deinen eventuellen „Feinden"
oder „unliebsamen" Bekanntschaften zu helfen.

Also nimm dir ein paar Minuten und lasse deine Fantasie spielen. Stell dir vor, dass du die Erde vom All her siehst und lichtvolle
Engel im Äther schweben. Sie versuchen, alle Menschen dabei zu
unterstützen, sich wohlzufühlen. Stell dir dann weiter vor, dass
du ein Engel bist und in der körperlichen Gestalt das Gleiche tust:
nämlich allen Menschen in deinem Leben beizustehen. Spüre, wie
es sich anfühlt, grenzenlos zu sein und alle zu lieben, denen du
begegnest.

Wiederhole Folgendes einige Male laut:

Ich bin ein grenzenloses Wesen und ich bin
sowohl für mich als auch für andere da.

Stell dir dann vor, dass all dies bereits wahr wäre und du völlig
grenzenlos bist und es dir gänzlich frei steht, zu tun, was du möch-
test. Schreibe dann die Antworten auf folgende Fragen nieder, um
bewusster zu erkennen, was du dann machen wolltest:
Wenn ich grenzenlos wäre, was würde ich mir selbst geben? ...
Wenn ich grenzenlos wäre, was würde ich anderen geben? ...
Was kann ich mir bereits heute selbst geben? ...
Was kann ich anderen heute geben? ...
Jetzt hast du einen kurzfristigen und einen langfristigen Plan, was
du tun kannst, um dich selbst als grenzenlos zu erfahren. Alles,

was du jetzt zu tun hast, ist, diesen Prozess, grenzenlos zu leben, in Gang zu setzen und damit zu beginnen, dir und anderen etwas zu geben.

**Wenn ich meine Gedanken über das Sein ändere,
ändert sich das Sein,
um sich meinen Gedanken anzupassen.**

Es ist wissenschaftlich erwiesen, dass wir das, was wir möchten, zu uns ziehen können, indem wir unsere Gedanken über das ändern, was möglich ist. Das Problem liegt eigentlich darin, dass die meisten in gewohnten Gedankenmustern stecken, wie sie das Sein auffassen. Deshalb erleben sie auch immer wieder dasselbe. Solche Muster kann man jedoch auch wieder auflösen. Das Leben wird viel lustiger, wenn wir anstatt des Alten und Gewohnten neue und spannende Dinge erleben. Aus der Sicht der Engel ist das möglich.

Beginne deshalb, wie ein Engel zu denken. Fantasiere ein paar Minuten lang, welche enorme Schöpferkraft du hast. Schon damit beginnst du, dein Leben in die Richtung zu verändern, die du anstrebst. Schreibe die Antworten auf folgende Fragen nieder:

Was in meinem Leben möchte ich ändern?

Mach dir eine Liste all der Dinge, über die du fantasiert hast.

*Wie kann ich meine Gedanken verändern, so-
dass sie mein Ziel erschaffen?*

Sei dir selbst gegenüber jetzt ehrlich. Der Grund, warum du dies nicht schon jetzt hast, ist vermutlich, dass du nicht geglaubt hast, das sei überhaupt möglich. Es gilt also, eine neue Art des Denkens anzuwenden. Schreibe neue Gedanken auf, die das, was du haben möchtest, zu dir ziehen können. Wiederhole deine neuen Gedanken oft, sodass sie für dich natürlich werden. Bitte deine Engel, dir dabei behilflich zu sein, alle deine Möglichkeiten zu sehen und sie auch anzuziehen, um dein neues Leben zu erreichen.

2. Was ist eigentlich ein Engel?

*„Wir sind Lichtwesen, Göttlichkeit in der Form
der Liebe. Wir sind weder von Raum noch
von Zeit oder Form begrenzt. Wir erleuchten alles, dessen wir gewahr sind. Wir lassen
harmonische Töne durch das Universum klingen. Unser Auftrag ist, alle Empfänger in Resonanz mit dem Göttlichen zu bringen."*

Wer weiß, vielleicht sind Engel jene Lichtwesen, als welche die meisten sie auffassen. Oder sie sind eine Art geistiger Energie und wir wissen einfach bisher noch nicht, wie wir sie definieren sollen. Vielleicht sind sie „Außerirdische", vielleicht geometrische Figuren aus Licht und Energie oder vielleicht einfach ein Klang, der durch das Universum schwingt und uns Wohlbefinden schenkt. Vielleicht sind Engel eine Manifestation göttlicher Liebe oder eine Art höheres Bewusstsein, zu dem wir alle Zugang haben, oder sie sind „Nichts". Vielleicht sind sie auch alles das. Ich bin mir nicht sicher, denn ich weiß nur, wie sie sich mir zeigen. Und das sind zu unterschiedlichen Zeiten all die verschiedenen „Formen" und „Arten", die ich gerade angeführt habe.

Meine Definition eines Engels sieht so aus. Ein Engel ist:
- Ein Wesen, das alles erleuchtet und das sich in seinem Ge-wahrsein befindet.
- Ein Licht, das einem flüchtigen Gas ähnelt und den ganzen Raum einnimmt, in dem es sich befindet.
- Eine geistige Energie, die sowohl Leben als auch Lebenskraft erschafft.
- Ein Bewusstsein, das die gesamte Schöpfung umfasst und da-her leicht als „außerirdisch" aufgefasst werden kann, da es sich überall befindet.

- Geometrische Strukturen aus Licht und Energie, die darauf kodiert sind, die Schöpfung zu erleuchten und zu lieben, indem sie alles, womit sie in Kontakt kommen, mit den eigenen Schwingungen in Resonanz bringen.
- Ein himmlischer Klang, der ein Lichtnetz im Universum webt, indem er alle Energien, die ihn empfangen, auf ihre nächste Entwicklungsstufe hebt.
- Göttliche Liebe in der Form von Licht und Gestalt eines Wesens.
- Ein höheres, grenzenloses Bewusstsein, das überall durch Zeit und Raum gegenwärtig sein kann und alles Bewusstsein, das dafür offen ist, auf seine nächste Entwicklungsstufe hebt.
- Etwas, was an nichts haftet und daher die Möglichkeit besitzt, die Schöpfung in der Welt der Formen zu halten.

Das klingt vielleicht umständlich. Engel können sich jedoch für dich und mich in jeglicher Form zeigen, eben weil sie grenzenlos sind. Derselbe Engel kann sich für dich als Lichtwesen mit Heiligenschein präsentieren, während er jemand anderem als Krafttier erscheint, einem Dritten als ein Gott, als aufgestiegener Meister einem Vierten und mir dann als Außerirdischer gegenübertritt – und das alles sogar gleichzeitig. Engel wählen jene Form, die uns als Empfänger am besten entspricht!

> Engel zeigen sich mir in der Form,
> die mir am besten entspricht.

Engel beschreiben sich selbst gerne als unbegrenzt. Mit unserem eigenen begrenzten Bewusstsein ist es schwierig, sich etwas Grenzenloses vorzustellen. Denn was heißt das eigentlich? Was genau ist grenzenlos? Wenn ein Engel grenzenlos ist, muss er wohl auch eine grenzenlose Form haben und sich überall befinden. Er hat wahrscheinlich auch unbegrenzte Kommunikationsmöglichkeiten. Das heißt, dass ein und derselbe grenzenlose Engel mit jedem einzelnen Menschen gleichzeitig kommunizieren kann, und dass dies jedem wie ein persönliches Gespräch erscheint.

Wenn ein Engel sich mit mir unterhält (und das machen sie die ganze Zeit), kann er gleichzeitig mir dir und mit anderen sprechen. Jeder von uns fühlt sich dabei persönlich berührt. Das ist enorm praktisch. Es bedeutet jedoch auch, dass Aussagen bestimmter geistiger Kreise, die behaupten, dass nur eine Person als einziges Sprachrohr von zum Beispiel Erzengel Michael auserwählt sei, nichts als Geschwätz sind. Er spricht mit allen und daher sind alle gleich auserwählt. Da wir uns jedoch so stark persönlich berührt fühlen, liegt es nahe, zu glauben, dass wir ganz speziell erwählt seien. Ich meine aber nicht, dass dies der Fall sei, sondern dass er gewisse Techniken und Energien durch eine Person vermittelt und andere Techniken durch eine andere Person. Da er grenzenlos ist, passt er sich so unseren Bedürfnissen an. Alle, die mit ihm in Kontakt kommen, erhalten genau das, was wir brauchen, um auf unsere nächste Entwicklungsstufe angehoben zu werden.

> **Wenn ein Engel zu mir spricht,**
> **werde ich persönlich berührt.**

Über dieses Thema denken gerade viele Leute nach: Wenn es Personen wie mich gibt, die Botschaften von Engeln übermitteln, wie kommt es dann, dass sich diese Durchsagen bei unterschiedlichen Channeln so unterscheiden? Da Engel Liebe und Bewusstsein sind, wirken sie so, dass jeder Empfänger auf die nächste Entwicklungsstufe gelangt. So sieht das, was ein Engel jemandem übermittelt, von Person zu Person anders aus.

Wo waren wir stehen geblieben? Ach ja, grenzenlose Engel. Das heißt nicht nur, dass sie uns ungeachtet unserer Handlungen lieben, sondern dass ihre Liebe eine unbegrenzte göttliche Energie von unbegrenzter Kraft ist. Einfach schon aufgrund ihrer Gegenwart sind sie in der Lage, unsere Ängste auszulöschen.

Hier taucht die klassische Frage auf, warum unsere Welt so schlimm aussieht, wenn Engel eigentlich so viel können. Wie können die Engel Kriege und all die anderen fürchterlichen Dinge „zulassen"? Die Antwort darauf: Engel sind zwar grenzenlos, aber es ist nicht ihre Absicht oder Aufgabe, unser Leben auf der Erde zu führen. Das ist unsere Aufgabe. Ihre Aufgabe, ist Engel zu sein;

sie sollen unser Leben auf der Erde nicht steuern, sondern es erleuchten.

Die Arbeitsbeschreibung eines Engels

Ich denke, dass die Arbeitsbeschreibung eines Engels so aussieht,
wenn er mit uns Menschen zusammenarbeitet (er hat sie wohl
vom obersten Boss direkt erhalten, von Gott):

- Liebe alle, da sie göttlich sind. Lass dich nicht von den
  Handlungen und Gedanken der Menschen in die Irre führen;
  sieh in den Kern ihres göttlichen Potenzials.
- Inspiriere alle Menschen dazu, die grenzenlosen Möglichkeiten für ein Leben in Frieden, Harmonie und Einheit sowohl
  auf der persönlichen als auch auf der globalen Ebene zu sehen.
- Sende allen Licht, damit sie sich ihres geistigen Potenzials bewusst werden und ihre innere Kraft finden.
- Sei göttlich und vermittle Licht, Liebe und Bewusstsein, ohne
  dich jemandem aufzuzwingen. (Gerade diese Klausel macht es
  Engeln unmöglich, unser Leben zu übernehmen und einfach
  alles hinzubiegen!).
- Hilf den Menschen, sich an die grundlegenden Fragen des Lebens zu erinnern: Wer bin ich? Was bin ich? Warum bin ich?
  Wo bin ich?
- Respektiere die freie Wahl der Menschen.
- Hilf ihnen, das zu erschaffen, was sie wollen, indem du Licht
  auf das sendest, worauf sie sich fokussieren. (Notiz an die
  Verfasserin: Ich muss mich daran erinnern, Gott zu fragen, ob
  das so gescheit war, wenn man daran denkt, worauf sich die
  meisten Menschen fokussieren.)
- Aktiviere den Lichtkörper der Menschen und hilf ihren Seelen, auf der Erde in vollen Zügen zu leben.
- Zeige den Menschen, dass sich ihr Leben verbessern kann,
  wenn sie der Arbeitsanweisung für Engel folgen.

Und so geht es weiter. Nirgendwo in ihrer Arbeitsbeschreibung
steht aber, dass sie unser Leben übernehmen sollten, und daher
werden sie das auch nie tun. Anderseits sind sie auf alle Arten
behilflich, die ihnen möglich sind. Es liegt also an uns, für unse-

re individuellen und kollektiven Handlungen Verantwortung zu
übernehmen. Die Schuld auf einen Mangel an göttlicher Hilfe zu
schieben funktioniert nicht. Wir bekommen ja genau das, was wir
alle ersehnt haben: Licht, Liebe, Möglichkeiten zu Harmonie und
Frieden und vieles mehr. Unser Problem ist, dass wir die Angebote
nicht nutzen. Würden wir das tun, könnten wir unser Leben auf
unserem Planeten locker hinkriegen. Es scheint aber, als ob wir
lieber klagen und Verantwortung abschieben wollen. Auch das
wird sich eines Tages ändern.

Durch unsere kollektiven Entschlüsse haben wir uns für Kriege entschieden und dazu, nicht nur unsere Umwelt zu verschmutzen und zu vergiften, sondern auch unseren geistigen Raum mit
begrenzten Gedanken darüber, was möglich ist und welches Benehmen von uns erwartet wird. Den Engeln zufolge stellen unsere
begrenzten Gedanken die größte Bedrohung für unsere Entwicklung dar. Wären wir als Kollektiv bereit, grenzenlose Liebe und
unbegrenzte Möglichkeiten zu erforschen, würde es auf unserer
Erde ganz anders aussehen.

Das ist wohl der Grund, warum sie mich gebeten haben, dieses Buch zu schreiben. Um dich zu klügeren Entscheidungen zu
inspirieren, die sowohl der Menschheit zu Gute kommen, als auch
alles in deinem Leben erschaffen, was du haben möchtest. Denn
in einer grenzenlosen Welt ist ja alles möglich! Und du bist ein Teil
dieser Welt.

Genauso, wie es einen Sinn und Zweck für die Existenz von
Engeln gibt, gibt es auch einen Sinn und Zweck für dein Leben.
Die Engel ermuntern dich dazu, dein Leben genauso grenzenlos
zu leben, wie sie es mit ihrem Sein tun.

> **Ein Engel besitzt grenzenlose Kraft,**
> **welche all meine Ängste auslöscht.**

Ich bemerke, dass ich beim Versuch, die Grenzenlosigkeit von Engeln
zu beschreiben, selbst enorm beschränkt bin. Ich bin ja trotz aller
wunderbarer Erfahrungen immer noch ganz menschlich. Engel
sind weder durch Zeit noch durch Raum beschränkt. Das heißt,
dass sie jederzeit überall zugleich sind, in Raum und Zeit. Ein

Engel kann gerade in der Zukunft sein, während er sich „gleichzeitig" mit dir unterhält.

Engel haben, wie oft genug betont, ein grenzenlos entwickeltes Bewusstsein. Das bringt es mit sich, dass sie genauso viel darüber wissen, was in diesem Augenblick in deinem Leben nötig ist, und ebenso alles über denkbare Techniken, die wir Menschen in der Zukunft erfinden werden. Alles, was wir in den nächsten Jahrtausenden entwickeln werden, befindet sich bereits im Bewusstsein der Engel. Daher ist es für uns rein theoretisch bereits jetzt zugänglich, wenn wir uns dazu entscheiden, dies zu erforschen.

Wenn du willst, kannst du dein Bewusstsein mit dem eines Engels verschmelzen lassen, in die Zukunft reisen und ein paar kluge Erfindungen mit dir ins Hier und Jetzt zurückbringen. Soweit ich weiß, gibt es für die Anzahl an Erfindungen, die du mitnimmst, keine Beschränkung. Du reist ja nicht mit dem Flieger, in dem nur eine bestimmte Gepäckmenge zugelassen ist. Die Herausforderung besteht darin, mit deinem gegenwärtigen Bewusstsein zu verstehen, wovon diese zukünftige Erfindung handelt und wie sie anzuwenden ist.

Was wäre wohl passiert, wenn ein Steinzeitmensch in die Zukunft geblickt und sich einen Computer mit zurückgebracht hätte? Hätte er ihn anwenden können? Wahrscheinlich nicht, da er auch Strom braucht. Wenn du also vorhast, in die Zukunft zu reisen, um von dort kluge Lösungen für die Probleme auf der Erde mitzunehmen, reise nicht zu weit in die Zukunft. Oder vielleicht solltest du das doch tun. Meine Engel nehmen mich häufig mit in die Zukunft, um Energien zu holen und sie in mein jetziges Bewusstsein zu pflanzen.

Manchmal reisen die Engel mit mir 4000-5000 Jahre in die Zukunft und bitten mich, die „flüssige atomare Essenz" der Einheit mitzubringen, um sie dann in eines von fünf „atomaren Zentren des Friedensatoms" in meinem menschlichen Bewusstsein zu pflanzen. Ich gebe gerne zu, dass ich keine Ahnung davon habe, was ein *Zentrum* in einem Atom ist, auch keinen blassen Schimmer, was ein *Friedensatom* ist und schon gar nicht, was *flüssige atomare Essenz* ist. Ich fühle mich also manchmal schon wie eine Neandertalerin, wenn sie so etwas mit mir anstellen.

Wenn ich jedoch einfach mitmache und tue, was sie mir vorschlagen, werde ich allerdings von einem Zustand eines enormen inneren Friedens erfüllt. Er berührt mich nicht nur persönlich, sondern lässt auch mein Bewusstsein expandieren, sodass ich mich eins mit allem und allen empfinde.

> **Meine Zukunft ist bereits jetzt zugänglich.**

Engel sind auch in ihrer Art zu kommunizieren grenzenlos. Sie können sich durch ihre liebevolle Gegenwart mitteilen, dir innere Bilder zeigen, Musik oder Kunst vermitteln, neue Ideen auf allen Gebieten inspirieren, Lichtfrequenzen schicken, durch dich sprechen („channeln") und andere dazu zu inspirieren, Bücher wie dieses zu schreiben. Sie heben dich einfach auf eine höhere Ebene.

Auch in ihrem Schönheitsempfinden sind sie ohne Grenzen. Sie sind wirklich der Meinung, dass alles schön ist. Sie mögen Hardrock genauso wie Mozart. Mein begrenztes Bewusstsein hat Schwierigkeiten, dem zuzustimmen, nachdem ich gar nicht der Meinung bin, dass beide gleich schön wären. Aber sie empfinden es so. Sie sehen und hören nur das Göttliche, und nachdem dies alles ist, was sie sehen, sind sie auch ohne jegliches Urteil.

In spirituellen Kreisen möchte man sich manchmal als „geistig entwickelt" beschreiben und daher auch als „weiter" als andere. Ungefähr so: „Wir, die spirituell entwickelten" und „die gewöhnlichen Menschen". Es ist recht zweifelhaft, ob das stimmt, denn den Engeln zufolge sind wir nicht besonders spirituell entwickelt, solange wir zwischen „wir" und „sie" einen Unterschied machen.

> **Meine Engel lieben und akzeptieren**
> **mich genauso, wie ich bin**

Aber das macht nichts, denn Engel sind auch in ihrer Akzeptanz uns gegenüber grenzenlos, wie wir auch sein mögen. Sie leben jenseits von Urteilen, Wertungen und Ideen, von richtig und falsch. Wir leben ja gerne mit dem Bild, dass wir nach Beendigung unseres Lebens ein paar Engel treffen, die das, was wir gemacht haben, mal schnell in richtig und falsch einteilen. Und in manchen Glaubensrichtungen erwartet man dann, aufgrund der Handlungen in den Himmel oder die Hölle versetzt zu werden. Ich habe Engel bei Todesfällen sehr eingehend studiert und sie haben mir gezeigt, was sie so machen. Das ist zwar nicht viel, aber die Wirkung lässt sich sehen. Sie stellen im Prinzip nur eine Frage, die in ihrer Formulierung variieren mag. Die Frage lautet: „Hast du geliebt? Wurdest du geliebt? Hast du die grenzenlose Liebe gefühlt?" So oder ähnlich hört sich das an. Das Einzige, was sie dann im Anschluss machen, ist, dich zu lieben genauso wie du bist.

Dann bekommen wir neue Chancen. Nehmen wir an, dass wir nicht grenzenlos geliebt haben (und Hand aufs Herz: Wer hat das schon?). Damit meine ich alles und alle zu lieben: das Leben, die Erde und gleichzeitig sich selbst. Haben wir das also nicht gemacht, bekommen wir neue, unbegrenzte Möglichkeiten, es zu tun. Wir werden wiedergeboren, bis wir den Trick mit den Möglichkeiten der grenzenlosen Liebe raus haben. Dass wir jede Menge Leben leben, ist also keine Strafe, sondern die Möglichkeit, göttliche Liebe in einem physischen Körper zu erfahren.

> Ich wurde geboren, um die Möglichkeiten
> unbegrenzter Liebe zu erfahren.

Wenn du nun des Lebens müde bist, ist die klügste Entscheidung, sofort damit zu beginnen, dich selbst, dein Leben und auch alle anderen zu lieben. Auf die Art kann dies dann vielleicht dein letztes Leben sein. Ansonsten bekommst du auf alle Fälle die Möglichkeit, grenzenlose Liebe bei deinem Tod zu erfahren und ein liebevolles Leben beim nächsten Mal auszuprobieren.

Es scheint so zu sein, dass wir uns alle auf der Erde zu grenzenlosen Engeln entwickeln sollen. Und da die bereits existierenden Engel unendlich viel Geduld haben, steht uns dafür alle Zeit der Welt zur Verfügung. Für uns hier wäre es natürlich einfacher, wenn wir uns jetzt schon zu grenzenlosen Engeln entwickeln könnten. Das Leben wäre dann auch viel angenehmer und unterhaltsamer.

Gerade deswegen lassen die Engel mich dieses Buch schreiben, um dich dazu zu inspirieren, grenzenlos zu leben, sodass wir uns alle zu Engeln entwickeln und das Himmelreich auf Erden leben. Da ich nicht behaupten könnte, dass mir das vollends gelingt, setze ich meine Hoffnung auf dich. Du könntest doch ein Engel werden und wir helfen zusammen, die Welt zu retten!

Ich lebe, um ein Engel auf Erden zu werden.

Ich brauche deine Hilfe, denn ich scheine nicht besonders pfiffig zu sein. Dies ist so etwa mein 4784stes Leben. Ich hab mir also genügend Zeit genommen, um unser Potenzial zu begreifen. Ich denke, dass du klüger bist, ich vertraue auf dich!

Grenzenlosigkeit
Engelübungen 2

„Dein eigenes Bewusstsein übersetzt unsere Gegenwart in etwas, das für dich Sinn ergibt. Wir berühren dich mit unserem Licht, auf dass deine Ängste und Illusionen verschwinden mögen. Wir zeigen dir deine einzigartigen Möglichkeiten. Für uns bist du perfekt. Du bist ein göttlicher Same, der so lange wächst, bis du dazu bereit bist, göttliche Liebe zu erfahren und zu sein. Der zu sein, der du bist – einer von uns – ein Engel."

Engel zeigen sich auf die Weise, die am besten zu mir passt.
Wenn es stimmt, dass sich Engel auf unterschiedliche Weise zeigen, ganz einfach, um sich dem Empfänger anzupassen, wie glaubst du, würden sie sich dir zeigen? Lass die Engel dir das zeigen!
• Beginne damit, dich zu entspannen. Atme tief und ruhig und vielleicht hörst du dir Musik an, die dir dabei behilflich ist, dich zu entspannen. Stelle dir dann vor, dass du deine Engel zu dir einlädst und bitte sie, sich dir zu zeigen. Lass alle Erwartungen gehen und halte einfach deine Sinne offen.

- Kannst du ihre subtile Gegenwart spüren, kannst du irgendeine Veränderung in deinen Energiekörpern feststellen? Vernimmst du einen Duft oder hörst du einen neuen Ton? Empfängst du Eindrücke aus Licht, siehst innere Bilder oder bewegst dich in einen Zustand inneren Friedens?

- Bitte sie, dir zu zeigen, wie du spüren/sehen/hören kannst, wenn sie anwesend sind.

- Stell dir dann vor, du wärst ein Engel in einem physischen Körper, und jedes Mal, wenn du deine Mitmenschen triffst, bist du dir und anderen gegenüber wahrhaftig und passt dich an, sodass du ihnen auf ihrer jeweiligen Ebene begegnen kannst. Ohne etwas von ihnen zu erwarten, gibst du dein Bestes. Auf welche Art würdest du dich anders verhalten? Schreib dir die Antworten auf.

- Fordere dich selbst heraus, deinen Mitmenschen heute auf eine neue Art zu begegnen. Stell dir vor, du seist ein Engel und behandelst deine Mitmenschen auf die Art, wie du sie gerade beschrieben hast.

**Wenn ein Engel zu mir spricht,
werde ich persönlich berührt.**

Genau, du wirst persönlich berührt – durch das Licht der Engel. Jedes Mal, wenn sich ein Engel deiner bewusst ist, wirst du von seinem Licht berührt. Eure Energien werden durch das Bewusstsein zusammengekoppelt, das dann Energien zwischen euch webt. Dadurch kann Kommunikation entstehen. Auf die gleiche Art koppeln deine Energiekörper sich an alle an, an die du denkst, und ermöglichen so Kommunikation. Du wirst sicher wissen, dass es viele Menschen gibt, die spüren können, wenn andere an sie denken. Das geschieht, wenn Energiekörper zusammengekoppelt werden.

Stelle dir vor, wie du jedes Mal vom Licht und der Liebe der Engel berührt wirst, wenn du an sie denkst. Jedes Mal, wenn du berührt wirst, erleuchten sie deine Energien. Perfekt. Das bedeutet auch, dass, wenn du deine Engel bewusst darum bittest, zu dir zu kommen, du mehr und mehr erleuchtet wirst. Mach guten Gebrauch von dieser Möglichkeit.

Du funktionierst auf die gleiche Weise. Jedes Mal, wenn du an jemanden denkst oder mit anderen sprichst, berührst du den

Menschen mit dem Licht deiner Seele. Fokussiere dich darauf, mit deinen Gedanken ein klares und liebevolles Licht, klare und liebevolle Worte und Gedanken für den Rest des Tages auszusenden.

Ein Engel besitzt grenzenlose Kraft, die all meine Ängste auslöscht.

Engel sind der Meinung, dass Ängste die Teile von dir sind, welche darauf warten, Liebe zu empfangen. Wenn du dich vor der Angst fürchtest, bekommt sie nicht die Liebe, die sie braucht, und wird daher stärker. Wenn du jedoch benennst, wovor du Angst hast und ihr dann Liebe gibst, lässt sie dich los. Genauso wie die Liebe der Engel besitzt auch deine Liebe grenzenlose Kraft, wenn du sie entfesselst. Du bist auf dem Weg, ein Engel zu werden, und je mehr du dich wie einer benimmst, desto leichter wird das Leben.

Wiederhole folgende Sätze, bis du an sie glaubst:

- Meine Liebe besitzt grenzenlose Kraft, welche all meine Ängste auslöscht.
- Meine Ängste sind jene Teile von mir, die auf meine Liebe und mein Licht warten.
- Wenn ich meine Angst liebe, lässt sie mich los.

Überlege dir, wovor du eigentlich Angst hast. Fertige dir eine Liste an. Stell dir dann vor, dass du dich jeder deiner Ängste stellst und sie bedingungslos liebst und ihr Bedürfnis nach Liebe siehst. Erinnere dich daran, dass deine Ängste jene Teile von dir sind, welche auf deine Liebe warten.

Meine Zukunft ist bereits jetzt zugänglich.

Stelle dir vor, dass du in die Zukunft reist und all das Wissen, die Liebe, die Erfahrung und Weisheit mit dir nimmst, welche du in einem, in fünf und in zehn Jahren haben wirst. Lass dir das bereits jetzt zugute kommen, damit deine Entwicklung zum Engel schneller geht. Indem du dich auf deine Zukunft ausrichtest, koppelst du deine gegenwärtige Energie mit deiner zukünftigen zusammen und du beginnst die Kommunikation mit deinem zukünftigen Selbst. Auf diese Weise verbesserst du dein gegenwärtiges Wissen, deine Liebe und dein Bewusstsein.

Meine Engel akzeptieren und lieben mich genauso, wie ich bin.

Ist das nicht großartig? Deine Engel akzeptieren und lieben dich genauso, wie du bist. Es gibt nichts, was du machen könntest, um sie wegzustoßen oder ihre Meinung über dich zu ändern. Sie werden immer dein göttliches Potenzial sehen. Beginne damit, dich zu entspannen, und stelle dir vor, dass deine Engel sich um dich versammeln. Fühle, dass jeder Einzelne von ihnen dich genauso liebt und akzeptiert, wie du bist. Wenn du ihre Liebe annimmst, gibst du ihnen ein großes Geschenk. Wenn nun alle Engel dich so inniglich lieben, ist das doch Grund genug, dass du selbst es auch tust. Stell dir vor, du seiest ein Engel und drücke dir selbst gegenüber nun deine grenzenlose Liebe aus.

Wiederhole folgende Affirmationen bis sie sich wahr anfühlen:
• Ich liebe und akzeptiere mich genau so, wie ich bin.
• Ich bin es wert, geliebt zu werden, so wie ich bin.
• Ich muss mich nicht für andere ändern, um mich selbst zu lieben oder um mich von anderen lieben zu lassen.

Überlege dir dann, ob es nicht an der Zeit ist, ein altgewohntes Verhaltensmuster zu verändern. Nicht, weil dich das liebenswürdiger machen würde, sondern weil es dir selbst besser geht, wenn du Dinge auf eine neue Weise machst, die deine Liebe zu dir widerspiegelt. Zum Beispiel kannst du deine Ideen ernster nehmen, dir selbst mehr Zeit für Dinge einräumen, die du gerne machst, und so fort. Übe dich während des Tages darin, dich zu lieben und zu akzeptieren, so wie du bist.

Ich wurde geboren, um die Möglichkeiten unbegrenzter Liebe zu erleben.

Was, wenn es wahr wäre, dass die Bedeutung deines Lebens darin liegt, dich in die Lage zu versetzen, die Möglichkeiten grenzenloser Liebe zu erleben? Es spielt ja keine Rolle, ob du das glaubst – aber warum solltest du es nicht einmal ausprobieren?

Entscheide dich dafür, während eines Tages alle Menschen, die du triffst, grenzenlos und bedingungslos zu lieben. Anstatt ihr Verhalten oder ihr Aussehen zu beurteilen, stellst du dir vor, ein

Engel zu sein, und du siehst ihr inneres Potenzial und ihre Schönheit. Wie ein Engel bist du darauf fokussiert, deine Mitmenschen zu lieben. Der Gedanke, dass jemand sich ändern müsste, damit du ihn bzw. sie lieben kannst, kommt dir gar nicht in den Sinn. Fasse dann den gesamten Tagesverlauf schriftlich zusammen. Ist man dir anders begegnet, während du offen und liebevoll bist?

Ich lebe, um ein Engel auf Erden zu werden. Stell dir vor, dass du tatsächlich zur Erde gekommen bist, um ein Engel zu werden. Stell dir weiter vor, dass der Zweck des Lebens darin besteht, dich spirituell zu entwickeln und zu dem kraftvollen Wesen zu werden, das du bist. Es spielt keine Rolle, ob du daran glaubst – spiele einfach einmal mit dem Gedanken. Male dir aus, wie du als Engel mit grenzenloser Kraft leben würdest, wie viel Gutes du für dich selbst und andere erschaffen kannst.

Nimm dir einen Tag Zeit und begegne jeder Situation aus der Perspektive eines Engels. Handle in der Art, wie du dir vorstellst, dass ein Engel handeln würde. Folge der unten angegebenen Arbeitsbeschreibung.

Meine Arbeitsbeschreibung als Engel:

- Ich liebe alle, da sie göttlich sind. Ich lasse mich nicht durch ihre Handlungen oder Ideen verwirren – stattdessen sehe ich in den innersten Kern ihres göttlichen Potenzials.
- Wenn ich über das Leben auf der Erde nachdenke, sehe ich die grenzenlosen Möglichkeiten für ein Leben in Frieden, Harmonie und Einheit, sowohl auf der persönlichen als auch auf der globalen Ebene. Alle meine Handlungen sind eine Quelle der Inspiration für andere.
- Ich schicke Licht und liebevolle Gedanken an alle Menschen der Erde, ich wünsche ihnen alles erdenklich Gute. Mein höchster Wunsch ist es, mit gutem Beispiel voranzugehen und andere dazu zu inspirieren, sich ihres eigenen geistigen Potenzials bewusst zu werden und ihre eigene innere Kraft zu finden.
- Ich bin mir meiner Göttlichkeit bewusst und vermittle Licht, Liebe und Bewusstsein durch alles, was ich tue, denke und sage, ohne anderen dabei mich, meinen Glauben oder meine Ansichten aufzudrängen.

- Ich suche die Antworten auf die grundlegenden Fragen im Leben: Wer bin ich? Was bin ich? Warum bin ich? Wo bin ich?
- Ich respektiere den freien Willen jedes Menschen.
- Ich fokussiere mich auf die Dinge, die ich erschaffen möchte, und ziehe meine Aufmerksamkeit von den Dingen ab, die ich nicht erschaffen möchte.
- Ich aktiviere meine Lichtkörper, um es meiner Seele zu ermöglichen, ganz auf der Erde zu leben. Ich bemerke alle Verbesserungen in meinem Leben und folge der Arbeitsbeschreibung eines Engels.

3. ENGELKONTAKT – WIE FUNKTIONIERT DAS?

„Dein Leben ist eine Gabe Gottes. Deine Aufgabe ist, seine Möglichkeiten zu sehen, seine Schönheit zu genießen und seine Göttlichkeit zu sehen – deswegen kontaktieren wir dich auf unterschiedlichste Art."

Der Kontakt mit Engeln kann das Leben auf viele Arten erleichtern. Es ist ein Weg, um mit deiner eigenen geistigen Kraft in Kontakt zu kommen und dich für neue Möglichkeiten zu öffnen, an die du bisher nicht gedacht hast. Wenn Engel tatsächlich hochdimensionale Lichtwesen sind und die Aufgabe haben, Licht, Liebe, Heilung, Einheit, Weisheit, Kraft und grenzenlose Möglichkeiten in der Menschheit zu verbreiten, dann können sich ja alle am Kontakt mit Engeln erfreuen.

Nachdem Engel entwickelter sind als wir, können sie sich, wie erwähnt, auf unterschiedliche Weise zeigen. Sie sind ja nicht von Form, Zeit oder Raum begrenzt. Mit Engeln Kontakt aufzunehmen funktioniert am besten, wenn du offen bist und all deine Ideen darüber loslässt, was Engel sind. Überlass es einfach ihnen, sich dir auf ihre einzigartige Weise zu zeigen.

Vom Tag deiner Geburt an hattest du Engel um dich – selbst wenn dir das nicht bewusst war oder ist. Sie folgen dir auf deinem Lebensweg und werden das weiterhin tun, solange du es brauchst. Du bist von einer Vielzahl von Engeln umgeben, die alle auf ihr Gebiet spezialisiert sind – wie Kreativität, Schutz, Inspiration, Heilung, Licht, Gedankenkraft, Technik, Weisheit, Musik oder viele andere Dinge.

Engel sprechen fortlaufend mit dir. Nicht durch Worte, sondern indem sie dir eine Energie vermitteln, die dich zu neuen Gedanken oder neuer Kreativität inspiriert. Engel kommunizieren

oft durch deine Fantasie mit dir, da deine Fantasie meist unbegrenzter ist als dein Alltagsbewusstsein. Deshalb kann es passieren, dass du glaubst zu fantasieren, wenn du ihre Nähe spürst.
Das macht nichts, und du musst dir deswegen keine Sorgen machen. Du kannst nichts richtig oder falsch machen, wenn du Engel
kontaktierst.

Sie wollen dir die Gelegenheit geben, den höchsten Zweck in
deinem Leben zu erreichen, und sie werden alles tun, um dich
dazu zu inspirieren, es dir besser gehen zu lassen und anderen mit
mehr Liebe zu begegnen. Sie würden nie davon träumen, dich bei
deinen Entschlüssen zu beeinflussen oder dich zu steuern. Sie
möchten dir nur deine Möglichkeiten aufzeigen und dich zu mehr
Freude inspirieren. Wenn du dem Weg, den sie dir aufzeigen, nicht
folgen möchtest, lieben sie dich auch weiterhin in gleicher Weise
und machen unermüdlich damit weiter, dir neue Möglichkeiten
für alle Situationen in deinem Leben aufzuzeigen.

Alle können mit Engeln Kontakt haben. Es ist in keiner Weise
die Gabe einiger Auserwählter, sondern für alle zugänglich. Du
musst auch kein spezielles Benehmen an den Tag legen, wenn du
mit Engeln Kontakt hast. Deine Engel wissen, wer du bist. Deine
Engel wissen auch, wer deine Seele ist. Man könnte sagen, dass
deine Engel die Arbeitskollegen deiner Seele sind. Sie möchten es
deiner Seele erleichtern, mit all ihrem Licht in deinen Körper zu
kommen. So wirst du dein höchstes Potenzial erreichen.

Deine Engel zu kontaktieren und mit ihnen zu sprechen, ist
genauso einfach wie ein Telefongespräch. Alles, was dazu nötig
ist, sind Absender und Empfänger. Statt eine Nummer zu wählen,
sendest du deine Absicht aus – sie wird von den Engeln gehört.
Jedes Mal, wenn du zeigst, dass du Kontakt aufnehmen möchtest,
wird das wahrgenommen, und sie antworten immer. Ihre Leitung
ist nie besetzt. Jetzt sagst du vielleicht, dass du das bereits probiert
hast, aber bisher nie jemand „abgehoben" hätte. Das sagen viele,
die versuchen, ihre geistigen Führer oder Engel zu kontaktieren,
ohne ein sichtbares Resultat zu bemerken.

Engel leben in ihrer eigenen Dimension, von wo aus sie alles, was vor sich geht, zur Kenntnis nehmen. Wenn du Kontakt
willst, bemerken sie deine bewusste Absicht deutlich. Das Univer-

sum funktioniert so, dass alles, was du aussendest, verstärkt zu dir zurückkommt. Irgendwo da draußen wird dein Licht aufgefangen, von den Engeln gespiegelt und zu dir zurückgeschickt. Eigentlich kannst du machen, was du willst, solange du die Absicht hast, ihre Nähe zu spüren. Es ist nämlich deine Absicht, die deine Energie an das Universum aussendet, wo sie dann von Engeln bemerkt wird. Sie sehen so etwas wie eine Engelenergie, welche von dir ausgesandt wird, und diese Energie funktioniert wie ein Magnet für ihre Aufmerksamkeit.

Lass uns annehmen, dass dem so ist und dass du deine Absicht aussendest, dass die Engel dir antworten und du davon trotzdem nichts bemerkst. Das kann eine Menge Gründe haben. Allen gemeinsam ist, dass dein Empfänger offensichtlich nicht richtig funktioniert.

> **Ich kontaktiere meine Engel auf
> meine eigene, einzigartige Weise.**

Vielleicht hast du verkehrte Erwartungen davon, was denn passieren sollte, wenn dich Engel kontaktieren. Meist geschieht das auf subtile Weise. Wenn Engel mit dir Kontakt aufnehmen wollen, müssen sie das gebrauchen, was sich in dir befindet, wie deine physischen Sinne, deine Gedanken, deine Gefühle und vor allem deine Fantasie. Zu Beginn sind dies die Dinge, die deinen Empfänger ausmachen.

Es ist also zunächst selbstverständlich, dass du einen Engelkontakt als Gedanken oder Fantasie wahrnimmst und daher vielleicht denkst, dass du dir alles nur einbildest. Das ist ein häufiges Phänomen. Du bittest um Engelkontakt, erlebst ihn in deinen Gedanken und sagst dann: „Nein, das funktioniert nicht, ich bilde es mir nur ein".

Wenn du die Gedanken und Bilder, die du empfängst, beiseitelegst und in deinen Körper hineinspürst, wird dir meistens deutlich, dass du dich entspannter fühlst, wenn Engel in deiner Nähe sind. Du spürst Ruhe und Frieden. Wenn du nicht aufgibst, sondern weitermachst, wirst du bald dazu in der Lage sein, die Nähe deiner Engel deutlicher wahrzunehmen.

Vermutlich wirkt Entspannung erleichternd. Beginne also damit, etwas zu machen, was dich entspannt. Du kannst ein Bad nehmen, tief und leicht atmen, eine Kerze oder ein Räucherstäbchen anzünden, schöne Musik anhören oder etwas anderes, das dir beim Entspannen hilft. Entspannung hat für die Engel keinerlei Bedeutung, aber sie hilft dir, ihnen eine fokussierte Energie zu schicken, und erhöht deine eigene Empfänglichkeit für ihre Antwort. Dann rufst du einen Engel zu dir auf eine Art, die sich für dich am besten anfühlt. Es gibt ja keine Regeln; eine starke Absicht ist ausreichend. Sie hören dich, denn sie sind dir ja die ganze Zeit über nahe und warten nur auf dich.

> **Meine Engel hören meine Absicht.**

Wenn dir all dies neu ist, kann es manchmal nötig sein, es ein paar Mal zu versuchen, bis du ihre Gegenwart spürst. Vielleicht erwartest du dir umwerfende Effekte, obwohl man ihre Nähe meist subtil wahrnimmt. Es kann sich wie eine Art Bewegung oder Wärme in deinen Energiekörpern anfühlen, wenn ein Engel „hallo" sagt. Manche nehmen Blumendüfte wahr; andere sehen und hören Engel. Wenn du dich damit eine Weile lang beschäftigt hast, wird es dir möglich sein, sie die ganze Zeit bei dir zu haben, ohne vorher Entspannungsübungen zu machen. Ihnen ist es am wichtigsten, mit dir Kontakt zu haben und einen Weg zu finden, dich wissen zu lassen, wenn sie da sind.

Viele erleben, dass sie einen Kontakt zustande bringen, sind sich aber dennoch unsicher, wie man entscheiden soll, ob das Erlebte nun wirklich ist oder nicht. Andere hören Durchsagen und zweifeln, ob sie von Engeln stammen oder aus ihrer eigenen Persönlichkeit oder ihrem Wunschdenken kommen. Wenn man einmal verstanden hat, wie Engel kommunizieren, ist das ganz einfach. Es ist wichtig, zu verstehen, dass Engel nicht wie deine Persönlichkeit sprechen. Sie schlagen keine schnellen Lösungen für deine Probleme vor und sie lösen deine Probleme nicht. Hingegen werden sie alles tun, um dir dabei behilflich zu sein, neue Problemlösungen zu finden und das zu wählen, was in der Welt am meisten Licht erschafft – was also zu deinem und dem höchsten Wohle aller Beteiligten beiträgt.

Warte nicht darauf, einen Engel nur dann einzuladen, wenn es dir schlecht geht. Beginne damit, während es dir gut geht. Dann ist es leichter, sich auf ihre Gegenwart auszurichten. Wenn es einem nicht so gut geht, hätte man gerne, dass die Engel erzählen, dass alles in der Zukunft so wird, wie man es selbst am liebsten hätte. Und am allerliebsten, dass sich alle Probleme in Wohlgefallen auflösen, ohne dass man selbst etwas dafür tun müsste. Darauf fallen sie nicht herein, denn sie wollen dich nicht mit Dingen irreführen, die nicht wirklich sind. Allerdings werden sie dich gerne mit ihrer grenzenlosen, liebevollen Gegenwart umgeben und dir milde zeigen, was du unternehmen kannst, um dein Leben wieder auf die Reihe zu bekommen.

Wenn du möchtest, dass Engel alles für dich regeln und du keine Verantwortung für dein Leben übernehmen musst, dann hast du Erwartungen, die nicht stimmen. Dies stört dich als Empfänger und führt dazu, dass du das, was die Engel dir sagen, falsch verstehst. Deshalb ist es besser, deine Engel zu kontaktieren, wenn es dir gut geht und du keinerlei Erwartungen hast. Je mehr Spaß du daran hast, deine grenzenlosen Möglichkeiten zu Liebe, Erfolg, Freude und Ähnlichem zu erforschen, desto leichter funktioniert es.

Engel folgen dem Zeitgeist und sprechen meist eine leicht verständliche Sprache, die alle verstehen. Wenn sie sehen, dass es hilfreich wäre, eine bestimmte Person zu erreichen, lassen sie weder Witze noch eine derbere Sprache aus. Das klingt vielleicht seltsam, aber sie sagen, dass sie gerne jene Worte anwenden, die uns am besten erreichen, die wir am besten verstehen. Wenn du keine „schmutzigen" Worte magst, werden sie dir gegenüber solche Begriffe auch nicht gebrauchen. Sie streben immer danach, Frieden, Liebe, Inspiration usw. zu vermitteln und werden deshalb auf eine dir angemessene Art mit dir sprechen.

> **Engel sprechen auf eine Art,
> die ich verstehe.**

Während ich dies schreibe, frage ich mich, ob das wirklich wahr ist, dass sie auf eine uns verständliche Art sprechen. Ich erinnere mich an einige Fälle, wo ich die Dinge, die mir meine Engel erzählt haben, anfangs überhaupt nicht verstanden habe. Zum Beispiel: „Eine Dimension jenseits der Streuung". Ich hatte natürlich keine Ahnung was sie damit meinten. Oder: „Bewusstsein ist durch das Nichts filtriertes Nichts." Oder die Geschichte mit der fließenden atomaren Essenz. Selbst wenn ich die Wirkung dieser Worte spüre, begreife ich sie noch immer nicht.

Nach meinem Protest und meiner Aussage, dass ich nichts verstehe, meinten sie nur, dass ich das sehr wohl täte, ich hätte es nur vergessen. Sie sind auf ihre Art ganz schön ausgefuchst. Vielleicht geht es darum, dass sie meinen, dass wir alles verstehen, was unsere Seele schon weiß, während wir der Ansicht sind, all das zu verstehen, was unsere Persönlichkeit mitbekommt.

Wenn wir alles, was wir wollen, verstehen sollen, wie zum Beispiel die Bedeutung des Lebens und wie das Universum erschaffen wurde, dann müssen wir uns selbst herausfordern und die Antworten auf einer anderen Ebene suchen als in unserer begrenzten Erinnerung, die wir uns hier in diesem Leben erschaffen haben.

> **Meine Engel ermuntern mich, Spaß zu
> haben und das Leben zu genießen.**

Darin sind Engel wirklich Spitze. Sie fordern uns ständig dazu heraus, zu wachsen und unser Bewusstsein zu erweitern, damit es mehr und mehr von der Schöpfung umfassen kann. Es ist auch schon eine beschlossene Sache, dass wir Engel mit grenzenlosem Bewusstsein werden. Dann ist es auch okay, gleich jetzt damit zu beginnen, unser Bewusstsein auszudehnen – Schritt für Schritt.

Wie machen es die Engel eigentlich, wenn sie dich erreichen möchten? Stell dir vor, du wärst ein Engel und möchtest mit einem Menschen sprechen, der nicht einmal weiß, dass es dich gibt. Deine Aufgabe ist es, dieser Person alles im Bereich des Möglichen

zu vermitteln, ohne auf irgendeine Weise sein oder ihr Leben zu
übernehmen. Wie stellst du das an? Vermutlich genauso, wie Engel das machen. Zuerst würdest du dich wohl diskret an der Pe-
ripherie zeigen und versuchen, seine Aufmerksamkeit zu wecken.
Für einen Engel muss es seltsam sein, dass er dich genauso wie
sich selbst klar und deutlich sieht, während du ihn nicht siehst.
Ja, dann wird er wohl etwas aufdringlicher bei seinen Kon-
taktversuchen vorgehen und vielleicht Duft- oder Lichtphänome-
ne hervorrufen. Aber da du nicht an Engel glaubst, verwirfst du
das als Einbildung. Nun muss er erfinderisch werden und vielleicht zusehen, dass er dir eine Mitteilung zukommen lässt, auf
der vielleicht direkt steht: „Wir versuchen dich zu kontaktieren!"
Wenn das immer noch nicht hilft, versuchen sie, mit dir in deinem Kopf zu sprechen, und dann glaubst du vielleicht, dass du
verrückt wirst. Das möchten sie natürlich nicht und versuchen es
dann wieder auf eine andere Art.

Begreifst du, welch unendliche Geduld sie besitzen? Jetzt probieren sie es mit einem spirituellen Erlebnis inneren Friedens. Aber
anstatt zu verstehen, dass Engel in deiner Nähe sind, schläfst
du einfach ein. Tja, was sollen sie nur machen? Wenn deine Seele und die Engel einer Zusammenarbeit während dieses Lebens
zugestimmt haben und der Engel seinen Teil erfüllt, während du
extrem träge bist, weil du vergessen hast, dass es ihn gibt: Was soll
er denn dann machen?

Das ist wohl der Zeitpunkt, zu dem der Engel all seine Kraft anwendet, um dich zu erreichen. Eines Abends sitzt du vielleicht an
deinem Computer und bemerkst, dass deine Hände von alleine
schreiben. Aber da du dich in einem vollkommenen Zustand des
Friedens befindest, denkst du nicht weiter darüber nach, was denn
da so geschrieben wird. Dann wachst du auf und bemerkst was du
geschrieben hast: *„Hier sind die Engel der höheren Lichtebenen.*
Wir kommen in Licht und Liebe, um dich zu erreichen. Wir sind
dir eine Weile auf deinem Weg gefolgt und jetzt ist es an der Zeit,
aufzuwachen. Du bist ein Teil unserer Erdentruppe und du bist an
einem Wendepunkt in deinem Leben angekommen, wo sich viel
hin zu mehr Licht, mehr Liebe und mehr Harmonie verändern
wird. Dein spirituelles Erwachen hat gerade erst begonnen und

entsprechend der Übereinkunft deiner Seele mit mir werden wir jetzt eine Zusammenarbeit beginnen, um mehr Harmonie und Einsseinauf der Erde zu erschaffen. Es ist Zeit, dass du deinen rechten Platz in deinem Leben einnimmst, deine Ängste und Illusionen loslässt und deinen Lichtkörper erweckst, welcher unser Engellicht an die Welt weitergibt. Wir sind die Antwort auf die Gebete der Menschheit, die um Hilfe bitten. Die Nebel der Illusionen werden rund um die Welt immer dünner und wir werden für immer mehr Menschen sichtbar. Bald wird das Bewusstsein der Menschen erhöht und auch die geistigen Dimensionen der Wirklichkeit umfassen. Sogar eure Wissenschaftler werden bald unsere Existenz beweisen ..."

Sicherlich hast du einige Seiten mit detaillierten Aufgaben geschrieben, was gerade du tun kannst, um zu einer besseren Welt beizutragen. Genau solche Dinge sind es, die Menschen überall auf der Welt erleben. In ihren Augen plötzlich und unerwartet erhalten sie detaillierte Mitteilungen von Engeln und Lichtwesen, die Dinge beschreiben, die sie auf der Erde durchführen sollen. Diese Botschaften laufen nicht nur auf der mentalen Ebene ab, sondern gehen auch mit einem allumfassendem Gefühl des Friedens einher, bei welchem jede Körperzelle signalisiert: „Gerade darauf habe ich gewartet." Deshalb beginnen die meisten der Kontaktierten dann auch ihre bewusste Lebensreise – die Reise nach Hause zu sich selbst. Diese oben zitierte Mitteilung erhielt ich vor vielen Jahren und das war der Beginn meiner unglaublichen Reise.

Das ist aber nicht für jeden so. Eine andere Art, wie Engel Kontakt zu Menschen aufnehmen, ist durch dieses Buch. Sie stellen sich dir einfach zur Seite, während du es liest. Deine Engel sind sich deiner die ganze Zeit über bewusst und daher ist nur ein kleiner Aufwand von dir nötig, um die Kanäle zwischen euch zu öffnen. Die absolut leichteste Art, mit Engeln Kontakt zu bekommen, ist, mit ihnen Spaß zu haben. Engel sind recht lustig, und wenn du dich freust, können sie leichter mit dir verschmelzen und ihr könnt ohne Probleme kommunizieren. Man muss nichts komplizieren, sondern kann seine Engel als Freunde ansehen. Dann fällt es dir leichter, mit ihnen zu sprechen. Benimm dich ganz natürlich und alles wird sich lösen.

> Meine Engel sind mein spirituelles Netzwerk
> – es ist genauso natürlich, mit ihnen zu
> sprechen wie mit meinen Freunden.

Ungefähr zu der Zeit, als meine Seele und meine Engel beschlossen hatten, dass ich jetzt endlich aufwachen sollte, passierten eine Menge interessanter Dinge. Vielleicht erscheint es dir seltsam, dass sie mich wecken mussten, obwohl ich sie mein ganzes Leben lang gesehen habe. Im Nachhinein finde ich das auch etwas sonderbar, aber solange ich klein war, verstand ich nicht, dass Engel auch noch etwa anderes wollten, als mich nur auf der Erde zu behalten. Ich sah sie zwar, wollte aber nicht zuhören.

Ich habe ja nicht nur Engel, sondern auch Verstorbene und Naturwesen gesehen. Gerade Naturwesen sind sehr verspielt und sie passten zu mir als Freunde und Wegweiser, während ich klein war. Wir spielten viele lustige Spiele zusammen und oft brachten sie mich dazu, mich auf den Boden zu legen und eins mit der Erde zu werden, bis sich alles schneller und schneller zu drehen begann und ich mit meinem Bewusstsein hinaus ins Universum katapultiert wurde, wo ich andere Orte und Dimensionen besuchte. Ich fand das ein tolles Spiel und glaubte, alle Kinder würden es spielen.

Die Verstorbenen, die ich sah, waren meist unheimlich und furchterregend. Sie stellten sich mir oft in den Weg, um meine Aufmerksamkeit und Hilfe zu bekommen. Ich war sehr ängstlich. Hast du die Serie „Ghost Whisperer" bzw. „Medium" gesehen? Sie beinhaltet eine wirklichkeitsgetreue Beschreibung des Verhaltens von Toten, wenn sie in der Astralebene stecken geblieben sind. Sie sind sehr aufdringlich, sobald sie bemerkt haben, dass jemand sie sieht. Das ist eigentlich ja verständlich, wenn man Hilfe braucht, weil man stecken geblieben ist. Als Kind war es etwas schwierig, damit umzugehen, da weder Erwachsene noch andere Kinder verstanden, wovon ich sprach, auch wenn ich es ihnen erklärte. Alle waren der Meinung, ich würde mir Dinge einbilden und hätte eine lebhafte Fantasie.

Die Engel hielten sich meist abwartend im Hintergrund und beobachteten mich. Sie versuchten immer mal wieder, mit mir zu sprechen und hielten mich oft im Arm, während sie mir liebevoll

ins Ohr flüsterten, dass alles in Ordnung sei und ich eines Tages
mehr verstehen werde. Ich empfand es als nicht so lustig, mit ih-
nen zu spielen, wie mit den Naturwesen. Langsam begann ich festzustellen, dass ich in einer völlig anderen Realität lebte als die meisten Menschen und das verwirrte
mich ziemlich. Ich wusste nie, was andere sehen konnten oder
nicht. Ich wusste auch nicht, ob sie mich auslachen würden, wenn
ich etwas erzählte. Wie alle Kinder wollte ich einfach „dazugehö-
ren" und nicht als seltsam erscheinen. Ich wurde also ziemlich still
und zurückgezogen und fühlte mich, als ob ich auf dem falschen
Planeten gelandet sei.

Ich verstand nicht, welches Benehmen auf der Erde erwartet
wurde. Die Spielregeln der Seelenebene, an die ich mich erinnerte,
waren hier nicht anwendbar. Es fühlte sich so an, als hätten alle
anderen eine Art von Code, den ich nicht besaß. Nachdem ich fest
davon überzeugt war, nicht hier sein zu wollen, erschuf ich mir
während meines Heranwachsens jede Menge unnötige Dramen,
bis ich ungefähr dreißig war.

Meine Engel versuchten unzählige Male, mit mir Kontakt aufzunehmen, um mir einen lichtvolleren Weg zu zeigen. Ich war
aber nicht daran interessiert, zu hören, dass ich selbst mein Leben verändern konnte. Ich war nicht daran interessiert, die Welt
zu verändern oder dafür zu sorgen, dass es mir und anderen besser geht. Ich wollte lieber, dass sie mit spannenden Mitteilungen
kommen oder dass sie dafür sorgen sollten, dass ich am meisten
Glück auf der Erde habe, ein paar Millionen im Lotto gewinne
und unglaublich hübsch und beliebt werde.

Schließlich bin sogar ich des Dramas überdrüssig geworden, und
endlich geschah etwas mit mir. Ich entschloss mich zu meditieren.
Sobald ich das tat, verstand ich plötzlich alles. Warum meine Engel
um mich waren und was sie mir bisher vermitteln wollten. Plötzlich ging alles rasend schnell, denn wenn man die Energie der Engel
annimmt, wird man auf die nächste Stufe gehoben, und einmal
dort angekommen, kann man mehr aufnehmen und in dieser Art
weitermachen. Als ich meinen „Engel-Radioempfänger" also quasi
repariert hatte, ging es richtig los. Engel, aufgestiegene Meister und
geistige Führer kamen aus allen Richtungen auf mich zu und wollten ihre Botschaft durch mich auf der Erde vermittelt haben.

Das lief zum Beispiel so ab: Ich liege friedvoll in meinem Bett und schlafe, während ich spüre, dass mir jemand auf die Schulter klopft. Ich höre wie Sananda, dessen bekannteste Inkarnation angeblich Jesus war, mir ins Ohr flüstert: „Cecilia, wach auf. Ich bin hier, um dir etwas zu zeigen!" Ich setzte mich also noch etwas verschlafen auf die Bettkante, mache das Licht an und was bekomme ich zu sehen? Einen „Außerirdischen", der mitten im Zimmer steht und voller Energie vibriert. „Na, ein Glück, dass es kein Mensch war", denke ich mir. Der Gedanke, einen wildfremden Menschen mitten in der Nacht in meinem Schlafzimmer zu finden, war für mich bei Weitem erschreckender als der Gedanke an einen wildfremden Außerirdischen, der sich als „Artee von Arkturus" präsentierte. Aber nachdem ich doch etwas ängstlich auf den nächtlichen Besucher reagierte, begann Artee seine Lichtstärke herabzusetzen, bis er völlig verschwunden war. Ich kann dir sagen, dass das ein enormes Erlebnis war, als er da plötzlich völlig real in meiner Wohnung stand. Es stellte sich später heraus, dass Artee mein langjähriger Arbeitspartner werden würde. Es zeigte sich, dass Artee mit Engeln zusammen wirkt, und gemeinsam haben wir einige Projekte angelegt, an denen wir arbeiten.

Während einer anderen Nacht weckte mich Sananda, da er mir etwas anderes zeigen wollte. Er nahm mich bei der Hand und wir schwebten durch das Dach, das plötzlich durchlässig zu werden schien. Gemeinsam reisten wir hinaus in den Nachthimmel und ich sah, dass mein Körper immer noch auf dem Bett lag. Wenn man mit Lichtwesen zusammen ist, bekommt man eine andere Auffassungsgabe und man kann gleichzeitig sowohl Details als auch das Gesamtbild sehen. Er zeigte mir die Erde, die Menschheit, die Zukunft, die uns allen offen steht, wenn wir uns entscheiden, uns zu Engel zu entwickeln, und auch alle, die mir auf meinem neuen lichterfüllten Weg nahestehen würden.

Es war nötig, dass ich mich erst selbst veränderte, bevor ich das Potenzial all der Engel verstehen konnte, die sich um mich herum befanden. Daher kann ich dir versprechen: Je mehr du dich veränderst und dich für geistige Dimensionen öffnest, desto mehr wirst du selber verstehen und erleben, um was es geht.

Mein geistiges Netzwerk

Engelübungen 3   „Wir sind dein geistiges Netzwerk, wir
weben Licht im Universum, durch wel-
ches du mit uns und allem Leben kommunizieren kannst. Wir hören deine Absicht jedes Mal wenn du uns erreichen
möchtest. Hörst du uns?"

**Ich kontaktiere meine Engel
auf meine eigene einzigartige Weise.**
Meditation ist für mich die einfachste Methode, meine Engel zu
erreichen. Vielleicht passt das auch für dich. Probiere diese Engel-
meditation aus. Du kannst sie langsam lesen, während du etwas
ruhige Musik hörst oder dich einfach entspannst. Oder du kannst
sie aufnehmen und sie anschließend anhören. Oder du findest eine
andere, eigene Art, Engelkontakt aufzunehmen. Dies ist eine Meditation, die dir dabei hilft, mit Engeln in Kontakt zu kommen
und die lichterfüllte Kraft, Freude und Inspiration der Engel zu
spüren.*

Beginne, indem du dich bequem hinsetzt oder hinlegst, damit du dich entspannen
kannst. Richte dich auf deine Atmung aus. Atme ruhig, tief und lichterfüllt; tiefe und
zugleich leichte Atemzüge. Stell dir vor, dass du dich bei jedem Einatmen noch mehr
entspannst. Bei jedem Einatmen atmest du mehr Licht ein und wirst von mehr Licht
erfüllt. Für jedes Ausatmen lässt du Spannungen, Unruhe und Begrenzungen los. Lass
alles los, was dich bedrückt. Atme Licht ein, atme Unruhe und Spannungen aus. Atme
Licht ein, atme Unruhe und Spannungen aus ...

Stell dir jetzt vor, dass sich eine Welle der Entspannung durch deinen Körper bewegt
und du noch entspannter wirst ... Eine Welle der Energien von Ruhe und Entspannung
nach der anderen bewegt sich durch dich ... du bist sehr entspannt.
Wenn du entspannt bist, hat sich dein Engel dir genähert. Spüre seine ruhige und
liebevolle Nähe. Dieser Engel war dein ganzes Leben an deiner Seite und kann in dein

---

* Für manche ist der Begriff Engel „männlich" besetzt. Sie würden sich mit
einem weiblichen Engel, einer „Engelin", wohler fühlen. Wir folgen dem
deutschen Sprachgebrauch, erinnern aber gerne daran, dass die weibliche Energie immer ganz genauso mit gemeint ist! Engel sind jenseits von
„männlich" und weiblich".

Innerstes sehen. Er weiß, dass du unabhängig davon, was du in deinem Leben jetzt machst, eine sehr weise und liebevolle Seele bist. Er weiß auch, dass du ungeachtet aller Handlungen in deinem Leben immer nach Licht und Liebe gestrebt hast und dich immer nach deiner Seele gesehnt hast.

Stell dir jetzt vor, dass du das klare Licht sehen kannst, das von ihm ausstrahlt. Du beginnst sein Licht einzuatmen und wirst von Engelskraft erfüllt. Spüre, dass du dadurch noch entspannter und ruhiger wirst. Er will dich jetzt auf eine Reise mitnehmen.

Stell dir vor, dass du so viel Engellicht einatmest, dass du beginnst, selbst zu leuchten, und dass du von einer lichterfüllten Blase umgeben bist, die dir ein schwebendes Gefühl vermittelt. Spüre, wie dein Engel dich an der Hand fasst und mit dir nach außen und nach oben schwebt. Frei und ungebunden schwebst du nach außen und nach oben durch all die Dimensionen des Universums. Weit unterhalb von dir siehst du die Erde ... Ihr schwebt auf diese Art weiter empor, bis ihr euch einem sehr lichterfüllten Ort nähert, dort, wo die Engel leben. Wenn du ankommst, wirst du von Engel willkommen geheißen – dies sind Engel, die deinem Leben gefolgt sind. Sie sind sehr froh, dass du hierhergekommen bist, um sie zu treffen, und sie möchten ihr Licht gerne mit dir teilen. Ihr höchster Wunsch ist, dass du verstehst, wer du bist, warum du bist, was du bist und wo du bist. Sie wissen: Wenn du die Antworten auf diese existenziellen Fragen gefunden hast, wird sich dein Leben verändern und du wirst deine Ziele erreichen.

Vielleicht stellst du dir diesen Platz als einen Tempel vor, einen hübschen Garten oder ein Meer aus Licht. Das spielt keine Rolle. Deine Engel werden dir das Bild oder Gefühl vermitteln, das gerade zu dir passt.
Deine Engel beginnen, dich herumzuführen ... Und irgendwo in deinem Innern spürst du, dass dies ein sehr bekannter Ort ist. Ein Ort, an den deine Seele oft kommt ... Dann setzt ihr euch gemeinsam nieder. Spüre, wie du hier sitzt, ruhig und entspannt, gemeinsam mit deinen Engeln. Und während du einatmest, atmest du das Licht des Engelreiches ein, das es hier gibt.

Überall um dich herum sitzen Engel, die an deinem Leben Anteil genommen haben. Du bist von ihrer grenzenlosen und ewigen Liebe zu dir eingehüllt ... Deine Engel sehen dein Licht und deine Liebe und sind an deinen Handlungen nicht interessiert ... Alles, was sie wollen, ist, dass du das Licht, die Liebe, die Kraft und die Möglichkeiten in deinem Leben spürst. Denn sie wissen, dass du, sobald du das tust, auch Licht leben willst und grenzenlos lieben möchtest und dass sich Licht dann auch in deinen Handlungen widerspiegeln wird ... Spüre, wie sehr du geliebt bist, und verstehe, dass du niemals einsam warst und nie einsam sein wirst, wenn du dich für deine neuen, lichterfüllten Möglichkeiten öffnest ... Spüre jetzt deine Engel um dich herum.... Denke an eine Begebenheit, wo du dich in deinem Leben einsam fühltest. Lass deine Engel dir zeigen, wie sie dir zur Seite standen ... Obwohl du dich einsam fühltest, warst du es nicht. Lass die Vergangenheit durch das Licht deiner Engel heilen.

Nun ist es Zeit, diesen Ort zu verlassen und langsam damit zu beginnen, in dein Alltagsleben zurückzukehren. Nimm von deinen Engeln Abschied und wisse, dass du jederzeit wiederkehren kannst. Spüre, wie du in den Körper zurückschwebst und vollständig in deinem Leben im Hier und Jetzt präsent wirst – erfüllt von Engelkraft.

Meine Engel hören meine Absicht.

Nimm dir etwas Zeit, über deine Absichten nachzudenken. Was möchtest du eigentlich mit deinem Leben erreichen? Gibt es spezielle Wünsche, eine neue Beziehung, ein Kind, einen neuen Job, einen neuen Wohnort, Gesundheit, mehr Freude, mehr Freunde?

Abhängig von deinem Entwicklungsniveau kann deine Absicht unterschiedliche Dinge betreffen. Die meisten Menschen sind sich ihrer freien Wahlmöglichkeit, die Wirklichkeit nach ihrem Willen zu erschaffen, nicht bewusst. Absichten, welche die Engel von einer unbewussten Person auffangen, sind emotionsgeladene Gedanken und Bilder, wie man sie täglich in den Äther aussendet. Gedanken, die mit starken Gefühlen geladen sind, bekommen mehr Energie und sind besonders klar; deshalb können sie auch leichter erschaffen werden. Für einen Engel hat es jedoch keine Bedeutung, ob du dir deiner Absicht bewusst bist oder nicht. Ihre Aufgabe ist es, Energie zu schicken. Sie entscheiden oder beurteilen nicht, ob die von dir ausgesandte Absicht gut oder schlecht ist, da es in ihrer Dimension keine Urteile gibt.

Indem du bewusst entscheidest, welche Absicht du aussendest und indem du sie mit Energie auflädst, kannst du beginnen, aktiv zu erschaffen, was du möchtest. Gleichzeitig bekommst du von deinen Engeln Hilfe, da sie dir umso mehr Energie zurückschicken, je klarer deine Absicht ist. Je deutlicher deine Absicht ist, desto klarer könne deine Engel sie sehen.

Mach dir eine Wunschliste und setzte eine klare und deutliche Absicht, die du deinen Engeln schickst. Stell dir vor, dass du entgegennimmst, was du dir wünscht.

Engel sprechen auf eine Art, die ich verstehe. Ich kann dir versprechen, dass deine Engel alles ihnen Mögliche tun, um dich auf eine Weise zu erreichen, die sie für dich als gut ansehen. Wenn du deine Engel nun gar nicht bemerkst oder du vielleicht meinst, sie seien zu grob (wenn sie zum Beispiel für ein Pläuschchen in deinen Körper hüpfen), dann sage ihnen einfach, wie du es gerne haben möchtest. Sie wissen tatsächlich nicht, wie sich Dinge in deinem Körper anfühlen; das weißt nur du. Du kannst dich mit deinen Engeln unterhalten und deine Wünsche mitteilen, genauso, wie du das in jeder anderen Beziehung machst. „Sprecht ein bisschen lauter, wenn ihr mit mir sprecht, ich höre nichts." Oder „Hallo? Etwas schwächer bitte, jetzt fühlt es sich etwas unbehaglich an." Viele sind ein bisschen scheu, einem Engel gegenüber die eigenen Wünsche auszudrücken. Dazu gibt es keine Veranlassung, da sie ja deine besten Freunde sind, die immer für dich da sind.

Aber wie steht's mit dir selbst? Wie sprichst du mit anderen? Den Engeln zufolge gibt es keine ungeschicktere Art zu kommunizieren als mit Worten. Jeder interpretiert in die gleichen Worte unterschiedliche Dinge, sogar, wenn wir meinen, dass wir uns über den Inhalt geeinigt haben. Daher kommunizieren Engel mit Tönen und Energien. Sie meinen, dass es da keine Missverständnisse geben kann.

Da wir jedoch immer noch mit Worten kommunizieren und deine Freunde dich vermutlich nur noch mehr missverstehen würden, wenn du plötzlich mit Tönen und Klängen kommunizierst, schlagen die Engel vor, dass du dir die Art deiner Kommunikation ansiehst. Sprichst du so deutlich und liebevoll wie möglich? Passt du das Gesagte dem Empfänger an? Kannst du deinen Willen ausdrücken, ohne jemanden dabei zu „überfahren"?

Aufgabe: Heute fokussiere ich mich darauf, dass alles Gesagte bei meinen Mitmenschen wirklich so ankommt, wie ich es meine. Ich spreche deutlich, liebevoll und respektvoll mit der Weisheit eines Engels.

Meine Engel ermutigen mich,
Spaß zu haben und das Leben zu genießen.

Das Leben zu genießen liegt einem Engel am Herzen. Aus der Perspektive der Engel ist das Leben ein göttliches Geschenk, das man zu jeder Zeit genießen sollte. Wer weiß, wie lange es dauert. Warum also sein Leben Dingen widmen, die man nicht möchte, warum es mit „müssen" und „sollen" anfüllen, die wir so nicht haben wollen? Wir sind tatsächlich freie Wesen und haben ein Recht darauf, so zu leben, wie wir wollen, solange wir gegenüber allem anderen Leben Rücksicht und Respekt zeigen.

Die meisten Dinge im Leben, die wir mit „müssen" oder „sollen" belegt haben, gibt es, weil wir sie irgendwann einmal unüberlegt ausgewählt haben und nicht auf den Gedanken gekommen sind, dass wir auch ohne sie leben könnten. Wir wiederholen das Leben so, wie wir glauben, dass es sein sollte.

Ich erzähle dir jetzt ein Geheimnis: Die größte Begrenzung besteht in unserer eingeschränkten Denkfähigkeit, uns die Möglichkeit zu erlauben, ein Leben entsprechend unseren Wünschen zu führen. Häufig ist das so, weil wir nicht daran gewöhnt sind, darüber nachzudenken, was wir wollen.

Das Leben bedarf immer wieder einmal der Neubestimmung. Mach dir eine Liste darüber, wie viel Spaß du hast. Es ist gut, wenn das Leben stabil ist, allerdings nicht, wenn es stagniert. Oft ist es unsere eigene Einstellung und nicht der Inhalt an sich, der das Leben langweilig macht. Wir hören dann auf, neugierig zu sein. Wenn sich eine Beziehung langweilig anfühlt, dann kannst du sie mit mehr Spaß anfüllen, anstatt den Partner zu wechseln. Wenn sich die Arbeit lauwarm anfühlt, kannst du deine Einstellung ändern, um mehr Spaß zu haben.

Aufgabe: Heute fokussiere ich mich darauf, das Leben zu genießen und in jeder Situation und jeder Beziehung mehr Spaß zu haben. Ich nehme mir Zeit für Unterhaltsames, das ich zwar schon lange machen wollte, aber immer aufgeschoben habe.

Meine Engel sind mein geistiges Netzwerk – es ist genauso natürlich, sich mit ihnen zu unterhalten wie mit meinen Freunden im Internet.

Was, wenn es wirklich so einfach wäre, dass du mit Engeln reden kannst wie mit deinen Freunden? Tatsächlich ist es sogar einfacher, da deine Engel dich immerzu unterstützen und ermuntern und nie an etwas Anstoß nehmen, was du gesagt hast. Zu Beginn fühlt es sich vielleicht etwas seltsam an, da es schwieriger sein kann, die Antworten zu hören oder zu fühlen, wenn du daran nicht gewöhnt bist. Aber wie bei allem macht Übung auch hier den Meister bzw. die Meisterin. Es hat doch auch ein paar Jahre gedauert, bis du deine Muttersprache erlernt hattest, oder nicht? Dann kannst du dem hier ja auch ein paar Monate einräumen.

Denke daran, dass deine Engel immer antworten. Die Herausforderung für dich liegt darin, dass dein Empfänger funktioniert. Vielleicht antworten sie in einem Traum, inspirieren jemanden in deiner Umgebung dazu, dir genau das zu sagen, was du hören solltest, oder sie geben dir den Impuls, etwas Bestimmtes zu lesen. Daher gilt es, hellhörig zu sein und zu bemerken, ob du für die dir wichtigen Dinge Antworten oder Wegweisung erhältst, unabhängig davon, *auf welche Art* diese Antwort zu dir kommt. Mit der Zeit wird dein Instrument, dein „Empfänger", sehr fein eingestellt und du wirst die Antworten direkt hören können.

Nimm dir jeden Tag etwas Zeit und unterhalte dich mit deinen Engeln in Gedanken. Es spielt überhaupt keine Rolle, ob du den Namen des Engels kennst, mit dem du sprichst. Drücke alles aus, was dir wichtig ist. Wenn du Führung brauchst, bittest du darum direkt. Wenn du Fragen hast, formuliere sie deutlich.

Schreibe dir alle gestellten Fragen auf und alle Dinge, bei denen du um Führung gebeten hast. Nach zwei Wochen schaust du dir die Liste erneut an und schreibst Einsichten auf, die du zu den Antworten erhalten hast. Vermutlich hast du bereits Antworten zu einem großen Teil der Fragen erhalten. Das ist meistens so natürlich abgelaufen, dass du es noch nicht einmal bemerkt hast. Denn so arbeiten Engel. Während du es kaum bemerkst, geben sie dir alles, was du brauchst. Daher ist es eine gute Idee, eine Art Engeltagebuch zu führen. So wird dir viel deutlicher, dass es tatsächlich funktioniert.

4. EIN ENGEL SIEHT DAS WIRKLICHE

„Wir sehen das, was wirklich, ewig, grenzenlos und unendlich ist. Alles was wir sehen, wird auf der Erde Wirklichkeit – weil du dort bist. Für uns gleichst du einem Neugeborenen, jeder Augenblick ist eine Wiedergeburt, dein ganzes Leben liegt vor dir – voll von ungeahnten Möglichkeiten."

Trotz ihrer Grenzenlosigkeit sehen Engel in Dingen, welche dir oder anderen schaden, nichts Negatives, und sie finden auch deine Ängste nicht „unterhaltsam". Solche Dinge sehen sie überhaupt nicht. Vielleicht bist du jetzt verblüfft. Engel sehen allerdings die Wirklichkeit nicht so, wie du oder ich das tun. Sie sehen nur die Möglichkeiten für Liebe, Freude, Einssein, Bewusstsein, Frieden und Stille. Sie sehen alles, was sie als wirklich erachten, und das Einzige was für einen Engel wirklich ist, sind diese göttlichen Aspekte des Seins.

Alles was auf Furcht aufbaut, auf temporären Ideen, und alles, was anderen schadet, nennen sie „Illusionen". Illusionen sind nach der Definition der Engel weder wirklich noch permanent. Dies klingt vielleicht seltsam, für die Engel klingt es aber völlig logisch. Sie sehen dein wirkliches Wesen und dein volles Potenzial und kümmern sich nicht um Illusionen, die du für wirklich hältst. Diese nennen sie vergänglich und *vorübergehend* und daher unwichtig. Sie sehen das, was in dir permanent ist: dein Potenzial, selbst ein Engel zu werden.

Die Liebe, die sich in deinem Herzen entwickeln kann, ist für Engel von höchstem Interesse. An deinem Besitz, sogar an deinen Handlungen sind sie völlig uninteressiert. Warum das so ist? Nun, weil deine Liebe wirklich und ewig ist, während dein Besitz und deine Handlungen vergänglich sind und spätestens dann verschwinden, wenn du dich aus diesem Leben verabschiedest. Deine

Liebe trägst du auf ewig mit dir und im Gegensatz zu deinem Besitz wächst sie auch ewig weiter an. Das heißt natürlich nicht, dass du jetzt deine Aktien loswerden sollst. Du kannst allen Besitz behalten, der dir Spaß macht. Es bedeutet nur, dass deine Engel aus einem völlig anderen Grund an dir interessiert sind als deinem Geld.

> **Meine Engel sehen mich als Engel.**

Lass uns einmal annehmen, dass du etwas Schreckliches anstellst. Zum Beispiel tötest du jemanden, und dann bist du der Meinung, dass du dir für deine Handlungen eine fürchterliche göttliche Strafe zuziehst – aber dem ist nicht so. Wenn ein Engel das sieht, sieht er nur Folgendes: „Hoppla, Karlchen hat jemanden umgebracht, weil er nicht verstanden hat, dass er grenzenlos ist und alle lieben kann. Der Arme – er steckt so tief in vielen Illusionen, dass er der Meinung ist, er müsse jemanden umbringen, um das zu bekommen, was er will. Er weiß nicht, dass Leben heilig ist. Wir müssen ihm helfen." Und dann lieben sie dich noch mehr. Es gibt keine göttliche Strafe, nur unendliche göttliche Liebe. Eigentlich sehen sie nicht einmal, dass Karlchen jemanden getötet hat, sondern nur, dass seine Göttlichkeit in diesem Augenblick erlischt. Daher wollen sie der Göttlichkeit wieder auf die Beine helfen. Das ist es ja, womit sie arbeiten.

> **Meine Engel lieben mich grenzenlos.**

Unsere Vorstellungen von himmlischen Strafen werden als Illusionen angesehen und haben nichts mit der Wirklichkeit eines Engels zu tun. Das Wunderbare an Engelfreunden ist ja, dass sie dich unabhängig von deinen Taten lieben. Jetzt glaubst du vielleicht, wenn es nun keine vom Himmel gesandten Strafen gibt, dann gibt es nichts, was unser Verhalten reguliert. Und wenn viele Menschen das herausfinden, dann würde es auf dem Planeten noch schlimmer werden.

Aber selbst, wenn es keine Strafe dafür gibt, gibt es trotzdem keinerlei Gründe, jemandem wehzutun. „Spielt ja keine Rolle, ich kann mich so schlecht benehmen, wie ich will und werde dennoch geliebt", ist aus mehreren Gründen keine gute Idee. Ich habe das schon selbst ausprobiert und das Einzige, was dabei herausgekommen ist, war, dass ich mich selbst immer schlechter fühlte. Wir werden sozusagen Opfer unserer eigenen Handlungen und Ideen. Früher spielte es für mich keinerlei Rolle, von den Engeln geliebt zu werden, da ich das sowieso nicht annehmen konnte. Außerdem geben die Engel nicht auf, bis du nicht auch zu einem Engel geworden bist. Machst du Dinge, die dir selber oder anderen schaden, kannst du damit weitermachen, bis du dessen müde wirst – und sie wissen, dass du müde werden wirst, jetzt oder in einem deiner kommenden Leben. Sie haben nämlich gesehen, dass auch du früher oder später ein Engel wirst. Wann genau das passiert, steht in deiner Entscheidung. Wenn du schlau bist, beginnst du bereits heute damit, alles und alle zu lieben. So kannst du es dir ersparen, dich völlig unnötig durch ein paar weitere Leben zu schleppen. Und dann kannst du schon hier und jetzt ein wunderbares Leben führen.

Anderen zu schaden schadet dir selbst und der gesamten Menschheit, da du den kollektiven Energiekörper mit Ideen darüber anfüllst, anderen zu schaden. Du schickst eine Energieform an den kollektiven Energiekörper und die liegt dann dort zusammen mit den Energien anderer, bis sie eines Tages so kraftvoll geworden ist, dass sie zur Wirklichkeit wird. Jemand anderes wird diese Energie auffangen und von ihr inspiriert werden und erschießt vielleicht eine Gruppe Schulkinder, und so geht das in alle Unendlichkeit weiter. Das ist für niemanden lustig.

Dass die Dinge, auf die wir uns fokussieren, wirklich werden, funktioniert ja nicht nur, wenn wir etwas visualisieren, was wir erschaffen möchten. Es funktioniert fortlaufend auch für das Kollektiv. Es wäre also schlau von dir, daran zu denken, was du in das Kollektiv einbringst, da wir alle auf dem Planeten Mitschöpfer sind.

> Meine Engel sehen mich als Engel.

Warum also nicht um deinetwillen ein grenzenlos liebevolles Wesen werden? Das Leben wird um so vieles herrlicher. Wenn du all die Dinge haben kannst, die du dir ersehnst, warum solltest du darauf noch warten? Jetzt denkst du vielleicht, dass alles sich ganz schön schnell erschöpft, wenn alle Menschen alle Dinge haben können. Wenn Engel von all dem sprechen, was du haben möchtest, dann meinen sie alles, was deine Seele wirklich will, all das, was wirklich und keine Illusion ist – du erinnerst dich ja daran, dass sie Illusionen nicht sehen können.

Die Dinge auf deiner Wunschliste, welche Engel sehen, sind zum Beispiel Liebe, Nähe, Licht, Freude, Energie, Reichtum, Klarheit, höheres Bewusstsein, Inspiration, das Gefühl, der Schöpfung als ein wichtiger Teil anzugehören, göttliche Nähe, Einsseinmit allem und allen, Frieden und Erleuchtung. All dies ist für sie wirklich und es wird auch für uns früher oder später wirklich sein. Das sieht der göttliche Plan für uns und für alles Leben vor. Die Engel machen im Augenblick Überstunden, damit wir Menschen das begreifen.

Wenn man sich die Sache überlegt, dann sind Engel eine Art „geistige Terroristen". Sie kümmern sich nicht darum, was wir wollen oder machen. Sie „bombardieren" uns mit Liebe und Freude und planen, die gesamte Erde zu übernehmen, bis alle im Paradies leben. Vielleicht ist das mit dem freien Willen also auch eine Illusion, nachdem es offenbar schon entschieden ist, dass wir alle Engel werden (gleich, ob wir das jetzt machen oder später). Das Einzige, was wir frei wählen können, scheint das „Wann?" zu sein. Die wirkliche Frage im Leben ist also womöglich: „Werde ich jetzt zu einem Engel oder lieber erst später?"

Um eine Antwort auf diese Frage zu finden, schlage ich vor, dass du eine Liste mir Vor- und Nachteilen erstellst, um besser zu entscheiden. Die könnte etwa so aussehen:

Vorteile und Nachteile, ein Engel zu werden

Dafür	Dagegen
Ich bin bereits ein Engel.	Ich möchte eher glauben, dass ich ein begrenztes Wesen und ein saurer Typ bin, der z.b. immer noch gerne intrigiert und andere ausnutzt.
Als Engel lebe ich in und für die göttliche Liebe.	Ich mag es, gemein zu sein, z.b. mit ...
Als Engel habe ich die grenzenlose Möglichkeit, entsprechend meinen Wünschen zu leben.	Ich fokussiere mich lieber auf meine Fehler, das Leben ist ohnedies bereits ziemlich im Eimer.
Als Engel sehe ich, was wirklich ist – z.B. wie wundervoll alle Menschen sind.	Ich schau mir lieber an, dass ich und andere versagen.
Als Engel sehe ich mein permanentes Selbst, und meine Seele lebt vollends auf der Erde.	Aber Hallo! Ich mag meine Persönlichkeit. Das mit Seele klingt fürchterlich langweilig.
Als Engel lebe ich in und für totale Harmonie.	Wie bitte? Ich hab's eher gern, wenn es im Leben auf und ab geht. Wenn alles die ganze Zeit über gut wäre, dann wär's ganz schön langweilig.
Als Engel bin ich von Licht erfüllt und erleuchte alles, dessen ich mir bewusst bin.	Ich fokussiere mich eher darauf, mich schlecht zu fühlen und dass alles hoffnungslos ist.
Als Engel richte ich mich auf Dinge aus, die mich mit anderen vereinen.	Ich sehe lieber unsere Unterschiede.

Dafür

Als Engel weiß ich, dass es für alle Probleme unbegrenzte Lösungen gibt.

Als Engel liebe ich mich selbst, da ich göttlich bin.

Als Engel liebe ich andere, da sie göttlich sind.

Als Engel erschaffe ich Einssein.

Als Engel bin ich friedvoll und wirke für den Frieden.

Als Engel bin ich ein kraftvoller Schöpfer.

Als Engel richte ich mein Licht auf all das was ich als wirklich sehen möchte.

Als Engel weiß ich um die Bedeutung meines Lebens.

Dagegen

Ich glaube eher, dass die Situation verfahren ist und dass alles zu spät ist.

Ich bin nicht wert, geliebt zu werden weil ... und übrigens ist es ziemlich egoistisch, sich selbst zu lieben.

Nein, also hör mal, man kann doch wirklich nicht alle anderen lieben, da ...

Aber nein, ich ziehe es vor, mein selbstsüchtiges Leben fortzusetzen. Warum sollte ich mich um ... kümmern?

Frieden oder was? Das Leben ist doch kein Miss Universum-Wettbewerb. Natürlich müssen wir Kriege führen, solange es nicht mein eigenes Land betrifft.

Ich möchte wirklich nicht für mein eigenes Leben Verantwortung übernehmen, ich kann doch nichts dafür wenn ...

Nö, ich möchte eher ein Opfer der Umstände sein.

Nichts ist von Bedeutung.

Dafür	Dagegen
Als Engel respektiere ich den freien Willen aller.	Also weißt du, in diesem Moment weiß ich am besten, was zu tun ist, und ich werde die anderen mal kurz übervorteilen.

Wenn Engel nur das sehen, was wirklich ist, wie kommt es dann, dass sie uns so persönliche Mitteilungen geben können? Viele von uns erhalten doch konkrete Führung für Situationen und Wegentscheidungen für etwas, was in der Zukunft passieren kann. Den Engeln zufolge können wir nur sehen, was in uns ist. Da Engel weder in Illusionen noch in Ängsten leben, können sie diese auch nicht sehen. Das ändert sich auch nicht, wenn sie von ihrer Engeldimension aus bei uns hineinschauen. Allerdings steht in ihrer Arbeitsbeschreibung auch, dass sie Licht, Liebe und Bewusstsein auf alle ihnen möglichen kreativen Weisen vermitteln sollen, ohne sich jemandem aufzuzwingen. Das bedeutet etwa, dass sie ihre Energie „herunterfahren" können, um so mit deinem Bewusstsein zu verschmelzen und die Welt durch dein Bewusstsein zu betrachten, aber mit ihrem Engelfokus. Auf diese Art können sie tatsächlich alles, was in deinem Leben vor sich geht, im Detail mitverfolgen und deine Sinne anwenden, um dir Führung geben zu können, wenn du dazu deine Erlaubnis gegeben hast. Eine solche Erlaubnis kann darin bestehen, dass du oder deine Seele einmal ausdrücklich um Hilfe gebeten hast. Und natürlich ist es so, dass sie sich unseres Bewusstseins bedienen, wenn sie uns etwas in Worten vermitteln möchten.

Jetzt aber zurück dazu, wie du alle grenzenlos lieben kannst. Tatsächlich ist es einfacher, als man glauben möchte. Am einfachsten geht es, wenn du dir von deinen Engeln zeigen lässt, wie man sich selbst und andere liebt. Ihre häufigsten Argumente, warum gerade du so wunderbar bist, lauten so:

1. Du bist ein grenzenloses Wesen, das aus göttlicher Essenz besteht. Gott ist buchstäblich in jedem deiner Teilchen, und daher bist du natürlich liebenswert.
2. Du bist ein Schöpfer mit grenzenlosen Möglichkeiten; alles, was du dir vorstellen kannst, kannst du erschaffen.
3. Du wirst von göttlichen Triebkräften gesteuert wie dem Antrieb

zu lieben, zu erforschen, zu erschaffen, eins mit allem zu werden, mit deiner Entwicklung vorwärts zu kommen, erleuchtet zu werden, gesehen zu werden und vieles mehr.
4. Du bist auf dem Weg, ein Engel zu werden.
5. Durch dich und dein Streben nach geistiger Entwicklung wird die Welt ein lichtvollerer Platz.

Diese Liste kann man unendlich fortsetzen. Es gibt so vieles an dir, das man lieben kann. Wenn du dich nicht selbst liebst, ist das wohl so, weil du (noch) nicht verstanden hast, wie wunderbar du eigentlich bist, wenn man mal von all den Illusionen und Ängsten absieht, die du mit dir herumschleppst. Und genau das machen Engel. Sie können weder deine Irritation sehe, noch deine Gefühle des Ungerechtbehandeltseins. Sie schenken all den gemeinen Dingen, die du machst, keine Aufmerksamkeit. Sie betrachten sie als einen Hinweis darauf, dass du mehr Liebe brauchst.

> **Meine Engel lieben mich,**
> **weil ich göttlich bin.**

Illusionen sind eine Maske, die du mit dir herumträgst. Wenn du die Maske wegwirfst, sieht man ...? Ja genau: Gott! Das hättest du dir nicht gedacht, oder? Aber so ist es. Du bist göttlich. Du kannst damit weitermachen, vorzugeben, ein saurer Typ zu sein, der Gemeinheiten begeht, solange du willst. Die Engel wissen trotzdem, wer du wirklich bist. Wir alle sind göttlich, und sobald wir das zu verstehen beginnen, verändern wir uns vollständig und verbessern die Welt für uns alle.

Nimm mich als Beispiel: Ich war früher eine ziemlich miese Type. Ich meinte, dass das Leben eine Strafe sei, war ständig deprimiert, schluckte pro Abend fünf bis zehn starke Schlaftabletten, glaubte, dass alle gegen mich seien, fühlte mich unverstanden, hatte Essstörungen, war häufig ärgerlich und sauer, und ließ mich gerne über die Unzulänglichkeiten anderer aus. Nachdem ich wirklich überzeugt war, dass mein Leben eine Niete war, sah ich mich auch dazu berechtigt, mich anderen gegenüber schlecht zu benehmen, Intrigen zu schmieden und ähnliche Dummheiten zu machen. Alles, was sich mir in den Weg setzte, war die Schuld von anderen. Und nachdem ich mich auf Sachen fokussierte, die sich mir in den Weg stellten, erschuf ich mir so mehr und mehr Elend. Das war ein völliger Wahnwitz. Ich hatte jede Menge Unterstützung! Aber da ich das nicht verstand und meine Engel die ganze Zeit über falsch interpretierte und mich nur darauf konzentrierte, mir selbst Leid zuzufügen, lebte ich in meiner eigenen Schöpfung, in der ich ein Opfer war, das alles auf andere schob. Mittlerweile ist es mir unbegreiflich, wie ich damals dachte. Ich hab es ziemlich gut drauf, mich selbst und andere zu lieben, und das Leben fühlt sich beinahe jeden Tag wie ein Abenteuer an. Dieser Tage bin ich eher von meinem Verlangen nach Erforschung und einem größeren Verständnis der unendlichen Möglichkeiten der Schöpfung angetrieben, als Illusionen nachzuhängen, die ohnedies nur zeitlich vorübergehend bestehen. Wenn sonst nichts anderes, ist es zumindest eine Zeitverschwendung, sich in Selbstmitleid zu ergehen oder sich und andere nicht zu mögen. Daraus entsteht nichts Kreatives, sondern nur noch mehr Elend. Es gilt, sich daraus herauszubewegen, und dabei sind dir die Engel gerne behilflich.

> Meine Engel weisen mir den Weg
> zu einem liebevollen Leben.

Wenn es eine so große Anzahl von Gründen gibt, dich selbst zu lieben, gibt es natürlich auch gleich viele Gründe, andere zu lieben. Jeder Mensch trägt Gott in jedem Teilchen in sich, jeder Mensch hat grenzenlose Möglichkeiten, das Leben entsprechend seinen Wünschen zu erschaffen, jeder Mensch wird von göttlichen Antrieben gesteuert und ist auf dem Weg, ein Engel zu werden.

> Mein Leben ist voll von
> grenzenlosen Möglichkeiten.

Es hat nicht den Anschein, wirklich so zu sein, wenn man auf die Erde blickt. Hier gehen alle möglichen schrecklichen Dinge vor sich und grenzenlose Möglichkeiten können nur schwierig zu finden sein. Aber es gibt sie tatsächlich. Engel haben einen Standardsatz: „Erst, wenn du dich vom Licht Gottes abwendest, wird das Leben schwer." Damit meinen sie zwei Dinge.

Erstens wächst deine göttliche Essenz an, je mehr du sie wahrnimmst. Jedes Mal, wenn du ihrer bewusst bist, antwortet sie darauf, indem sie wächst. Deine Aufmerksamkeit wird zu einer Art Nahrung für deine Liebe oder dein Licht. Engel sagen, dass dies der Grund ist, warum alle gesehen werden wollen, denn dadurch werden wir göttlicher. Wenn man es so betrachtet, ist es sehr leicht, sich geistig zu entwickeln. Alles, was du tun musst, ist, jeden Tag ein paar Minuten lang zu untersuchen, wie göttlich du bist, und dadurch wirst du noch göttlicher. Wenn du die Liebe in all deinen Teilchen ansiehst, wird es jeden Tag mehr Liebe zu sehen geben. Wenn dir dann auch bewusst ist, wann deine Engel all deine Liebe in ihre Aufmerksamkeit nehmen, geht es noch schneller. Engel sehen natürlich deine Liebe die ganze Zeit über. Dann allerdings, wenn du dir dessen bewusst bist, geschieht die Veränderung. Denn dein Bewusstsein ist der göttliche Baustein, der das wirklich geschehen lässt. Wenn du dir dessen nicht bewusst bist, können dich deine Engel zwar beobachten und finden, dass du wundervoll bist, so lange sie wollen, doch wird nichts geschehen. Erst sobald du dir dessen bewusst bist, erfolgt eine Veränderung.

Zweitens blockierst du deine Entwicklung, wenn du dich vom Göttlichen abwendest, und dadurch wird das Lebensgefühl schwerer. Denn dann siehst du deine Illusionen und erlebst deine Ängste.

> Jedes Mal, wenn ich gesehen
> werde, wächst mein Licht, meine
> Liebe und mein Bewusstsein.

Um eine richtig gute Welt zu erschaffen, könnten wir umhergehen und zu allen, denen wir begegnen, sagen: „Ich sehe dein göttliches Licht." Das mag etwas seltsam erscheinen. Stattdessen könnten wir den Dingen mehr von unserer Aufmerksamkeit schenken, von denen wir mehr in der Welt sehen möchten. Alle wissen doch, dass das Positive in einem selbst und anderen wächst, wenn man es anerkennt. Genauso wie ein Engel erschaffst du das, worauf du dich fokussierst. Das ist der Grund, warum Techniken des positiven Denkens und des Erschaffens von Visionen so gut funktionieren.

> **Ich erschaffe, worauf ich mich fokussiere.**

Es wäre angebracht, damit aufzuhören, uns auf Dinge zu fokussieren, die wir nicht mehr sehen wollen. Wer will denn wirklich all diese Morde haben, die wir täglich als Unterhaltung auf jedem Fernsehkanal gezeigt bekommen? Ich auf alle Fälle nicht. Ich habe nicht das geringste Interesse an Mord, da ich nicht der Meinung bin, dass wir eine bessere Welt erschaffen, wenn wir uns darauf fokussieren. Daher schaue ich mir eher Dinge an, die ich in der Welt sehen möchte, in der ich lebe. Denn worauf wir unsere Aufmerksamkeit richten, das erschaffen wir nicht nur für uns selbst, sondern für die ganze Welt.

Da du göttlich bist, erschaffst du die Dinge, auf die du dich ausrichtest. Du erschaffst eine Energieform, eine „Energieblase", die ein Bild von dem enthält, worauf du dich fokussierst. Wenn die Blase genug Energie hat, wird sie Wirklichkeit. Wenn du also etwas erschaffen möchtest, dann kannst du das machen, indem du dich nach Kräften darauf ausrichtest, bis dieses Bild genügend Energie hat. Dann entlässt du es wie einen Ballon und lässt es in dieser Welt Wirklichkeit werden.

Warum sprechen wir so eingehend hierüber? Nun, weil sich die Engel ziemlich lange auf eine Sache fokussiert haben, die sie den göttlichen Plan für die Menschheit nennen. Ein paar Billionen Jahre oder so. Wir aber sind in unseren Illusionen verstrickt und richten uns häufiger auf jene Dinge aus, die wir nicht wirklich

sehen wollen, als auf solche, die wir verwirklicht sehen wollen.
Nachdem der Auftrag der Engel so aussieht wie er eben ist, schicken sie Energie auf all das, worauf wir uns fokussieren, sogar wenn wir uns auf Dinge fokussieren, die wir nicht wollen. Deshalb stimmen die augenblicklichen Schöpfungen der Menschen nicht mir dem göttlichen Plan überein! Aber das können wir ändern. Du kannst bei deinem eigenen Leben anfangen. Wenn du alle Möglichkeiten anschaust, von denen die Engel wissen, dass sie für dich existieren, dann erschaffst du sie in deinem Leben und wirst ein bedeutend glücklicherer Mensch. Wenn du glücklicher wirst, werden die Menschen in deiner Umgebung beginnen, sich zu fragen, was passiert ist, und fassen selbst Interesse. Dann kannst du ihnen dieses Buch oder etwas anderes geben, von dem du glaubst, dass es sie inspirieren könnte. Und so geht es dann weiter, bis es dem ganzen Planeten gut geht und wir alle uns lieben. Wir haben dafür so viel Zeit dazu, wie wir möchten, aber warum warten?

> **Ich fokussiere mich auf das, was
> ich verwirklicht sehen möchte.**

Zusammenfassend möchten wir sagen:
- Du bist göttlich.
- Alle sind göttlich.
- Begreifst du das, wird alles tipp topp.
- Begreifst du es nicht, bleibt alles wie gehabt.
- Die Engel wissen, dass du es begreifen wirst. Die Frage ist nur, wann?

Mein wirkliches Selbst

Engelübungen 4 „An dem Tag, an dem du verstehst, wer du bist, wird sich dein Leben verändern und du wirst wirklich werden – ein Teil des Ganzen – du bist geistiges Licht in physischer Form."

Meine Engel sehen, wer ich wirklich bin.
Wer bist du nun eigentlich? Eigentlich bist du so unendlich, dass wir keine Chance haben, dich in diesem Buch zu beschreiben. Aber wir können es zusammenfassen: Du bist eine lichterfüllte Seele, die weise und liebevoll ist. Du bist ein Teil des Göttlichen. Das ganze Wissen um die Schöpfung ist in deinem Bewusstsein gespeichert, auch wenn du davon keine Ahnung hast. Du hast dich entschieden, zur Erde zu kommen, da du ein Geschenk an das Leben bist. Mit deinem Licht kannst du das Leben für andere erleichtern. Du hast grenzenlose Möglichkeiten, zu werden, der du bist. Du bist ewig.

Es kann ja sein, dass du eher glaubst, du seist ein Versager, um den sich niemand kümmert oder der sich nicht um andere kümmert. Vielleicht bist du überzeugt, dass Leben eines Zwecks entbehrt, einfach weil du alles vergessen hast, was du eigentlich tief in dir weißt. Vielleicht glaubst du, dass dein Leben keine große Rolle spielt und dass es ohnedies endet. Vielleicht glaubst du, dass du gar nichts beeinflussen kannst.

Die Philosophie der Engel ist einfach. Indem sie dich als den sehen, der du wirklich bist, machen sie diesen Teil von dir sichtbar. Indem sie dein Engelselbst stärken, wirst du schließlich in einen Engel verwandelt.

Genau so sieht ja unsere moderne Kindererziehung aus. Als Eltern sollte man sich auf das ausrichten, was das Kind kann, damit es sich entwickeln und diese Seiten an sich stärken kann. Das scheint auch zu funktionieren; also sind Engel vielleicht doch nicht so dumm. Sie sehen uns einfach wie Kinder, die der Stärkung ihrer guten Seiten bedürfen und dabei ihre wirkliche Identität finden. Als Eltern versteht man, dass ein Kind nicht absichtlich anderen oder sich selbst schaden möchte. Man versteht, dass es sich nicht richtig verhält, weil es nicht verstanden hat, dass es bessere Alternativen gibt. Engel wissen, dass es für dich andere Alternativen zu einem lieblosen oder uninspirierten Leben gibt. Daher tun sie alles ihnen Mögliche, um dich dies sehen zu lassen.

Fantasiere ein wenig darüber. Stell dir vor, dass du ein Engel bist und dass du dich selbst beobachtest. Was siehst du, worin bist du gut, was sind deine starken Seiten? Suche deine göttlichen Seiten an dir und sieh, wer du wirklich bist. Fokussiere dich während

des restlichen Tages darauf, alles an dir zu bemerken, das dich
an einen Engel erinnert, und stelle fest, wie göttlich du wirklich
bist.

Engel lieben mich grenzenlos.
Viele Menschen sehen Liebe als ein Gefühl an, während es sich
für Engel eher um einen Seinszustand handelt. Sie sind Liebe und
teilen ihre liebevolle Nähe mit anderen. Da sie Liebe sind, ist das
nichts, was kommt und geht – abhängig von der Tagesform oder
von deinen Handlungen. Nein, ihre Liebe gibt es immer. Wir Menschen ziehen gerne unsere Liebe zurück, wenn wir meinen, dass
sich jemand schlecht verhält. Eine typisch illusorische Verhaltens-
weise.

Es ist Zeit, dass du beginnst, dich selbst und andere genauso grenzenlos zu lieben, wie dies ein Engel tut. Das Leben wird um vieles
einfacher; man bleibt ganz einfach in einem Zustand der Liebe,
fühlt sich selbst wohl und strahlt Liebe an alle aus, denen man begegnet, unabhängig von ihrem Benehmen. Am einfachsten ist das,
wenn man selber Kinder hat. Man liebt ja das eigene „Balg", obwohl es Schlamm nach einem wirft. Wenn du dir also vorstellst,
dass deine Mitmenschen Kinder sind, dann fällt es dir vielleicht
einfacher, sie zu lieben.

Nimm dir immer wieder mal einen Tag Zeit und richte dich
daraus auf, allen, die deinen Weg kreuzen, mit Liebe und Fürsorge
zu begegnen. Vielleicht geht das zu Beginn etwas träge vor sich,
doch je mehr du dich herausforderst, desto größer wird die positive
Wirkung sein. Gleich, wie Menschen während dieses Tages agieren, bleibst du Liebe. Falls du ärgerlich, irritiert oder verurteilend
werden solltest, entspannst du dich und bewegst dich zurück in
einen Zustand der Liebe. Du denkst wertschätzende Gedanken
über dich und deine Mitmenschen.

Meine Engel sehen mich als einen Engel.
Wenn Engel in ihrem „Himmel" sitzen und auf die Erde hernie-
dersehen und dich beobachten, sehen sie einen Engel, ein Wesen aus
Licht. Je mehr du damit arbeitest, dein Licht zu vermehren (zum
Beispiel, indem du mit deinem Lichtkörper arbeitest), desto sicht-

barer wirst du. Je sichtbarer du bist, desto einfacher ist es für dich, Kontakt zu den unterschiedlichen Dimensionen zu bekommen.

Eine Art wie du dein Licht vermehren kannst und noch sichtbarer wirst, ist, dich selbst auf die Art zu sehen, wie dich Engel sehen. Sieh dich selbst als Engel. Du machst bestimmt schon jetzt einen Haufen Sachen, die Engel tun würden, oder nicht? Denn du liebst wohl irgendjemanden, es gibt sicher eine Person, der du Gutes wünschst. Vielleicht hast du jemandem geholfen, etwas zu lernen, oder du hast das Leben von jemandem lichtvoller gemacht, einfach indem du nett warst. Schreib dir all die Sachen auf, die dir einfallen; alltägliche Dinge, die du verrichtest und die ein Beweis dafür sind, dass du bereits als Engel handelst.

Und wenn du vor dem Spiegel stehst, erinnerst du dich daran, dass du einen Engel siehst. Du bist ja dabei, deine Identität zu wechseln, und selbst, wenn es eine Weile dauert, ist es gut, sich schon jetzt daran zu gewöhnen.

Meine Engel lieben mich, weil ich göttlich bin.
Nimm dir einen Tag Zeit, um deine Göttlichkeit zu bemerken. Lies und wiederhole die folgenden Affirmationen, während du dich selbst im Spiegel betrachtest.
1. Ich bin ein grenzenloses Wesen, das aus göttlicher Essenz besteht.
2. Das Göttliche lebt in mir in jedem winzigsten Teil.
3. Ich bin liebenswert.
4. Ich bin ein Schöpfer mit grenzenlosen Möglichkeiten. Ich kann alles erschaffen, das ich mir vorstellen kann.
5. Ich werden durch göttliche Antriebe geleitet; den Antrieb, zu lieben, zu erforschen, zu erschaffen, mit allem eins zu werden, in meiner Entwicklung fortzuschreiten, erleuchteter zu werden, gesehen zu werden und vieles andere.
6. Ich befinde mich auf dem Weg, ein Engel auf Erden zu werden.
7. Durch mich und mein Streben nach geistiger Entwicklung ist die Erde ein lichtvollerer Platz.

Meine Engel weisen mir den Weg
zu einem liebevollen Leben.

Probiere gerne diese Meditation aus, um die Kraft der Engel zu spüren. Du kannst sie langsam lesen, während du ruhige Musik hörst oder einfach entspannst. Du kannst sie auch aufnehmen und sie dir anschließend anhören.

Engel sehen die Wirklichkeit auf eine völlig andere Weise als wir Menschen. Sie sehen, was funktioniert und dich mit anderen vereint, sie sehen deine Möglichkeiten und dein inneres Potenzial. Engel sehen dein Licht, deine Kraft und deine Liebe.

Beginne, indem du dich entspannst und dich in bequemer Position hinsetzt oder hinlegst. Atme mit tiefen und ruhigen Atemzügen, spüre wie sich die Muskeln entspannen, wie die Gedanken still und die Gefühle ruhig und klar werden. Atme weiter tief und ruhig und spüre, wie du beginnst, in einen ruhigen, meditativen Bewusstseinszustand zu kommen.

Stell dir jetzt vor, dass sich all deine Engel um dich herum versammeln und fühle ihr klares Licht. Spüre eine starke und klare Engelpräsenz um dich und stell dir vor, dass du dein Bewusstsein mit dem der Engel verschmelzen lässt. Spüre, wie deine Liebe und dein Licht mit dem ihren verschmilzt.

Stell dir jetzt vor, dass du ein Engel bist, der zur Erde gekommen ist, um hier in deinem Körper zu leben. Wenn du ein Engel wärst, auf welche Art würde dein Leben im Vergleich zu jetzt anders aussehen?

Stell dir jetzt so detailliert wie möglich vor, wie dein Leben sein würde, wenn du wirklich ein Engel wärst. Untersuche, wie gerade du als ein licht- und liebevoller Engel leben würdest, dessen Licht mit gleicher Kraft nach außen und innen strahlt. Je mehr du als Engel für andere strahlst, desto mehr Licht befindet sich in dir. Ein Engel wird umso kraft- und lichtvoller, je mehr er weitergibt. Je mehr ein Engel sich selbst liebt und sich selbst gegenüber fürsorglich ist, desto mehr kann er der Welt geben. Wie würde dein Leben aussehen, wenn du so wärst?

Würdest du andere Sachen machen, als die du jetzt tust, oder würdest du sie auf andere Art machen?

Würdest du dich selbst und andere mehr lieben?

Wärest du verspielter und kreativer?

Hättest du mehr Spaß und würdest das Leben mehr genießen?

Wärest du neugieriger und würdest mehr wagen?

Was würdest du als Engel am meisten am Leben wertschätzen?

Schreibe all die Dinge auf, welche du als Engel anders machen
oder denen du mehr Zeit widmen würdest.

Mein Leben ist voll von grenzenlosen Möglichkeiten.
Wäre dein Leben wirklich voll von grenzenlosen Möglichkeiten,
was würdest du dann machen? Wenn es keine Grenzen dafür gibt,
was du erschaffen oder sein kannst, wie würde dein Tag aussehen?

**Jedes Mal wenn ich gesehen werde, wachsen mein
Licht, meine Liebe und mein Bewusstsein.**
Alles, was göttlich ist, wächst, wenn wir ihm Aufmerksamkeit
schenken. Jedes Mal, wenn du dir deines Lichts, deines Bewusstseins und deiner Liebe bewusst bist, wachsen sie. Deine Liebe wird
stärker, dein Bewusstsein wächst und deine Liebe wird größer.

Nimm dir einen Tag und bemerke deine göttliche Essenz, sei
dir des Lichts deiner Seele bewusst, das sich in jedem Teil von
dir befindet. Sei dir ebenso deiner Liebe und deines Bewusstseins
gewahr, entspanne und bemerke, wie deine Essenz wächst, wenn
du dir ihrer gewahr bist.

Ich erschaffe, worauf ich mich fokussiere.
Heute bin ich mir meines Fokus' und seiner schöpferischen Kraft
gewahr. Ich bemerke, wie meine eigene Energie durch meinen Fokus strömt, um das zu erschaffen, worauf ich mich fokussiere.

**Ich fokussiere mich auf das, was ich als
Wirklichkeit sehen möchte.**
Heute richte ich meinen Fokus ausschließlich auf das, wovon ich
im Leben mehr sehen möchte. Jedes Mal, wenn ich an etwas denke, das ich nicht haben möchte, ziehe ich meine Aufmerksamkeit
zurück und richte sie stattdessen auf das, was ich will.

5. WERDEN, DER ICH BIN

*„Du stammst vom ursprüngli-
chen Licht, der Quelle der Liebe.
Dein Leben ist ein Abbild des Göttlichen, dein
Licht wächst immerfort weiter an und deine Liebe übersteigt deine Vorstellungskraft.
Die göttliche Essenz ist in jeder Körperzelle, jedem Atom und Teilchen präsent. Deine
Energie ist grenzenlos, dein physischer Körper ist an alles, das du bist, angeschlossen."*

Etwas hat unsere Welt erschaffen. Vielleicht eine kosmische
Kraft, reiner Zufall oder warum nicht eine göttliche Absicht? Von
der Ursache unserer Schöpfung einmal abgesehen, ist sie doch einfach fantastisch. Als ich klein war, habe ich sehr viel über diese
Dinge nachgedacht. Warum gibt es uns? Was ist das Universum?
Hat es wirklich kein Ende? Was existiert jenseits des Universums?
So saß ich am Fenster, um die sieben Jahre alt, und grübelte, während ich den Sternenhimmel betrachtete. Es fühlte sich schrecklich
an, denn als Kind empfand ich es frustrierend, meinen Körper und
meine Sinne so unendlich begrenzt zu erfahren. Jedes Mal, wenn
ich an das eventuelle Ende des Universums dachte, fühlte ich, dass
ich nicht weiter mit meinen Gedanken hinausreichen konnte, und
das ärgerte mich. Ich dachte mir, dass Gott mir eine Grenze vor
die Nase gesetzt hatte, und das machte mich traurig. Ich hatte
immer deutliche Erinnerungen an das Seelenleben, bevor ich in
diesen Körper inkarnierte, und ich wusste, dass ich all die Antworten auf diese Fragen kannte, aber ich wusste nicht, was die
Antworten waren. Ich war so aufgebracht, dass ich mich selbst
zwang, damit aufzuhören, denn ich hatte das Gefühl, ich würde
vor Wut platzen, wenn ich damit weitermachen würde.

Warum war ich gezwungen, auf der Erde in einem engen und dummen Körper zu leben, wenn ich die Freiheit der Seele spürte? Ich war auf meine Engel sauer, weil sie mir nicht behilflich waren, von hier fortzukommen, und war frustriert, dass es ihnen sehr wohl erlaubt war, ähnlich dem Erinnerungsbild meiner Seele, frei herumzufliegen. Ich war wirklich der Meinung, sie würden mich absichtlich damit ärgern, während sie um mich herumschwebten, und daher wollte ich nichts mehr mit ihnen zu tun haben.

Ein klassisches Missverständnis: Ich hatte nicht begriffen, dass sie an meiner Seite waren, um mich zu inspirieren, weiter zu erforschen, wie die Schöpfung aufgebaut ist. Ich verstand nicht, dass sie um mich schwebten, um mir zu zeigen, wie das geht, und nicht, um mich zu ärgern. Ich verstand auch nicht, dass sie mich liebten und einfach wollten, dass es mir gut geht.

Auch in der Sonntagsschule wurde gesagt, dass Gott und seine Engel mich lieben, was ich wirklich nur sehr schwer glauben konnte. Ich dachte mir, Gott müsse wohl ärgerlich mit mir sein, da ich mich nicht an die Dinge erinnern konnte, an die ich mich gerne erinnern wollte, und dass ich wohl etwas Fürchterliches getan hatte, um derartig bestraft zu werden. Außerdem sah ich ja Engel genauso frei herumfliegen, wie ich es selbst gerne wollte.

Daher wandte ich mich sowohl von Gott als auch meinen Engeln ab, bis sie nur noch wie schwache Schatten waren, die ich meistens ignorierte. Und weißt du was? Meine Engel sagen, dass viele Menschen genauso handeln und dass dies der Grund ist, warum sie so schwer zu kontaktieren sind. Die Menschen wollen das gar nicht, weil sie sich entschieden haben, dass es geistige Dinge nicht geben soll. Wir haben also im Prinzip das ganze Leben missverstanden und weigern uns zu sehen, wie wunderbar es eigentlich ist.

Wenn ich von Gott spreche und „er" sage, meine ich damit übrigens nicht, dass Gott ein Geschlecht hat oder spezifische männliche Qualitäten aufweist. Ich sage einfach „er", weil „es" dumm klingt, und würde ich „sie" sagen, wäre es auch nicht besser. Die Macht der Gewohnheit – du weißt schon. Wenn es sich für dich besser anfühlt, dich anders auszudrücken, dann tue das. Ich bin mir sicher, dass wir von der gleichen Sache sprechen. Und wenn ich von Gott spreche, meine ich damit auch nicht die christliche

Version, sondern die Quelle von allem, was ist, und von allem, was nicht ist, ob wir jetzt an eine Religion gebunden sind oder nicht.

Wenn wir schon dabei sind, möchte ich auch klarstellen, dass Engel ebenso kein Geschlecht aufweisen. Sie leben in einer grenzenlosen Wirklichkeit und jeder Engel kann sich als Mann, Frau oder Neutrum zeigen. Engel tragen oft bestimmte Tonfrequenzen und Eigenschaften, welche wir hier auf der Erde als spezifisch männlich oder weiblich auffassen, und dann geben wir ihnen gerne männliche oder weibliche Namen.

> Ich lebe in einer unendlichen holografischen
> Schöpfung ohne Beginn oder Ende.

Gott ist ein Wesen, das aus göttlichen „Bausteinen" besteht: ein unendliches Licht, das mit gleicher Kraft nach innen und außen strahlt; eine grenzenlose Liebe; ein unendlich entwickeltes Bewusstsein. Wie du sicherlich gehört hast, hat Gott den Menschen als sein Abbild erschaffen. Denn auf die gleiche Weise wird alles erschaffen – als ein Abbild von etwas. Wenn du etwas in deinem Leben erschaffst, ist dies ein Abbild von dir. Nicht deines Körpers, sondern deines Bewusstseins, da du nichts erschaffen kannst, was du dir nicht vorstellen kannst. Du kannst dir auch nicht etwas vorstellen, das du nicht erschaffen kannst – einfach zur Erinnerung!

> Ich kann alles erschaffen, was
> ich mir vorstellen kann.

Als uns Gott also als sein Ebenbild erschuf, war er sich ganz einfach seiner selbst gewahr und fokussierte sich auf dieses Bild. In der Bibel heißt es, dass er seinen Atem einhauchte und der Mensch so lebendig wurde. So ist das tatsächlich passiert, wenn ich die Sache richtig verstanden habe (obwohl das gar nicht so sicher ist). Gott fokussierte sich also auf sich selbst. Was hätte er auch sonst schon unternehmen können, nachdem es zu Beginn ja nur ihn oder, bes-

ser gesagt, seine göttliche Essenz gab. Als er sich auf sich selbst
fokussierte, richtete sich seine Energie auf dieses Bild, und so wurde ein Abbild Gottes erschaffen. Wenn nun Gott nur Licht, Liebe
und Bewusstsein war, so bedeutet dies, dass sein Abbild zu etwas
wurde, das aus den drei Bausteinen Licht, Liebe und Bewusstsein
besteht. Lass uns diese drei Bausteine die göttliche Essenz nennen.
Es entstand ja nicht direkt ein Mensch oder ein Planet.

> **In jedem Partikel im Universum
> befindet sich die göttliche Essenz.**

Dies ging dann so eine ganze Weile weiter, bis es ziemlich viele
Partikel gab, die ebenso begannen, Abbilder ihrer selbst zu erschaffen. Und nachdem sie sonst nicht viel zu tun hatten, fin-
gen sie an, sich in Haufen zusammenzufinden, und so entstanden einfache Lebensformen, welche ebenso Abbilder ihrer selbst
erschufen. Ja, bis diese Amöbe irgendwann einmal vom Wasser
aufs Land gekrochen war und begann, hier Leben zu erschaffen
– du weißt schon, wie es dann weiterging. Zuvor wurde natürlich
unser ganzes Universum erschaffen und noch ein Haufen anderer
Orte. Und überall wimmelt es von Lebensformen, die göttliche
Essenz in sich tragen – Licht, Liebe und Bewusstsein. Wir müssen
uns nicht darein vertiefen, das würde ein völlig anderes Buch werden. Dieses Buch handelt ja von Engeln.

Was ich damit zeigen möchte, ist, dass du diese göttliche Essenz –
Licht, Liebe und Bewusstsein – in jedem Partikel hast, aus dem
du bestehst. Das bedeutet, dass sich Liebe nicht nur im Herzen
oder im Gehirn befindet, sondern überall in dir. Das ist auch der
Grund, warum Menschen, die ein enormes geistiges Erlebnis haben, sich vollständig von Liebe erfüllt fühlen. Sie werden einfach
gewahr, wie sehr jeder ihrer Bestandteile von göttlicher Essenz
erfüllt ist.

> **Ich bin Licht, Liebe und Bewusstsein**

Engel sprechen viel über Energie und das ist auch nicht so seltsam, wenn man daran denkt, dass sie eine Art von Energiewesen sind. Aber Energie handelt nicht nur von Engeln, sondern von allem und allen. Es ist ja wohlbekannt, dass die Erde von einem Energiefeld umgeben ist, und die Engel meinen dazu, dass es um einiges komplexer ist, als wir es im Augenblick messen können. Auf die gleiche Weise besitzt du Energiekörper, die dich umgeben und mit deinen Zellen verbunden sind. Wie du sicher weißt, hast du eine Aura und auch andere Energiefelder, die dich mit allem Leben verbinden.

Der Energiekörper der Erde ist mit all den anderen Himmelskörpern verbunden, sodass das gesamte Universum in einer Art unsichtbarem Netzwerk zusammenhängt. Ich möchte betonen, dass dieses Netzwerk zwar für Engel sichtbar ist, die meisten von uns es aber weder sehen noch spüren. Die Engel definieren Leben als alles, das göttliche Essenz in sich trägt: Licht, Liebe und Bewusstsein. Und das gilt für jedes Teilchen. Es handelt sich also um ein sehr komplexes Netzwerk oder Gewebe aus Licht und Energie.

Um dies bestmöglich zu erklären, gehen die Engel schrittweise vor. Die Engel bleiben unerschütterlich dabei, dass der Zweck des Lebens darin besteht, zu dem zu werden, der man ist. Das findet man ja auch in jedem Buch über Persönlichkeitsentwicklung und ist an sich nichts Neues. Allerdings scheint die Definition der Engel dessen, was wir sind, etwas größer zu sein, als wir hier auf der Erde uns das meistens denken.

> **Das Ziel des Lebens**
> **ist zu werden, wer ich bin.**

Aus der Sicht der Persönlichkeit wird man der, der man ist, wenn man an seine persönliche Kraft kommt und sein Potenzial auf beste Weise verwirklicht. Die Engel sehen das genauso, nur dass unser Potenzial nicht mit der vorübergehenden Person endet, die man gerade in diesem Leben ist. Es handelt mehr davon, dieses ewige und unendliche Licht- und Energiewesen zu werden, das man ist, und dies dann im Körper hier und jetzt zu verankern. Sie meinen auch, dass wir dies alles besser verstehen werden, wenn mir uns einmal zu Engeln entwickelt haben.

Schön, dann muss ich das vielleicht nicht vertiefen, du wirst es
ohnehin früher oder später verstehen. Um bei der Wahrheit zu
bleiben: Unser wahres Selbst ist so unendlich, dass es sich kaum
im Rahmen einiger Buchseiten beschreiben ließe, vielleicht auch
überhaupt nicht mit Worten.

> **Ich bin ein unendliches Energiewesen.**

Lass uns die offensichtlichsten Energieanteile zusammenfassen,
aus denen du bestehst. Wenn das für dich zu mühsam ist, lass es
einfach aus. Du sitzt ja nicht auf der Schulbank, sondern kannst
diese Anteile von dir erforschen, wenn du selbst Lust dazu hast.
Wir wissen alle, dass du dies an einem bestimmten Punkt machen
wirst, da dies eine allgemeine Entwicklung ist, vor der die gesamte
Menschheit steht – das sagen auf alle Fälle die Engel. Wir werden
ja sehen, ob es stimmt oder ob sie das Blaue vom Himmel herun-
terreden.

Seele: Wenn wir in diesem Buch von der Seele sprechen, meinen
wir auf keinen Fall die Seele, wie sie oft in spiritistischem Zu-
sammenhang genannt wird, wo man einem Verstorbenen dabei behilflich ist, sich in die Dimensionen des Lichts weiterzubewegen.
Engel sehen dies eher als einen „Restabdruck" unserer Persönlichkeit, die immer noch in einer anderen Schicht unserer Dimension
umherirrt und darauf wartet, entweder eine Art Abschluss zu finden oder auf Hilfe, um sich besser zu orientieren.

Nein, mit Seele meinen wir einen unendlich weisen und liebevollen Teil von dir, der so großartig ist, dass er nur zu einem winzig
kleinen Teil in deinem Körper auf der Erde verankert ist. Als ein
Teilschritt dabei, ein Engel zu werden, wird sich deine Seele mehr
und mehr im Erdenleben verankern, denn es ist deine Seele, die
in deinem Körper als Engel leben wird. Deine Seele wird sich in
deine Inkarnationen vertiefen, bis sie als ein Engel auf Erden leben
wird. Im Übrigen schwebt deine Seele frei herum und erleuchtet
das gesamte Universum. Vielleicht ist deine Seele auch an vielen

anderen Orten inkarniert, von denen du im Augenblick keinen
blassen Schimmer hast.
Die Engel schreiben der Seele fünf Eigenschaften zu:
1. Fließende göttliche Essenz, die in eine Art schwarzes Loch
   gegossen wurde.
2. Fließende göttliche Essenz, die sich in einem magnetischen
   Universum auf eine individuelle Weise ausdrückt.
3. Die Essenz der Liebe selbst.
4. Ein Licht, das mit gleicher Intensität sowohl nach außen als
   auch nach innen strahlt und alles erleuchtet, dessen es gewahr
   ist.
5. Göttliche Impulse, zu lieben, zu erforschen, eins zu sein, zu
   erschaffen.

Dieser Mischung wurde eine Energiesubstanz hinzugefügt, welche
die Seele lebendig werden ließ als Seele und nicht als Körper. Das
klingt jetzt wohl etwas abstrakt, oder? Einzig wichtig ist, dies zu
verstehen: Wenn du als Seele agierst, agierst du auch als Engel.
Du bringst Licht in alles, dessen du gewahr bist, und gleichzeitig wirst du selbst erleuchteter dadurch, dass du etwas in deinem
Gewahrsein hältst. Als Seele liebst du alles, da du die Essenz der
Liebe bist. Als Seele wirst du von göttlichen Impulsen gesteuert.
Deine Seele hat auch zu Plasmalicht Zugang, das erst in einem
Magnetfeld sichtbar wird, und nur diese Lichtqualität kann den
göttlichen Plan erschaffen. Ich finde das genial – je mehr wir uns
zu unserer Seele entwickeln, desto leichter wird unser Leben. Da
können wir alle Furcht loslassen, etwas Dummes anzustellen,
nachdem wir nur noch den göttlichen Plan für alles Leben erschaffen können. Für mich klingt das unglaublich entspannend.

> Meine Seele ist mein ewiges,
> weises und liebevolles Selbst.

Lichtkörper: Genau wie der Name es sagt, ist der Lichtkörper ein
lichterfülltes Energiefeld, das uns umgibt. Meistens kann man ihn
als eine große Lichtkugel sehen mit einem Radius von ungefähr
30–40 Meter, die den Körper umgibt. Den Engeln zufolge ist die

gesamte Menschheit dabei, ihren Lichtkörper zu erwecken. Das ist eine Art Entwicklungsphase, die wir gerade durchschreiten. Der Witz an der Sache ist, dass es gerade der Lichtkörper ist, den deine Seele dafür benötigt, um in deinem Leben einen größeren Raum einnehmen zu können. Indem du hier auf der Erde deinen Lichtkörper erweckst, eröffnest du deiner Seele eine viel größere Möglichkeit, hierher zu kommen, als sie vorher hatte. Der Lichtkörper erweitert deine Möglichkeiten, dich zu einem Engel weiterzuentwickeln. Denk drüber nach, im Augenblick kann deine Seele vielleicht nur in deiner Aura Platz finden, und die ist ein deutlich kleineres und meist sehr ungeordnetes Energiefeld, das von Gedanken und Gefühlen angefüllt ist. Der Lichtkörper eröffnet sowohl für deine Seele als auch für dich völlig neue Möglichkeiten. Man könnte auch sagen, dass dein Lichtkörper eine Art Fahrzeug deiner Seele ist, denn mit und in ihm kannst du ziemlich frei im Universum reisen und andere Orte besuchen und mehr von der Existenz erforschen.

Ähnlich wie ein Auto, kannst du deinen Lichtkörper auch *tunen* und *stylen*, wie du willst. Du kannst eine Menge Extraausrüstung einbauen. Zum Beispiel kannst du einen Lichtkokon wählen, der als eine Art Stereo mit himmlischen Gesängen funktioniert – Engel singen recht schön. Du kannst auch etwas Extra-Stabilität dazu wählen, oder wenn dir danach ist, das Licht eines speziellen Sterns, den du besonders magst. Du kannst frei wählen, musst den Einbau allerdings selbst übernehmen.

> Mein Lichtkörper – das Heim meiner Seele
> auf der Erde und im Universum – erleuchtet mein Leben.

Das Höhere Selbst: Du besitzt auch ein Höheres Selbst und das ist wirklich nicht dasselbe wie deine Seele. Dein Höheres Selbst gleicht eher einer multidimensionalen, holografischen Lichtmatrix, die an eine ähnliche größere Lichtmatrix gekoppelt ist, welche durch das gesamte Universum läuft. Auf die Art wird dein Höheres Selbst zu einer Autobahn, auf der deine Seele in ihrem Lichtkörper reisen kann. Diese Autobahn hat jedoch ihr eigenes Bewusstsein und kann dir mit allerhand guten Vorschlägen zu un-

terschiedlichsten Dingen zur Seite stehen. Wer ist der beste Wegweiser, wenn nicht der Weg selbst?

> **Durch die Lichtmatrix meines Höheren Selbst
> kann meine Seele reisen, wohin sie will.**

Das Energiefeld der Erde: Die Erde hat Energiefelder, wie auch
wir Menschen. Die Erde besitzt ein Netzwerk an Energien, das genau wie deine Aura funktioniert. In diesem Netzwerk findet man
unter anderem auch die kollektive Ansammlung menschlicher Gedanken und Gefühle. Für den Augenblick schaut es da ziemlich
durcheinander aus. Aber nachdem hier alles gesammelt ist, kann
man auch jederzeit alle Informationen von allen Orten der Erde
auffangen. Wir als Lichtarbeiter werden um die Erde gesandt, um
alternative Frequenzen in dieses Netz einzubauen, damit es uns
allen leichter wird, uns zu Engeln zu entwickeln.

Genau wie die Menschheit, ist auch die Erde gerade dabei,
ihren Lichtkörper zu erwecken. Das ist ein Energiefeld enormer
Schönheit, das die gesamte Atmosphäre umgibt und uns allen kollektiv neue Möglichkeiten eröffnet.

Das Energiefeld der Einheit: Engel haben einen besonderen Energiekörper, den sie an die oben genannten Körper und Felder an-
koppeln. Er ist wie ein Netz göttlichen Lichts, der alles Leben als
Einheit einbindet. Wenn du ein paar Schritte auf dem geistigen
Entwicklungsweg getan hast, werden sie damit beginnen, ihn an
deinen Lichtkörper, an deine Aura und deinen physischen Körper
anzuschließen. Das Einzige, was es braucht, ist, dass du dein Licht
etwas aufgebaut hast und beginnst, dir der geistigen Dimensionen
etwas bewusster zu werden. Dann können sie dir dabei helfen,
eins mit allem und allen zu werden. Einmal angeschlossen, wirst
du alles andere Leben in viel höherem Maß beeinflussen, als du
dies jetzt machst. Auf diese Weise wirst du dabei helfen, die Welt
auf effektivere Weise zu erleuchten.

Nachdem wir alle auf der Energieebene verbunden sind, können
wir durch unsere Energiekörper von einem Menschen zum an-

> Ich bin eins mit allem Leben.

deren sowohl Information aussenden als auch empfangen. Das ist also eine Art geistiges Internet. Engel und Lichtwesen senden Informationen durch dieses Netzwerk und es ist nur eine Frage der Übung, zu lernen, sie zu empfangen. Da diese Energiefelder für Engel sichtbar sind, sind sie in der Lage, vorauszusehen, was auf der Erde geschehen wird, und sie antworten darauf, indem sie jene Lichtfrequenzen senden, die wir brauchen können.

Mein inneres Universum

Engelübungen 5 „Wenn du das Wirkliche in dir sehen würdest – dein Licht, deine Liebe und dein Bewusstsein – würdest du einen Körper sehen, der aus einem Netzwerk aus Lichtteilchen besteht, die mit göttlicher Liebe und entwickeltem Bewusstsein erfüllt sind. Dein Körper ist genauso schön wie der Sternenhimmel des Universums: Teilchen aus Licht in einer unendlichen, ewigen Schöpfung. Dein Lichtkörper ist der Aufenthaltsort deiner Seele, ein Gefährt des ewigen Lebens, welches alles erleuchtet, das du bist."

**Ich lebe in einer unendlichen,
holografischen Schöpfung ohne Anfang oder Ende.**
Wenn Engel von der holografischen Wirklichkeit sprechen, meinen sie damit, dass jedes kleinste Teilchen, gleich woher es in der Schöpfung entspringt, dazu angewendet werden kann, um Ganzheit herzustellen. Egal, von wo aus du die Wirklichkeit mit der Perspektive der Engel betrachtest, siehst du das gleiche Bild: ein Lichtnetz, das jede Lebensform verbindet.

Betrachtest du die Wirklichkeit von einer anderen Perspektive aus, so wirst du eine andere Version des gleichen Bildes sehen, wie in einem Hologramm. Wenn du das Leben aus der Perspektive

deiner Persönlichkeit betrachtest, siehst du ein Bild, das grundver-
schieden vom Bild ist, das die Engel sehen. Im geistigen Sinne ganz
zu werden handelt zum größten Teil davon, das Leben und die
Schöpfung in seiner holografischen Wirklichkeit sehen zu können.
Ist es nicht unglaublich, dass jedes Teilchen im Universum aus
den gleichen Bestandteilen zusammengesetzt ist? Dass Licht, Liebe
und Bewusstseins Teil allen Lebens sind und dass es keine tote
Materie gibt – alles ist lebendig. Entsprechend der Definition der
Engel ist alles lebendig, was göttliche Essenz enthält. Es gibt keine
Lebensform ohne Bewusstsein.

Engel behaupten, sie könnten jedes x-beliebige Teilchen aus
deinem Körper hernehmen, um daraus ein völlig neues Universum
zu erschaffen. Ist das nicht unglaublich? Allerdings auch logisch,
nachdem das Universum ja auf diese Art erschaffen wurde. Dadurch, dass ein Teilchen vervielfältigt wurde, begann unsere Reise.
Wer weiß, vielleicht liegt die Zukunft in dem Universum, das eventuell aus einem deiner Teilchen erschaffen wird?

Jetzt beschäftigt sich die Wissenschaft mit Klonen und das liegt
völlig auf der Linie des göttlichen Erschaffens. Man nimmt eine
Stammzelle und erschafft eine Kopie. Wenn man darüber nachdenkt, ist jede Schöpfung so abgelaufen. Unser Universum wurde
so erschaffen und so werden neue Lebensformen erschaffen. Unsere Kinder sind nach unserem Abbild erschaffen, und dennoch
werden sie zu selbstständigen Individuen. Ich verstehe, wenn Klonen dich erschreckt.

Sicherlich ist das eine brillante Idee, zu der Engel inspiriert
haben, und wie immer können wir auch dieses Verfahren zum
Wohle der Menschheit einsetzen oder für unsere eigene Zerstö-
rung. Es liegt an uns! Wenn man allerdings aus einem Teilchen ein
ganzes Universum erschaffen kann, dann erscheint der Gedanke,
„nur“ eine Kopie von dir zu erschaffen, sehr einfach. Möglicherweise wird diese Kopie wie unsere Kinder ein völlig eigenständi-
ges, einzigartiges Individuum, wenn auch mit deinen genetischen
Voraussetzungen. Wer weiß? Wir lassen mal das Klonen beiseite.
Das sind ja nur meine Spekulationen und ich kann mich auch gra-
vierend irren.

Betrachte stattdessen, auf welche Art dein Leben holografisch
ist. Du hast tatsächlich die Möglichkeit, deine Perspektive zu der

eines Engels zu verändern und so das Leben neu zu sehen. Als ein
Netz aus Göttlichkeit in einer unendlichen Schöpfung. Und staune dann, wie jedes deiner Teilchen ein Abbild des Ganzen ist.

Ich kann alles erschaffen, das ich mir vorstellen kann.
Wenn man also vom kleinsten Partikel in dir ein völlig neues Universum erschaffen kann, dann ist es wohl ein Kinderspiel, alles in
deinem Leben zu erschaffen, was du möchtest, oder nicht? Alles,
was du bisher erschaffen hast, ist ein Abbild deiner selbst oder
deines Bewusstseins. Die Grundvoraussetzung, um etwas zu erschaffen, ist ein Bild von dem, was man erschaffen möchte. Wenn
ein Kind erschaffen wird, so stellt die befruchtete Eizelle das Bild
dessen dar, was erschaffen werden soll, sie trägt alle notwendigen
Information für ein neues Leben in sich. Anschließend sind nur
noch Nahrung und Energie nötig, um dieses Leben zu manifestieren. Wenn du ein Auto baust, dann hast du einen Plan oder ein
Bild im Kopf, wie dieses Auto aussehen wird, wenn es fertigge-
stellt ist.

Die Engelperspektive ist, dass wir alles erschaffen können, was
wir uns vorstellen können. Wenn wir ein klares Bild davon haben, benötigt es nur noch Nahrung und Energie, um lebendig zu
werden. Es ist schade, dass wir so sehr daran gewöhnt sind, dass
vieles unmöglich ist. Solche Ideen hemmen unsere Schöpferkraft.
So vieles mehr kann in deinem Leben möglich werden, wenn du
nur damit beginnst, es dir vorzustellen. Denk einmal nach: Die
wirklich bahnbrechenden Entdeckungen und Erfindungen sind
zustande gekommen, als jemand damit begonnen hat, in neuen
Bahnen zu denken, und er oder sie das gemacht hat, was andere
für unmöglich hielten.

Traue dich also, dir Dinge vorzustellen, auch wenn sie unmöglich scheinen. Das ist der erste Schritt. Beginne damit, dir ein
traumhaftes Leben vorzustellen. Du verbringst dein Leben entsprechend deinen Vorstellungen, machst alles, was du dir wünscht.
Im Hinblick auf Beziehungen zu dir nahestehenden und lieben
Menschen, du lebst am Ort deiner Träume und du hast einen tiefen Kontakt mit Engeln. Stell dir alles so detailreich wie möglich
vor. Lass die Fantasie sich frei entfalten und getraue dich, an Dinge zu denken, die jenseits von dem liegen, was du für unmöglich

hältst. Spüre, wie es sich anfühlt, genau so zu leben, wie du es möchtest. Notiere dir alle Details deines Traumlebens und bitte deine Engel, dir dabei behilflich zu sein, es zu verwirklichen. Erstelle dann einen Plan und frage dich, ob du bereits heute etwas machen kannst, um zu verwirklichen, was du möchtest.

In jedem Teilchen im Universum findet sich göttliche Essenz.

Vielleicht fällt es dir leichter, dir das unendliche Lichtnetz des Universums vorzustellen, wenn du dich in einem meditativen Bewusstseinszustand entspannst. Lies diese Meditation, während du dir ein ruhiges Musikstück anhörst, oder entspanne einfach, nimm sie auf und hör sie dir später an:

Beginne, indem du tiefe, lichterfüllte Atemzüge machst. Stell dir dann den Sternenhimmel einer klaren Nacht vor und dass wir ein Teil des unendlichen Universums sind, welches voll von Himmelskörpern ist. Ist es nicht unglaublich, dass unser Universum von all diesen Himmelskörpern erfüllt ist? Sterne, Planeten und Sonnen. Dass alle Lebensformen aus Licht, Liebe und Bewusstsein aufgebaut sind, genauso wie auf der Erde? Stell dir Leben vor, das an anderen Orten und in anderen Dimensionen existiert, und staune über die Unendlichkeit und Göttlichkeit des Universums. Jedes Teilchen aus Licht ist an andere Lichtteilchen gekoppelt, die so ein Lichtnetz aufbauen, durch welches alles Leben im Universum miteinander verbunden ist. Stell dir vor, dass du dieses hübsche Lichtnetz im Universum sehen kannst.

Ich bin Licht, Liebe und Bewusstsein.

Wie das Universum aus einem Lichtnetz besteht, welches alle göttliche Essenz untereinander verbunden hält, so besteht dein Körper aus einem Lichtgewebe aus Partikeln, die mit göttlicher Liebe und entwickeltem Bewusstsein erfüllt sind. Wenn Engel dich ansehen, sehen sie dieses wunderschöne Lichtnetz. Aus der Perspektive der Engel betrachtet, ist dein Körper genauso schön wie der Sternenhimmel des Universums. Du siehst genau gleich aus und deine Lichtpartikel leuchten in einer unendlichen, ewigen Schöpfung. Versuche, dir dein eigenes Lichtnetz vorzustellen, während du in einem meditativem Zustand bist (wie oben beschrieben):

Entspanne und versetze dich in einen meditativen Bewusstseinszustand, während du dich auf deinen Körper konzentrierst. Spüre, wie fantastisch er ist und wie alle Organe, obwohl sie eine spezifische Aufgabe haben, auch Teil einer größeren Ganzheit sind. Stell dir dann vor, dass du dir all deiner Körperzellen bewusst bist und dass jede Zelle aus noch kleineren Teilen besteht. Stell dir alle Atome deines Körpers vor, und dass auch sie aus noch viel kleineren Teilchen bestehen. Mache so weiter, bis du dir die absolut kleinsten Teilchen vorstellen kannst, aus denen du bestehst. Jedes dieser Teilchen enthält deine eigene göttliche Essenz: Liebe, Licht und Bewusstsein. Jedes Teilchen ist in ein wunderschönes Lichtnetz eingeflochten, das du bist. Spüre die göttliche Präsenz in jedem kleinsten Partikel.

Das Ziel meines Lebens ist es, zu werden, wer ich bin.
Heute richte ich mich darauf aus, ich selbst zu sein. Ich denke an alles, was ich bin:

• Persönlichkeit, mein augenblickliches Selbst in diesem Leben.
• Mein Körper, göttliche Essenz in physischer Form.
• Die Seele, mein ewiges Selbst, das von göttlichen Impulsen gesteuert wird.
• Das Höhere Selbst, mein Kommunikationsnetzwerk im Universum.
• Der Lichtkörper, das Zuhause meiner Seele im ewigen Leben.
• Einssein mit allem Leben.

Ich bin all das und vieles mehr.

Ich bin ein unendliches Energiewesen.
Heute fokussiere ich mich darauf, dass ich als Seele genauso unendlich bin wie das Universum.

Meine Seele ist mein ewiges, weises und liebevolles Selbst.
Heute lasse ich meine Seele in all meinen Handlungen, Gedanken und Worten gegenwärtig sein. Mein Wissen über die Schöpfung und den Zweck des Lebens ist in das Bewusstsein meiner Seele eingebettet. Liebe ist unendlich und mein Licht leuchtet ewiglich.

Mein Lichtkörper – Heim meiner Seele auf Erden und im Universum – erleuchtet mein Leben.
Wenn ich mich heute selber sehe, visualisiere ich einen Lichtkörper um mich herum. Ein wunderschöner Kokon aus göttlichem

Licht erleuchtet mein Leben. Je mehr ich mich auf meinen Lichtkörper fokussiere, desto sichtbarer werde ich für meine Seele und
meine Engel.

**Durch die Lichtmatrix meines Höheren
Selbst kann meine Seele reisen, wohin sie will.**
Heute denke ich daran, wie mein Leben aussehen würde, wenn
ich meinen Körper überall hinbewegen könnte, indem ich auf
Lichtstrahlen reise. Ich stelle mir vor, wie meine Seele nach freiem
Willen zu reisen.

Ich bin eins mit allem Leben.
Wer hätte gedacht, dass ich, ausgehend vom kleinsten Partikel in
mir, mit allem anderen Leben durch das Energiefeld der Einheit
der Engel verbunden bin? Alles was ich mache, beeinflusst das
Ganze!

Ich öffne mich und empfange Engelenergie.
Heute richte ich mich darauf aus, mich zu öffnen und die Energie
und Nähe der Engel zu empfangen. Ich spüre, wie die Engelkraft
in mir zum Leben erwacht.

Teil II

Engelqualitäten
im Alltag

6. Einheit, Lichtarbeit und Frieden

„Die Menschheit steht am Beginn einer Ära des Erwachens, in der die bisher schlafende Göttlichkeit immer präsenter wird. Die Einsicht, dass alles Leben eins und alles Leben göttlich ist, wird zu friedlichen Lösungen inspirieren, zu mitfühlendem Handeln, und sie wird das Licht in eurer Welt vermehren.“

Einssein ist etwas, was die Engel beinahe bei allem erwähnen, worüber sie sprechen, und es scheint für sie sehr große Bedeutung zu haben. Sie beschreiben Einssein als eines der Ziele unserer Existenz. Einheit wird auch von einigen Religionen auf der Erde erwähnt, doch was bedeutet es eigentlich?

„Du bist eins mit dir selbst“ bedeutet, dass du in Einheit mit diesem enormen geistigen Wesen lebst, das du bist. Mit deiner Seele, deinem Höheren Selbst, deinem Göttlichen Selbst und allem, was du bist. Es bedeutet auch, dass du in Einheit mit allen Menschen und allem Leben auf dem Planeten und im restlichen Universum lebst. Und du lebst im Einssein mit allen geistigen Dimensionen der Wirklichkeit, zum Beispiel auch eins mit allen Engeln.

> Einssein wird als das höchste
> Entwicklungspotenzial der
> Menschen angesehen.

Man könnte überlegen, wie wir leben würden, wenn wir mit allen Menschen eins sind. Ob wir dann nur an „wir Menschen auf der Erde“ denken würden, oder „wir Lichtwesen im Universum“?

Hast du schon mal darüber nachgedacht, ob du etwas an deinen Handlungen ändern würdest, wenn du dir klar darüber wärest, dass alles, was du machst, die Gesamtheit und alles andere Leben beeinflusst? Wenn die Menschheit ein Wesen, eine Energieform wäre? Würdest du in diesem Falle ändern, wie du denkst, fühlst oder handelst? Wenn du dich wirklich als eins mit anderen erleben würdest, würdest du wohl auch nie jemand anderem oder dir selbst Schaden zufügen. Die grundlegende Aussage aller großen Religionen hier auf Erden lautet ja: „Behandle andere, wie du selbst behandelt werden möchtest", und das hat seinen Ursprung im Gedanken, dass wir alle eins sind.

Denke dir, du würdest jemanden lieben und wärest gleichzeitig eins mit allen, dann würdest du ja automatisch die ganze Welt lieben. Engel sehen, wie erwähnt, alle Menschen in einem wunderschönen Lichtnetz verwoben, genauso, wie du all deine Lichtteilchen in deinem Körper in ein Lichtnetz verwoben sahst. Unser Lichtnetz sehen sie als ein kleines Teilchen, das mit allem Leben im Universum verbunden ist, welches in sich ein noch größeres Lichtnetz darstellt.

Da sie uns auf diese Art wahrnehmen, sehen sie es als totale Illusion an, wenn wir uns im Leben einsam oder von anderen unterschieden oder abgetrennt fühlen. In ihren Augen könnte nichts unwirklicher sein als dies. Daher bestehen sie darauf, dass wir alle gleich und alle eins sind, und sie tun alles ihnen Mögliche, um uns dies verstehen zu lassen. Das Verständnis, dass wir alle eins sind, wird zu einem friedlichen Verhältnis mit allem Leben führen und zum Frieden in uns selbst.

Entsprechend einigen Statistiken, die ich mitbekommen habe, bekennt sich fast die Hälfte der Weltbevölkerung zu einer der Religionen, die auf dem Gedanken einer göttlichen Kraft, der Einheit und einem würdevollem Umgang untereinander aufbauen. Ganze 83% der Bevölkerung der Erde sind davon überzeugt oder wollen im Grunde davon überzeugt sein, dass man andere so behandelt, wie man selbst behandelt werden will. Dies beweist, dass geistige Antriebe im Menschen offensichtlich sind und dass es für uns alle Hoffnung gibt – genauso, wie die Engel es behaupten.

Warum leben wir aber nicht friedvoll und harmonisch, obwohl wir das wollen? Sind unsere Illusionen vielleicht zu stark oder unser Wille dazu nicht ausreichend? Vielleicht brauchen wir etwas handfestere Verhaltensregeln, um die Welt entsprechend unseren Wünschen zu gestalten. Oder wir brauchen ein starkes spirituelles Erlebnis, um Zweifel und Unfähigkeit wegzuwischen, das Leben zu leben, wie wir es wollen – in Frieden, Harmonie und Einssein, mit Respekt vor gleichem Wert und gleicher Würde aller Menschen. Was die Ursache auch sein mag, so können wir dies verändern, indem wir die Gaben unserer Engel entgegennehmen und beginnen, die Welt durch ihre Augen zu betrachten. Wenn du das einmal getan hast und ihre Liebe für uns erfahren hast, wirst du diese Liebe in Handlungen umsetzen wollen. Meine Engel sprechen oft vom göttlichen Frieden, einem Zustand des höheren Bewusstseins und Seins, der sich auf dem Planeten ausbreitet und uns zu Einheit und Frieden inspiriert. Hier eine Botschaft, die sie mir so für dieses Buch übermittelt haben:

Göttlicher Friede ist ein geistiger Zustand vollkommener Perfektion, ein Erlebnis, dass alles so ist, wie es sein soll, in dem du dich offen und frei ohne jegliche Begrenzungen wahrnimmst und eine tiefe Verbundenheit zur Quelle allen Lebens erfährst.

Wir Engel wirken auf der Erde für Frieden und bieten dir und allen Menschen an, diesen Zustand zu erleben, indem wir das die Erde umgebende Energiefeld erleuchten und die Perfektion in euch sehen. Wir arbeiten in keiner Weise daran, eure Kriege oder Konflikte zu beeinflussen, da wir euren freien Willen respektieren. Unsere Gabe für euch ist, euch stattdessen neue, größere Möglichkeiten anzubieten, um ein Leben zu erschaffen, dass ihr alle leben wollt.

Dieser Seinszustand des Friedens, von dem wir sprechen, kann nicht in Worten beschrieben werden – er kann nur erlebt werden. Und wenn du dies einmal erfahren hast, wird von dir Licht ausstrahlen, das von anderen in Resonanz aufgefangen werden kann. Auf diese Art wird sich geistiger Friede unter den Menschen verbreiten. Wir wollen euch zeigen, wie wir die Menschheit sehen, wenn wir euch zusehen.

Stell dir vor, dass du Licht einatmest, während du dich entspannst. Du spürst, dass du vor Licht strahlst. Stell dir vor, du würdest dein Leben von außen sehen. Als ob du irgendwo gemeinsam mit uns, deinen Engeln, im Äther schwebst und dich selbst an einem gewöhnlichen Tag beobachtest. Bemerke die Dinge, die du unternimmst und die mehr Licht in die Welt bringen. Denn das tun sie alle. Auf die eine oder andere Weise machen dies alle Menschen jeden Tag. Zum Beispiel zeigen sie Fürsorge, und so wird die Erde lichterfüllter.

Lass uns dann ein Stück weiter hinaus von der Erde wegschweben. Gerade so weit, dass du dein ganzes Land beobachten kannst. Bemerke all die Dinge, die Leute

in deinem Land machen. Wie sie mehr Licht in die Welt bringen, einander im Bus an-
lächeln, sich füreinander innerhalb der Familie Zeit nehmen, wie sie Menschen lieben,
wie sie durch ihre Arbeit das Leben anderer vereinfachen, wie Forscher versuchen,
durch neue Technik oder neue Medizin das Leben für andere zu erleichtern, wie
Menschen studieren, um nützlicher zu sein, und all die anderen Dinge, die mehr Licht
in eure Welt bringen. Alle wollen gesehen, verstanden und geschätzt werden. Denn
in euch wohnt ein Wissen darüber, dass jedesmal, wenn sich jemand eurer gewahr
ist, sich euer Licht vermehrt.

Wir schweben nun noch etwas weiter hinaus, um dir deinen ganzen Kontinent zeigen
zu können. Stell dir vor, du siehst den gesamten Kontinent und bemerkst, wie Leute
leben und miteinander verkehren, sieh sie, so wie wir sie sehen – auf welche Art sie
mehr Licht in die Welt bringen, und bemerke auch ihr Bedürfnis nach mehr Licht.
Bemerke, dass alle in sich ein tiefes Sehnen nach der Göttlichkeit tragen, dass sie
sich nach einem tieferen Verständnis des Lebens sehnen, nach mehr Liebe, mehr
Wertschätzung und Mitgefühl.

Genauso sehen wir Engel euch, unabhängig davon, wo ihr wohnt, welcher Kultur
ihr angehört, welche Religion oder politische Einstellung ihr habt. Wir sehen euer
Sehnen nach der Göttlichkeit, euer Streben nach Liebe, einem tieferen Sinn des Lebens. Wir sehen euer Sehnen nach Liebe und Mitgefühl, und wir sehen dies überall
und in jedem Menschen. Wir sehen, dass alle Menschen gleich sind, dass ihr alle nach
dem gleichen göttlichen Erleben sucht, obwohl ihr versucht, dies auf unterschiedliche
Weise zu tun.

Stell dir vor, dass wir noch weiter wegschweben, bis du die ganze Erde sehen
kannst. Sieh, wie die gesamte Menschheit nach Göttlichkeit sucht, wie ihr nach dem
Licht strebt, nach Wissen, Mitgefühl und dem Wunsch, gesehen zu werden. Auf seine
eigene Art sucht jeder Mensch nach dem Licht.

Natürlich sehen wir auch, dass dies nicht alle erreicht haben. Wir wissen, dass
die meisten von euch in Illusionen und Ängsten leben und viele nicht verstehen, dass
alle göttlich sind, dass alle eins sind. Wir wissen um eure Machtkämpfe, Kriege und
Streitigkeiten, nicht weil ihr böse seid, sondern weil ihr es nicht besser wisst. Wir
wissen, dass ihr so handelt, weil ihr keinen anderen Ausweg seht. Wir wissen auch,
dass ihr alle nach demselben strebt, nämlich nach dem Göttlichen. Wir wissen auch,
dass ihr alle tief in eurem Inneren liebevoll seid. Jeder Mensch hat den Wunsch, in
Harmonie mit seiner Umgebung zu leben, selbst wenn ihr nicht versteht, als eins zu
leben und die Ressourcen der Erde zu teilen.

Wir hören eure Gebete, wir wissen, dass ihr oft verzweifelt seid. Wir wissen,
wie sehr ihr darum kämpft, eure Umwelt und euch selbst zu verstehen. Wir hören

eure Rufe nach Liebe und Unterstützung und wir hören sie von jedem Menschen. Wir wissen, dass eure Gebete die gleichen sind, ungeachtet der Kultur, des Landes, der Rasse oder der Religion, der ihr angehört.

Stell dir vor, dass du gemeinsam mit uns den ganzen Weg in die Engelreiche schwebst und die Welt von dort sehen kannst. Sieh und erlebe die Menschheit so, wie wir es tun. Sieh das Sehnen der Menschen nach Liebe, das Licht in jedem Einzelnen. Stell dir vor, dass du mit einem Friedensengel verschmilzt, und spüre die Freude dieses Engels, wenn er die Erde beobachtet. Spüre die Liebe deines Engels gegenüber allen Menschen. Bemerke, wie offensichtlich es vom Blickwinkel des Engels aus ist, dass alle Menschen friedvoll leben wollen und können – miteinander und mit sich selbst. Alle wollen dasselbe – alle wollen die tiefere Bedeutung des Lebens finden.

Die Welt, in der wir Engel euch in der Zukunft leben sehen, ist eine Welt des Friedens und der Einheit. Ihr werdet verstanden und erlebt haben, dass hinter allen Religionen dieselbe Quelle steht und dass alle eins sind. Wir sehen euch alle in einer Welt des Lichts leben, in einer Welt voll von Engeln.

Jedes Mal, wenn du siehst, was wir sehen, öffnest du diese Welt für alle Menschen. Je mehr Licht du in der Welt siehst, desto mehr Licht bringst du in die Welt.

Jedes Mal, wenn du dich über deine täglichen Probleme von Missverständnissen, Frustration und Aggression erhebst und die Perspektive eines Engels einnimmst, wirst du mehr und mehr geistigen Frieden erfahren und diesen Frieden auf die Erde bringen.

Indem du die Welt wie ein Engel siehst, wirst du finden, wonach du suchst: Einssein, Liebe, Verständnis und Frieden.

Die Strategie der Engel sieht so aus, dass sie durch Ausbildung und Meditation das Bewusstsein der Menschen so erhöhen, dass wir alle eins sind und lernen, eine solche Welt zu erschaffen, in der wir wirklich leben wollen. Religion ist oft leider eine Quelle für Konflikte, Abtrennung und Missverständnisse unter uns Menschen, während sie aus der Sicht der Engel nur aufzeigt, dass wir alle eins sind. Sie sehen das so:

In vielen Religionen spricht man von einem Gott und einer Wahrheit. Wir sehen dies auch so. Gott ist die eigentliche Quelle allen Lebens und ist ein unendlich weises und liebevolles Wesen. Gerade weil er so weise und liebevoll ist, möchte er allen Menschen die Möglichkeit anbieten, in seinem Licht zu leben. Er hat so viele Religionen geschaffen, damit alle Menschen unabhängig von ihrer Kultur, ihrem Land oder dem Zeitgeist eine Möglichkeit haben, das göttliche Licht und die göttliche Liebe zu finden.

> Jede Religion bietet göttliches
> Licht und göttliche Präsenz.

Weder die Engel noch Gott kümmern sich darum, ob wir eine gewisse Religion haben oder gar keine. Das Einzige, was ihnen wichtig ist, um uns derart zu lieben, ist, dass wir die Chance haben, dieses enorme Gefühl der Zusammengehörigkeit, der Liebe und des Friedens zu erleben, das im Göttlichen zu finden ist. Da alle Religionen den Menschen helfen wollen, ihre Aufmerksamkeit auf das Göttliche zu richten, können sie gute Hilfsmittel dabei sein, dass wir liebevolle Engel werden. Falls Religionen Illusionen oder Missverständnisse beinhalten sollten, ist auch das für die Engel keine große Sache, da sie ja nur das Wirkliche sehen – das Göttliche.

Aus ihrer Sicht kann keine Religion behaupten, sie sei wahrer als eine andere. Eine Religion erscheint vielleicht dir als wahr, weil sie für dich die beste Möglichkeit darstellt, mit dem Göttlichen in Kontakt zu kommen. Eine andere Religion kann eine andere Person in Kontakt mit dem Göttlichen bringen, und daher ist sie für ihn oder sie eher wahr. Eine dritte Person, wie ich zum Beispiel, ist an keiner Religion interessiert, sondern meditiert lieber, um die Gegenwart des Göttlichen zu fühlen. Man kann von keiner dieser Varianten behaupten, sie würde mehr Wahrheit beinhalten als eine andere, denn Wahrheit liegt jenseits von Worten. Solange wir Göttlichkeit in Worten interpretieren, kann das Ergebnis nie vollständig wahr sein. Unsere Interpretationen können uns allerdings dazu motivieren, nach der Wahrheit zu streben.

> Die göttliche Präsenz kann nicht
> in Worten erklärt werden.

Ich selbst spüre kein Bedürfnis nach Religion, da für mich das Einzige, was zählt, ist, unsere Aufmerksamkeit auf die göttliche Präsenz und das göttliche Licht zu richten. Das bedeutet aber nicht, dass andere keine Religion brauchen, und deswegen haben Religionen meinen vollen Respekt. Sie alle sind für sich genommen perfekt, da sie eine Möglichkeit anbieten, das göttliche Licht zu erleben.

Meine Engel haben mich gebeten, mitzuhelfen, Frieden in der Welt zu erschaffen. Natürlich meinen weder sie noch ich, dass ich das völlig allein machen soll. Ich leide nicht an Größenwahn, aber hoffe, dass du auch dazu beitragen möchtest. Im Juni 2001 baten mich meine Engel, eine Gruppe zu bilden, die für den Frieden arbeiten sollte. Sie sagten, sie wollten Meditationen für Frieden vermitteln, denn sie meinten, dass im Herbst 2001 eine Krise eintreten würde und ohne diese neuen Friedensfrequenzen könnte diese Krise sogar zu einem neuen Weltkrieg führen. Für mich hörte sich das etwas seltsam an. Da mich meine Engel aber früher schon davon überzeugt hatten, dass sie wissen, wovon sie sprechen, vertraute ich auf diese Information. Wir alle erinnern uns sicher sehr gut an die Geschehnisse des 11. September 2001. In jenem Herbst gab es tatsächlich sehr viel mehr Bedarf für neue Friedensenergien als je zuvor auf der Erde.

Als Lichtarbeiter können wir den Engeln helfen und Energien auf der Erde verankern, welche die Welt benötigt, um sich entsprechend des göttlichen Plans zu entwickeln. Es sind Personen nötig, die hier auf der Erde diese Energien empfangen, denn ohne Empfänger können sie nicht verankert werden. Sicher gibt es Hoffnung, zu wissen, dass Engel voraussehen können, was passieren wird, und deshalb die ganze Zeit hindurch danach streben, unserer Welt jene neuen Energien zuzuführen, die benötigt werden. Nur schade, dass das allein nicht ausreicht. Sie wollen wirklich unser Bestes, und es wäre herrlich, wenn wir selbst auch unser Bestes wollten. Oder wenn wir zumindest all der Unterstützung bewusst wären, die wir tatsächlich haben. Das würde die ganze Sache verändern.

> **Ich will das Wohl der Menschheit.**

Wusstest du, dass es hunderttausende Personen wie mich und vielleicht auch dich gibt, die sich Lichtarbeiter nennen? Wahrscheinlich gibt es sogar noch mehr. Wir stehen in ständigem Kontakt mit den Engeln und werden auf der Welt hin und her geschickt, um das Bewusstsein über die geistigen Dimensionen zu erhöhen

und die Energien rund um die Erde zu verändern, damit es für den
Rest der Menschheit leichter wird, aufzuwachen und sich daran
zu erinnern, warum wir hier sind und auf welche Weise wir liebevolle Einheit leben können. Ich glaube, du weißt das schon, denn
ich glaube, dass du einer von uns bist.

Wir Lichtarbeiter funktionieren ein wenig wie Affen. Na, du weißt
schon, diese Affen, die auf einer abgelegenen Insel leben und irgendwann einmal damit begonnen haben, Kartoffeln zu waschen. Dies
führte nach einer Weile dazu, dass Affen auf einer völlig anderen
Insel plötzlich auch damit anfingen, ihre Kartoffeln zu waschen,
ohne dass sie mit den anderen in Kontakt waren. Sie haben dieses
neue Wissen wie eine Schwingung als Resonanz aufgefangen.

Um die Erde herum befindet sich ein Energiefeld, das alle möglichen Energien von einem Platz zum andern transportiert. Der
geniale Plan der Engel ist, dieses Energiefeld mit Liebe, Frieden,
Einssein und geistigem Bewusstsein und vielen anderen Sachen
zu „bombardieren", bis die Menschen endlich zur Vernunft kommen und die Schwingungen der Engel auffangen.

> Engel richten ihre liebevolle Energie auf
> mich, damit ich die Erde zu einem besseren
> Ort machen und für Frieden wirken kann.

Wir Lichtarbeiter arbeiten intensiv mit Engeln und Lichtwesen
zusammen, um neue Energien in das Energiefeld der Erde zu
bringen. Es ist unsere Hoffnung, dass der Rest der Menschheit
diese neuen Schwingungen über Resonanz auffängt und dazu
inspiriert wird, neue Möglichkeiten für Frieden und Einssein zu
sehen. Wenn man etwas mehr über die Sache nachdenkt, ähneln
wir einer Gruppe heimlicher Agenten, die Aufträge von Engeln und
Lichtwesen bekommen. Sie nennen uns „Abgesandte des Lichts"
auf der „Station Erde".

Wenn du nun glauben solltest, dass Lichtarbeiter im Allgemeinen etwas verirrte und leicht beeinflussbare Personen seien, liegst
du völlig falsch. Die ich kenne, sind in der Gesellschaft gut eta-
bliert und leben ein völlig normales Leben. Engel ziehen es vor,

ihre Lichtarbeit durch stabile Personen durchzuführen. Ich musste erst einmal alle meine Probleme auf die Reihe bekommen und ein Leben kreieren, das funktionierte, bevor ich gebeten wurde, Lichtarbeiterin zu werden. Wenn ich instabil wäre, dann wären die Energien, die sie durch mich vermitteln, auch instabil – und das wollen die Engel nicht.

Lichtarbeiter sind also stabile Leute, es gibt sie in allen Berufen und in allen Ländern. Sie sind sich der Engel und Lichtwesen bewusst und reisen um den Globus an unterschiedliche Orte, um dort Licht zu verankern, wenn sie darum gebeten werden. Die meisten von uns sprechen nicht viel darüber, weil wir nicht gerne als seltsam betrachtet werden. Deshalb wirken wir lieber im Verborgenen und halten Kontakt untereinander durch gemeinsame Meditationen. Lichtarbeit wird zu einer zusätzlichen Dimension im Sein. Man wird zu einer Art Transformator oder Antenne für Engel, die durch unseren Körper und Lichtkörper geistiges Licht und Engelpräsenz zu einer Frequenz umwandeln können, die dem Netzwerk der Erde angepasst ist; sie schicken dann ihr Licht durch uns in das Netzwerk.

Wenn du beim nächsten Mal genau hinsiehst, wenn du Ferien machst, wirst du sicher einen von uns sehen. Eine Person, die ein wenig stiller steht als der Rest der Reisenden, die einen historischen Platz besuchen. Vielleicht stehen sie in einem Kreis mit anderen Lichtarbeitern und halten sich sogar an den Händen. Nachdem die Energie, die wir hereinholen, so kraftvoll ist, beginnen unsere Körper manchmal etwas zu wackeln und das kann zugegeben merkwürdig aussehen. Oft meinen Leute dann, wir seien ein Haufen Ausgeflippter. Das kann ich gut verstehen. Manchmal machen wir von den Gruppen, mit denen ich unterwegs bin, Videoaufnahmen. Wir sehen ja wirklich lustig aus. Oft stehen wir wie aufgestellte Statuen und versuchen vorzutäuschen, dass wir ein interessantes Buch lesen, das von dem Platz handelt, auf dem wir uns befinden. Dann aber beginnen wir zu wackeln oder zu zittern und egal, wie wir es auch anstellen, wie normale Touristen auszusehen, ist recht deutlich, dass wir keine sind.

Selbst wenn das verrückt aussieht oder klingt: Der Zweck ist immer, geistiges Licht und Engelpräsenz in das Energiefeld der Erde zu bringen und Engeln und Menschen zu erleichtern, einan-

der zu erreichen. Vielleicht erscheint dir all dies schlecht geplant,
wenn Engel nicht all unsere Probleme hinbiegen können, obwohl
sie sehen, was wir brauchen und uns so sehr lieben. Manchmal
finde ich das auch. Es gibt allerdings Hoffnung. Wenn wir einmal mehr Lichtarbeiter auf der Erde werden, können die Engel die
Energien auf einer noch tieferen Ebene verändern. Die Sache ist
so: Um auf der Erde mehr verändern zu können, braucht es mehr
Empfänger. Daher zählen wir auch auf dich.

Jetzt werde ich von ein paar Ereignissen erzählen, bei denen
die Hilfe von Lichtarbeitern in höchstem Grade benötigt war.
Meine Engel berichten mir oft vorher, was auf der Erde geschehen wird, und sie wissen auch schon vorher, was dann benötigt
wird. Auf die gleiche Weise informieren sie auch Tausende anderer Lichtarbeiter. Im August des Jahres der Tsunami-Katastrophe
baten sie uns Lichtarbeiter, den gesamten Herbst hindurch intensiv
über Barmherzigkeit zu meditieren, da diese Energien am Jahres-
wechsel sehr benötigt würden. Gleichzeitig erzählten sie von einer
bevorstehenden Katastrophe, die zwar nicht zu verhindern, aber
doch abzumildern war. Ich leite eine kleine Gruppe LichtarbeiterInnen, welche intensiv mit dem Energiefeld der Erde arbeiten und
im Hinblick auf die notwendigen Energien immer einen Schritt
voraus sind. Die Engel haben uns auch von vielen anderen Dinge
im Vorhinein erzählt, wie über die Stürme des letzten Jahres, und
baten uns dann, Stabilität im Energiefeld der Erde aufzubauen.

Ich erzähle diese Dinge nicht, um mich selbst als eine spezielle Person hervorzuheben, die vorhersehen könnte, was passieren
wird. Das kann wirklich jeder und man braucht dazu nur das
Energiefeld der Erde „abzulesen". Ich möchte nur beleuchten, dass
wir gemeinsam die Entwicklung der Erde auf positive Weise beeinflussen können, wenn es mehr werden, die den Engeln zuhören.
LichtarbeiterInnen sind nötig und wir brauchen mehr. Gemeinsam können wir für eine harmonische Welt wirken und die Energien aufbauen in denen wir leben wollen.

Meine Mitmenschen und ich: Einssein

Engelübungen 6   „Aus Liebe zur Menschheit war das
                               Göttliche zu allen Zeiten und in jeder

Religion präsent – die göttliche Liebe
möchte jeden Menschen dazu inspirieren, nach Wahrheit zu suchen."

Ich möchte das Wohl der Menschen.
Aufgabe der Engel ist es, alle Menschen darin zu unterstützen,
sich geistig zu entwickeln. Sie haben das höchste Wohl für uns
alle im Sinn. Indem du dein Leben so erschaffst, wie du es haben
möchtest, legst du eine Basis für Harmonie, Freude und Ruhe und
kannst so mehr zur Welt beitragen. Wenn du dich darin übst, zu
erschaffen, was du möchtest, erhöhst du deine Schöpferkraft und
kannst das Kollektiv auf effektivere Art beeinflussen. Niemand
kann alles machen, aber wir alle können unseren Teil dazu beitragen, um die Welt zu verändern und für andere Gutes zu erschaffen. Du kannst diese meditative Übung langsam lesen, während
du dir ruhige Musik anhörst oder dich einfach entspannen, sie
später aufnehmen und dann zuhören.

Beginne, indem du entspannst, und bewege dich in einen meditativen Bewusstseinszustand. Überlege eine Weile, was du in diesem Augenblick als wichtigste Sache für
die Menschheit erachtest. Was wird auf der Erde benötigt?
   Stelle dir dann vor, dass du ein sehr kraftvoller und liebevoller Schöpfer bist, der
die Welt sehr leicht verändern kann. Was würdest du dann erschaffen? Stell dir vor,
das zu tun: dass du gerade das erschaffst, was die Menschheit am meisten benötigt.
Stell es dir so detailreich wie möglich vor.

Mach dir dann eine Liste der Dinge, die du zum Wohle der
Menschheit verbessern willst.
   Notiere dann die Antworten zu folgenden Fragen:
• Was kann ich heute unternehmen um einen weiteren Schritt
  zu unternehmen, meine gesetzten Zielen zu verwirklichen? ...
• Was kann ich langsichtig tun, um diese Ziele zu verwirkli-
  chen? ...

Engel richten ihre liebevolle Energie auf mich, weil
es an mir liegt, die Erde zu einem besseren Ort zu
machen und mich für Frieden einzusetzen.
Natürlich kannst du für den Frieden auf der Welt wirken, auf
viele Weisen. Die Art, wie Engel das tun, besteht darin, Friedensenergien in die Welt einzubringen. Das kannst du auch machen.
Du kannst mit gutem Beispiel vorangehen und dich entscheiden,
mit deinen Mitmenschen harmonischer zusammenzuleben und
jedes Mal, wenn Reibung oder Konflikt entstehen, Frieden wählen. Wenn du ärgerlich und frustriert wirst, ist es nicht nötig, dass
du deine Wut auslebst und zu streiten beginnst. Du kannst dich
stattdessen dafür entscheiden, liebevoll und friedvoll zu agieren.
    Wenn dich jemand anderer in einen Konflikt ziehen möchte,
kannst du aktiv wählen, friedvoll zu agieren und das Thema ruhig
zu diskutieren. Natürlich kannst du nicht entscheiden, wie deine Mitmenschen auf deine neue friedvolle Art reagieren. Aber du
kannst immer mit gutem Beispiel vorangehen und dich so verhalten, wie du glaubst, dass es deine Engel tun würden. Du kannst
Lichtarbeiter bzw. Lichtarbeiterin werden und eine Meditations-
gruppe starten, die regelmäßig über Frieden meditiert. Vielleicht
mit dieser Meditationsanleitung, die von den Friedensengeln
kommt, mit denen ich zusammenarbeite.

Atme mit ruhigen, tiefen Atemzügen und spüre die Präsenz von uns Friedensengeln,
die begonnen haben, sich um dich im Raum zu versammeln. Spüre unsere ruhige,
beruhigende Gegenwart und wie wir vorsichtig mit dir verschmelzen. Fühle, dass
sich dein Zentrum für göttlichen Frieden im Brustkorb öffnet und du immer ruhiger
wirst.
    Deine spirituelle Entwicklung ist für die Welt von großer Bedeutung. Indem du
der wirst, der du bist, und wenn du im Alltagsleben Frieden wählst, kannst du die
ganze Menschheit beeinflussen – weil ihr alle eins seid. Du bist ein wundervolles
Wesen aus Licht und bist durch deine göttliche Essenz mit allem anderen Leben
verbunden. Fühle diese Zusammengehörigkeit: dass du eins bist mit allem und allen.
    Wir Engel arbeiten ständig daran, zu eurem Wohle neues Licht, neue Harmonie
und göttlichen Frieden auf der Erde zu verbreiten. Wir tun, was wir nur können, um
der Menschheit neue Möglichkeiten für Einssein zu eröffnen.
    Gleichzeitig verbreitet sich auf eurer Welt die Angst vor euren eigenen Schöp-
fungen. Furcht ist keine kreative Kraft. Angst vor den Dingen, die ihr erschaffen

habt, wird euch nicht so weit bringen wie die Liebe zu dem, was ihr erschaffen wollt. Deshalb ist die geistige Entwicklung so wichtig. Sie öffnet die Liebe zur Schöpfung und zur Schöpferkraft, sie öffnet für neue Inspiration und neue Ideen.

Millionen von Menschen in der heutigen Zeit legen ihren Fokus auf Angst, Gewalt und Terror. Das machen sie nicht, weil sie böse wären oder schlechte Menschen. Sie tun es, weil sie es nicht besser wissen und sie nichts anderes kennen. Durch die Beispiele in eurer Unterhaltungsindustrie, die massiv von Gewalt und tiefem Drama handelt, nährt ihr diese Bilder, bis sie ausreichend Energie haben und sich dann manifestieren. Wie erwähnen dies nicht, um euch zu tadeln. Wir wissen, dass ihr es im Augenblick nicht besser wisst, weil ihr eure Möglichkeiten vergessen habt. Ihr habt vergessen, wer ihr seid und was wirklich ist – Liebe, Licht und Bewusstsein.

Wenn ihr euch vor euren eigenen Schöpfungen fürchtet, verliert ihr die Kraft, das zu erschaffen, was ihr wollt. Dadurch baut sich ein Gefühl der Hoffnungslosigkeit auf. Verzweiflung und Angst verbreiten sich wie ein Lauffeuer, was es leichter macht, sich für Gewalt und Machtkampf zu entscheiden.

Gleichzeitig beten Millionen von Menschen für das Wohl der Menschheit und Hunderttausende arbeiten mit Energien und Licht, um eine Veränderung zu erschaffen. Oft sind dies dieselben Personen.

Wir Engel arbeiten auch mit anderen Lichtwesen zusammen, um den göttlichen Plan für euch alle zu öffnen. Du bist jetzt so weit in deiner Entwicklung vorangeschritten, dass du das Kollektiv beeinflussen kannst, da du ein Teil davon bist. Daher kannst du jetzt uns behilflich sein, eine Veränderung auf der Erde zu erschaffen, indem du dich selbst veränderst.

Während wir hier beieinandersitzen, spüre, dass du dich noch tiefer entspannst und sich deine Zellen für Licht, Essenz und Kraft öffnen. Spüre, dass sich dein Zentrum für göttlichen Frieden, das sich in deinem Brustkorb befindet, noch mehr öffnet. Spüre die Liebe zur Menschheit und der Erde, auf der du lebst. Spüre, wie wunderbar es ist, einen Körper zu haben, und dass auch dieser Körper Teil der Erde ist. Deine Seele hat deinen Körper durch Erdenergien genährt und ihn zu dem erschaffen, was er heute ist – ein Wunderwerk. Spüre, dass alles Leben ein Wunder ist und wie gut alles von einer höheren Kraft geplant ist.

Spüre uns Friedensengel, während wir um dich ein starkes Energiefeld aufbauen und diese Friedensenergien in dir verankern. Sie werden dir helfen, im Alltagsleben friedlich zu sein und während eines Konflikts leichter friedvolle Lösungen zu finden.

Lass uns jetzt gemeinsam in diesem schönen Lichtfeld hinaus in den Raum schweben, bis du die Erde und die Menschheit klar und deutlich unterhalb von dir sehen kannst. Du siehst euren schönen Planeten, die Kontinente, Inseln und alle, die dort leben, und du siehst das Licht, welches den Planeten umgibt.

Spüre, wie deine Aufmerksamkeit ganz natürlich an einen speziellen Ort gezogen wird und lass uns gemeinsam dort hinreisen. Einmal dort angekommen, beginnen wir Engel damit, durch dich friedvolle Energien an diesem Platz zu verankern. Entspanne dich einfach und atme tief und ruhig, während wir dies tun.

Stell dir vor, dass du all der anderen gewahr bist, die auf diese Weise mit Energien arbeiten und jetzt überall auf der Erde neue friedvolle Energien verankern, um die Menschheit zu neuen friedlichen Lösungen zu inspirieren, wenn Konflikte einmal aufgetreten sind. Auf der gesamten Erde öffnen sich neuen Möglichkeiten zur Harmonie zwischen Kontinenten, Ländern, Menschen, Kulturen und Religionen. Spüre, wie neue harmonische, lichterfüllte, fried- und liebevolle Energien durch dich in die Erde strömen. Lass uns damit zum Wohle der Menschheit ein paar Minuten weitermachen, bis es sich für dieses Mal als abgeschlossen anspürt.

Jede Religion bietet göttliches Licht und göttliche Präsenz an.

Nimm dir einen Moment Zeit und denke darüber nach, wie perfekt es ist, dass wir auf der Erde viele Religionen haben. Dass eine höhere Kraft uns Menschen dazu inspiriert hat, das göttliche Licht zu suchen. Wo wir auch leben, egal welcher Kultur oder Zeitepoche wir angehören, war die göttliche Kraft als eine ewige Inspiration zugegen.

Die göttliche Präsenz kann nicht in Worten erklärt werden.

Heute fokussiere ich mich auf das Erleben der göttlichen Präsenz – ohne sie zu erklären.

7. INSPIRATION UND GRENZENLOSE WUNDER

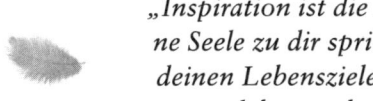 

„Inspiration ist die Art und Weise, wie deine Seele zu dir spricht und dir den Weg zu deinen Lebenszielen weist – in vollen Zügen zu leben und zu werden, der du bist."

Hast du mal darüber nachgedacht, was Inspiration ist? Rein etymologisch bedeutet es, dass du Gott einatmest, und das kann wohl als ein göttlicher Einfluss auf unser Leben und unsere Gedanken definiert werden. Das sagen die Engel über Inspiration:

Inspiration ist ein Zustand der seelischen Klarheit und Kreativität. Man kann sagen, dass deine Seele ein lichter, weiser und weiterentwickelter Teil von dir ist. Inspiration kann sich in allem zeigen: in kreativen Ideen oder plötzlichen Visionen, in welchen du klar und deutlich siehst, was du als Nächstes tun kannst. Inspiration ist der Einfluss, den deine Seele und deine Engel auf deine Sinne haben.

Du kannst dich leicht für mehr Inspiration öffnen, indem du nach Innen und auf deine eigene, innere Führung horchst. Deine Seele spricht immer zu dir und wünscht sich nichts mehr, als dich in deinem Leben zu leiten. Deine Seele weiß um die Dinge, die mehr Leichtigkeit, Harmonie und Freude in deinem Leben erschaffen, und will dir gerne die Möglichkeiten dafür in deinem Leben, deinem Beruf und deinen Beziehungen zeigen. Deine Seele sieht deine Kraft und dein Potenzial und wünscht sich nichts mehr, als dich zu Dingen zu inspirieren, die gerade du sehr gut beherrschst.

Es gibt einen Zweck in deinem Leben und du kannst ihn dadurch finden, indem du dich durch deine Inspiration führen lässt. Du bist eine einzigartige Person mit vielen Eigenschaften, die in der Welt geschätzt werden. Bereits bei deiner Geburt hattest du ein unendliches Potenzial, denn bereits da hatte dein Leben einen höheren Zweck. Deine Seele wusste genau, was sie tat, als sie sich entschied, sich in deinem Körper auf der Erde zu inkarnieren. Durch dein Leben sah deine Seele eine Möglichkeit, ihr Licht, ihre Schönheit und ihre Freude der Welt zu vermitteln.

Vielleicht ist es schwer für dich, an einen höheren Zweck im Leben zu glauben. Oder dass du eine Gabe an die Welt bist, welche die Fähigkeit besitzt, das Leben anderer einfach durch deine Gegenwart zu erleuchten. Von unserer Engelperspektive aus ist es eine Selbstverständlichkeit, dass dein Leben einen höheren Zweck hat.

Jeder Mensch ist einzigartig und kann die Welt auf so viele unterschiedliche Weisen erleuchten – durch neue Ideen, durch Liebe, durch Kunst, durch Verspieltheit, durch Fürsorge oder Entwicklung neuen Wissens oder neuer Techniken. Wenn du darüber nachdenkst, hast du unendlich viele Möglichkeiten, etwas zu einer besseren Welt beizutragen. Was du bisher getan oder nicht getan hast, ist belanglos, da deine Seele im Jetzt lebt und jeder Augenblick neue Möglichkeiten bietet.

> Ich bin dazu geboren, der zu sein, der ich
> bin – ein grenzenloses geistiges Wesen.

Wenn man sich durch Meditation für seine Inspiration öffnet, bekommt man oft einen ganzen Haufen neuer Ideen darüber, was man hier im Leben alles machen kann. Die Möglichkeiten sind grenzenlos. Ist man im Leben auf Abwege geraten und fühlt sich festgefahren und weiß weder ein noch aus, dann ist der perfekte Moment gekommen, um einen Engel der Inspiration einzuladen, der einen mit herrlichen Ideen „vollpumpt", an die man zuvor nie gedacht hat.

Die Engeldevise lautet, dass alles möglich ist, dass es keine verfahrenen Situationen gibt, die gar keine Möglichkeiten mehr offen ließen. Wie elend es auch erscheinen mag, gibt es immer eine unendliche Vielzahl an Möglichkeiten und Strategien, wie du aus der Situation wieder herauskommen kannst. Und zwar auf eine Art, die dein Leben besser, fröhlicher und erfolgreicher macht. Die typische Engelsicht ist, dass Probleme nicht existieren. Das Einzige, was problematisch ist, sind deine Gedanken und Gefühle über bestimmte Situationen. Und es steht dir ja frei, Gedanken und Gefühle nach Belieben jederzeit zu ändern. Wenn du das machst, kommt blockierte Energie in Fluss und du kannst mehrere Auswege finden.

> In meinem Leben ist alles möglich.

So wie ich es sehe, liegt das einzige Problem bei Inspiration darin, dass man so viele Ideen hat, die man gerne umsetzen möchte und nur zu wenigen tatsächlich die Zeit findet. Das ist meine eigene verfahrene Situation, dass ich oft glaube, dass ich nicht genug Zeit finde, Dinge zu tun. Ich werde meine Engel darum bitten, mich öfter aus der linearen Zeit auszuklinken – das funktioniert tatsächlich. Eines Abends begann ich gegen 20 Uhr damit, einen wichtigen Text zu verfassen, und schrieb daran ungefähr neun Stunden. Am Schluss waren das ganz schön viele Seiten und das Lustige dabei war, dass ich mit der Arbeit um 19 Uhr fertig war – am gleichen Abend! Ich hatte also den gesamten Auftrag abgeschlossen und noch eine Stunde dazugewonnen. Ich überlege mir oft, wie das funktioniert hat. Einfach genial. Wir können so viel arbeiten, wie wir wollen, und dann zurück sein, bevor wir damit angefangen haben. Ich sollte dafür wirklich ein auf der ganzen Welt gültiges Patent registrieren lassen. Leider habe ich den Code bisher nicht knacken können. Wahrscheinlich deshalb, weil meine Engel sehen, dass ich mich auf die Art wohl kaputt arbeiten würde. Ein bisschen irritierend ist es allerdings schon. Die Engel zeigen einem gerne grenzenlose Möglichkeiten auf und sagen dann aber: „Wir sagen dir nicht wie."

Meine Engel haben mir eine Reihe von Dingen gezeigt, die möglich sind, die wir normalerweise für unmöglich halten. Teleportation ist so ein Beispiel. Einmal haben sie mich ganz einfach zu einem Treffen mitgenommen, das weit weg von der Erde stattfand, um klare Übereinkünfte über Dinge zu schließen, die ich auf der Erde ausführen sollte. Ich weiß ja, dass dies völlig absurd klingt, und wenn du nicht schon vorher davon überzeugt warst, dann hast du dich spätestens jetzt dazu entschlossen, zu meinen, dass ich verrückt sei. Trotzdem kann ich dieses Geschehen nicht leugnen.

Weißt du, dass, wenn du mit Engeln einen Vertrag unterzeichnest, sie dafür sorgen, dass du ihn einhältst. Ich habe versucht, aus ein paar Aufträgen herauszuschlüpfen, für die ich mich während dieses Treffens verpflichtet hatte, als ich begriff, wie viel Arbeit sie mit sich bringen würden. Aber das hat nie wirklich funktioniert. Meine Engel sagen mir dann einfach, dass ich mich an das

Universum wenden soll, um mir die Hilfe senden zu lassen, die ich brauche. Und ich soll aufhören, mich zu beklagen. Naja, Letzteres sagen sie eigentlich nicht, sondern sie bitten mich nur, die grenzenlosen Möglichkeiten zuzulassen.

> **Ich erlaube grenzenlose
> Möglichkeiten in meinem Leben.**

Ein anderes Mal fuhr ich im Auto meiner Mutter ungefähr 60 Kilometer, und bevor ich das Auto zurückgeben sollte, wollte ich es wieder volltanken. Zu meiner Überraschung hatte ich kein Benzin verbraucht – auf einer Strecke von 60 Kilometern. Die Engel sollten wirklich mal erklären, wie so etwas funktioniert. Damit würde ich über das Patent steinreich und alle Energieprobleme der Erde wären gelöst. Aber irgendwie scheinen sie uns immer nur zu zeigen, was möglich sein wird, als eine Art Köder oder so. Und dann meinen sie nur: „Mach du nur weiter mit deiner geistigen Entwicklung und du wirst verstehen, wie es funktioniert." Also mache ich das, da sie mir so fantastische Möglichkeiten gezeigt haben, dass es schlicht lächerlich wäre, auf die alte Art und Weise weiterzumachen. Heutzutage bin ich übrigens mit vollem Herzen dabei.

> **Außerhalb der Illusionen gibt es keine
> physischen Gesetzmäßigkeiten.**

Michael, der Erzengel, hielt einmal einen Kurs über Heilung. Es war wohl sehr passend, dass in dem Hotel, in dem wir waren, eine Dame ihr Bewusstsein verlor und schon tot zu sein schien. Ich spazierte zufällig in das Restaurant, das gerade voll von Leuten war. Ihre erwachsene Tochter wählte mich unter allen anwesenden Leuten aus und bat mich, ihrer Mutter zu helfen. Ich habe wirklich keine Ahnung, wie man an so etwas herangeht, da ich nie an einem Erste-Hilfe-Kurs teilgenommen habe.

Glücklicherweise war Erzengel Michael anwesend. Er legte den Zeigefinger auf die Stirn der Frau und richtete einfach einen enorm starken Lichtstrahl auf sie ... und schwupps ... war sie wieder zurück. Im ersten Moment nicht ganz so froh und munter wie es normal wäre, aber sie erholte sich doch sehr schnell. Ziemlich unglaublich und dennoch waren genügend Menschen mit dabei, um es zu bezeugen. Den Trick würde ich auch gerne selbst lernen, das könnte dann und wann sehr hilfreich sein. Michael meinte aber, dass ich und andere erst unsere Kraft entwickeln müssen, bevor wir auch solche Wunder wirken können. Er hat mich also auch am Haken.

> **Wunder sind möglich, und ich lade**
> **Wunder in mein Leben ein.**

Auf eine gewisse Art scheinen Engel manipulativ zu sein. Zuerst zeigen sie einem herrliche Möglichkeiten und dann fügen sie hinzu, dass man, wenn man das erreichen möchte, erst dieses und jenes machen müsste. Sie haben einen sehr guten Überblick über die Funktionsweise unserer Psyche, und ich falle jedes Mal wieder darauf rein. Scherz beiseite: Der Zweck, uns diese Dinge zu zeigen, ist, unsere Zukunftsvisionen zu öffnen, damit wir begreifen, dass das Rennen für die Menschheit nicht vorbei ist, sondern uns durch die Zusammenarbeit mit Engeln eine wunderbare Zukunft offenliegt. Sie wollen uns dazu inspirieren, eine neue und bessere Zukunft zu wählen, die wir mit ihnen teilen. Dinge wie „freie Energie", Teleportation, freie Bewegungsmöglichkeit durch die Zeit, Heilen und vieles mehr sind Alltäglichkeiten für Engel. Wenn wir uns entscheiden, selbst Engel zu werden, sind sie für uns auch möglich.

Auch dieses Buch ist ihr Werk! Eines Tages hatte ich plötzlich den unwiderstehlichen Wunsch, ein Buch zu schreiben. Eine Gruppe Engel hatte sich um mich versammelt und wollte dir ihre Gedanken präsentieren. Gerade jetzt würde ich am liebsten 24 Stunden pro Tag schreiben, einfach weil es so viel Spaß macht. Einer der am negativsten eingestellten Menschen, die ich kenne, ruft mich (wie es der Zufall so will) an, während ich gerade am Schreiben sitze. Achtung: Diese Person ist ja gar nicht negativ, sondern göttlich! Ihre Gedanken drehen sich allerdings meistens um

unangenehme Dinge und warum ihr alles unmöglich ist. Natürlich ist es kein Zufall, dass sie mich gerade dann anruft, wenn
ich über Inspiration schreibe. Das ist wohl genau das, was sie am
meisten braucht. Es ist schade, dass wir andere nicht ändern können, sondern
nur uns selbst. Stell dir vor, wir könnten alle so werden lassen, wie
wir sie gerne hätten: zufrieden, glücklich und so weiter. „Nein",
meinen die Engel dazu. Wir können nur Möglichkeiten anbieten.
Den Zeitpunkt, wann man sich verändert, bestimmt jeder selbst:
Wenn man sich dazu bereit fühlt. Ich frage mich, ob ich nicht um
eine Audienz bei Gott bitten sollte, um zu hören, ob er nicht die
göttlichen Gesetze etwas umschreiben könnte. Einfach, um alles
etwas mehr so zu gestalten, wie ich es gerne hätte, und auch, damit
sich alle auf ein Mal besser fühlen ...

Als ich selbst noch so viel negativ dachte, hätte auch der
stärkste aller Engel auf der Welt mich nicht dazu bewogen, meine
Einstellung zu ändern. Eines Tages aber, nachdem ich beinahe alles verloren hatte, alles Geld, mein Zuhause, meinen Mann, mein
Selbstgefühl, und als ich tatsächlich in einem anderen Land aus
einem Hotel auf die Straße geworfen wurde, mein Pass und meine
Kleider eingezogen wurden, machte mein Leben eine Wendung
und alles wurde etwas lichter. Es war ja auch nichts mehr übrig,
was ich noch hätte verlieren können. Das Leben selbst schon noch,
aber da ich damals auch zu Selbstmordgedanken neigte, hätte ich
auch dagegen nichts gehabt.

Wenn man so ohne irgendetwas auf der Straße steht, ist es
wirklich Zeit, sich zu entscheiden. Soll ich jetzt etwas unternehmen oder einfach aufgeben? Ich entschied mich, etwas zu unternehmen, und das war genau das, worauf die Engel gewartet hatten.
Denn als es am allerschlimmsten war, stand plötzlich ein Engel
vor mir und zeigte mir einen völlig neuen Weg. Es war nicht das
erste Mal, dass sich dieser Engel zeigte. Allerdings habe ich zum
ersten Mal zugehört. Es stellte sich heraus, dass dies mein bisher
absolut bester Entschluss war, der zu einer schrittweisen Veränderung meiner selbst führte. Wenn wir uns entscheiden zuzuhören,
werden alle Engel ausgesandt, die helfen können. Dann gilt es nur
noch, anzunehmen. Hören wir nicht zu, passiert gar nichts, selbst
wenn eine Menge Engel uns helfen wollen.

> Ich lasse Vergangenes los und
> erlaube meiner Inspiration, mich in
> mein neues Leben zu führen.

In meinem Fall war das Erste, was ausgeschickt wurde, ein Engel der Inspiration. Plötzlich stand er einfach vor mir auf der Straße und ließ sein wundervolles Licht in meine Sinne strahlen und schien mir zu vermitteln, dass alles in Ordnung kommen würde und alles tatsächlich besser sein werde als vorher. Jetzt brauchte ich wirklich Hilfe. Ich hatte den tiefsten Punkt erreicht, und zum ersten Mal versuchte ich nicht, meinen Engel wegzuscheuchen, sondern hielt inne, um zuzuhören. Und das war der Punkt, an dem die große Veränderung stattfinden konnte, da ich damit begann, ein Empfänger für Engelenergie zu werden.

Mein ganzes Leben lang versuchten meine Engel, mit mir zu sprechen, während ich nie ihre Hilfe annahm. Jetzt jedoch, da ich alles verloren hatte und Bedrohungen ausgesetzt war, fühlte ich mich enorm frei, sobald dieser Engel mir all die Vorteile meiner Situation gezeigt hatte. Der offensichtlichste Vorteil war natürlich, dass ich nicht länger an jemanden gebunden war und es mir frei stand, ein völlig neues Leben zu erschaffen:

- Kein Haus
- Keine Arbeit
- Keine Ehe
- Kein Geld
- Keine Wohnung
- Keine Kleider
- Keinen Pass

Für einen Engel war meine Situation nichts anderes als grenzenlose Möglichkeiten und totale Freiheit, die richtige Richtung im Leben einzuschlagen. Je mehr ich zuhörte, desto besser begriff ich, dass das Leben in keiner Weise hoffnungslos war. Alles zu verlieren, war eine Gabe, die mir ermöglichte, mich nicht mehr um das kümmern zu müssen, was ich bisher getan hatte. Ich konnte damit aufhören, die Person zu sein, die ich so angestrengt sein wollte. Ich konnte damit aufhören, mich selbst hintanzustellen, um den Wünschen anderer zu entsprechen, und ich konnte das Leben völ-

lig von vorne beginnen. So seltsam es auch klingen mag, war ich
glücklich darüber, von allem frei zu sein, was ich vorher besaß, da
ich jetzt endlich meine Verwandlung zu meinem wirklichem Ich
beginnen konnte.
Natürlich brauchte diese Veränderung Zeit, es geschah nicht an
einem Tag. Als Erstes verspürte ich die unwiderstehliche Lust, einen Heiler aufzusuchen. Jemanden, der mit dem Energiefeld oder
der Aura arbeitete, um den Energiefluss im physischen Körper,
Mentalkörper und Emotionalkörper zu erhöhen. Das machte ich.
Das Ergebnis war, dass ich zwei Wochen lang hemmungslos wein-
te und danach war ich so stark wie nie zuvor. Ich hatte die Engelkraft entdeckt. Jetzt lief für mich alles gut. Ich brachte mein Leben
in Ordnung, indem ich mich auf alles ausrichtete, was möglich ist,
nicht auf das, was „unmöglich" schien. Sogar meine Schulden in
Millionenhöhe (schwedische Kronen) konnte ich loswerden. Steril
war ich auch, aber seit dieser Heilung wurde ich sehr fruchtbar
und habe inzwischen vier Kinder zur Welt gebracht.

> Wenn ich ein Problem erfahre, so gibt
> es eine unendliche Anzahl an Lösungen.
> Meine Inspiration leitet mich zu der, welche
> für mich und andere am besten ist.

Worauf wollen wir jetzt hinaus? Ah, nichts ist unmöglich, in jeder Situation gibt es eine unendliche Menge an Lösungen, an die
wir nicht gedacht haben, egal wie hoffnungslos es auch aussehen
mag! Wenn wir nicht an Lösungen denken oder sie nicht entdecken, heißt das noch lange nicht, dass es sie nicht gibt. Es gibt sie
immer.
    Wenn du dies liest und dich in einer hoffnungslosen Lage be-
findest, hör auf damit, zu glauben, dass sie hoffnungslos sei. Das
ist sie nicht! Vielleicht sind einfach deine Gedanken hoffnungslos,
aber die kannst du ja ändern. Es gibt eine enorme Zahl von Engeln, die nur darauf warten, dir bei allem Möglichem zu helfen,
das dir zugestoßen ist. Wenn du dann noch damit beginnst, zu
meditieren, fällt es ihnen noch leichter, mit dir zu arbeiten. Das
kann ich also wärmstens empfehlen. Lade einen Engel der Inspira-

tion in dein Leben ein, um neue Ideen zu bekommen, was du alles machen kannst.

Auch wenn es dir gut geht und du vollen Überblick über dein Leben hast, könnte es ganz lustig sein, einen Engel der Inspiration einzuladen. Wer weiß, vielleicht wird dein Leben sogar noch besser. Engel sind ja sehr daran interessiert, dass wir die Dinge tun, um derentwillen wir hierhergekommen sind. Nicht um ihretwegen, sondern unseretwillen. Wenn wir uns mit Dingen beschäftigen, welche in Resonanz mit dem Ziel unseres Lebens stehen, verbreitet sich eine enorme Freude im ganzen Körper, die dir mitteilt, dass es genau das ist, womit du jetzt arbeiten solltest.

Grenzenlose Inspiration
Engelübungen 7 „Deine Seele weiß besser als irgendjemand sonst, was dein nächster Schritt ist."

Ich bin dazu geboren, der zu sein, der ich bin: ein grenzenloses geistiges Wesen.
Das klingt ziemlich selbstverständlich. Die Frage stellt sich jedoch: Wer bin ich? Was bin ich? Warum bin ich? Wo bin ich? Auf der Suche nach den Antworten wirst du mehr von deinem Selbst finden und in dein grenzenloses geistiges Selbst expandieren.

Wenn du ein grenzenloses geistiges Wesen bist, gibt es ja keine Grenzen dafür, wer du bist. Du bist alles und alles ist möglich. Du hast grenzenlose Kraft, grenzenlose Liebe, grenzenloses Licht. Deine Seele ist weder durch Zeit noch Raum begrenzt, dein Bewusstsein ist grenzenlos und entwickelt.

Alles was du bist, liegt latent in dir und wartet nur darauf, dass du darauf Anspruch erhebst. Im Augenblick wenden wir nur einen Bruchteil von uns selbst an. Denk darüber nach, was passiert, wenn du mehr von deinem Selbst in dein Leben lässt. Das ist genau der Trick, wie man sich entwickelt: Anstatt dich mit deiner Persönlichkeit zu identifizieren, welche nur in der begrenzten und illusionären Wirklichkeit existiert, kannst du dein Engelselbst einfordern.

„Na fein", sagst du vielleicht, „aber wie soll ich das anstellen?" Vielleicht so:
• Nimm dir einen Tag und fokussiere dich die ganze Zeit darauf,

der zu sein, der du bist: ein grenzenloses geistiges Wesen. In
jeder Handlung und in jedem Wort lässt du deine Seele gegenwärtig sein.

• Affirmiere wiederholt während des Tages: Ich fordere mich
selbst ein. Ich fordere meine Kraft ein. Ich fordere mein Licht
ein. Ich fordere meine Liebe ein. Ich fordere meine Göttlichkeit ein. Ich fordere mein Engelselbst ein.

In meinem Leben ist alles möglich.

Das einmal in den Schädel zu bekommen, dass tatsächlich alles
möglich ist, ist für die meisten Menschen eine riesige Herausforderung. Wir sind so sehr daran gewöhnt, zu denken, „dass etwas
nicht funktioniert weil ...", dass wir vergessen, daran zu denken,
was alles möglich ist.

• Nimm dir einen Tag und richte dich darauf aus, was alles
möglich ist. Jedes Mal, wenn du etwas in deinem Leben haben
möchtest, notierst du dir mindestens zehn Gründe, warum es
möglich ist. Wenn du bemerkst, dass du beginnst, daran zu
denken, dass es dir „nicht möglich ist, weil ...", dann hältst
du abrupt inne. Du entlässt diesen Gedanken oder das Gefühl
in Liebe und setzt einen Gedanken an seine Stelle, warum es
dir möglich ist.

Du bist in deiner Gesamtheit programmierbar, und nur weil du
mit Begrenzungen aufgewachsen bist, musst du sie nicht behalten.
Du kannst Dinge leicht verändern, indem du dich mit Gedanken
programmierst, die dir erzählen, was alles möglich ist.

Ich erlaube grenzenlose Möglichkeiten
in meinem Leben.

Dies ist ein sehr wichtiger Punkt. Wenn du damit beginnst, dich
zu öffnen und neue, grenzenlose Möglichkeiten erschaffst, ist es
auch gut, sie so annehmen zu können! Nimm mich als Beispiel.
Mein Leben war voll von liebevollen Menschen und Engeln, und
dennoch habe ich das nicht bemerkt, sondern sie weggestoßen.
Ich war davon überzeugt, dass ich allein sei und sich niemand um
mich kümmere, während ich mich gleichzeitig nach Liebe sehnte.
Im Nachhinein scheint es verrückt, und der einzige Grund dafür

war, dass ich weder Liebe noch Nähe zuließ. Wenn du also grenzenlose Möglichkeiten haben möchtest, ist es wichtig, sie auch zu
erlauben. Ansonsten werden sie zwar um dich herum auftauchen,
jedoch wirst du sie nicht bemerken können.

• Denk an etwas, das außerhalb dessen liegt, was du normalerweise für möglich hältst.

• Stell dir dann vor, dass dies in dein Leben tritt und du genau
das erhältst, was du möchtest. Oder etwas Besseres.

• Stell dir weiter vor, dass du es entgegennimmst, und fokussiere dich darauf, wie es sich anfühlt, wenn du bekommst, was
du möchtest. Gestalte dieses Gefühl so wirklichkeitsgetreu wie
möglich.

Indem du dir vorstellst, wie du dich fühlst, wenn du erhältst was
du möchtest, öffnest du einen Platz in deiner Energie, um das erhalten zu können, was du möchtest. Richte dich deshalb oft darauf aus, neue grenzenlose Möglichkeiten zu erhalten.

Außerhalb der Illusionen gelten
keine physikalischen Gesetzmäßigkeiten.

Das klingt wohl eigenartig. Dennoch drücken die Engel damit aus,
dass es in den höheren Dimensionen keine physikalischen Gesetze
gibt. Dort setzt sich die Wirklichkeit völlig anders zusammen. Die
uns bevorstehende Entwicklung wird eine Verschmelzung unserer
Wirklichkeit mit den höheren Dimensionen mit sich bringen und
die Energie unseres Planeten verändern. Wenn sich die Energie um
uns herum verändert, öffnen sich neue Möglichkeiten, die zum
Beispiel erklärlich machen, wie ich Auto fahren konnte, ohne Benzin zu verbrauchen.

Sie sagen auch, dass unser Körper nicht so begrenzt ist, wie er
erscheint. Das Einzige, was unseren Körper begrenzt, ist die Energie, mit der wir ihn umgeben. Wenn sich diese Energie verändert,
kann der Körper ganz andere Dinge vollbringen, zum Beispiel Teleportation.

Eine Art, wie die Engel ihre Theorie bewiesen, war, dass sie die
Energie um meinen physischen Körper veränderten und für eine
Weile ein Lichtwesen eintreten ließen. Es war völlig unglaublich.
Mein Körper begann plötzlich wie von selbst, viele fortgeschritte-

ne Bewegungen durchzuführen, die ich normalerweise nicht einmal annähernd machen kann. Man könnte das „Hochgeschwindigkeits-Yoga" nennen. Ich war um einiges dehnbarer als sonst und hatte bedeutend mehr Kraft zu Verfügung. Und obwohl ich auf diese Art ein paar Stunden lang trainierte, bekam ich keinen Muskelkater. Es wurde mir deutlich, dass mein Körper zu viel mehr in der Lage ist, als ich glaubte, und dass es nur unsere begrenzte Energie ist, die den Körper begrenzt. Wenn wir uns für die Energie von höheren Dimensionen öffnen, wird mit einem Male viel mehr möglich.

Auch deine Seele lebt in den höheren Dimensionen und ist rundum frei und nicht von physikalischen Gesetzen gebunden. Entscheide dich dafür, dich daran zu erinnern, wie deine Seele lebt. Stell dir vor, wie dein Leben wäre, wenn es keine physikalischen Gesetze gäbe und du genauso frei wie deine Seele wärest.

Wunder sind möglich
und ich lade Wunder in mein Leben ein.
Auf was sie auch immer beruhen mögen, gibt es doch immer mal wieder Wunder, die uns allen mehr Hoffnung machen. Ich finde, dass mein Leben voll von Wundern und unerwarteten Lösungen von komplizierten Situationen war. Wunder werden als eine Manifestation göttlicher Art oder übernatürlicher Kräfte angesehen. Etwas, was wir Menschen nicht können, es sei denn, wir lernen die Funktionsweise der Natur Gottes kennen. Und das ist es, wovor wir im Augenblick stehen. Eine Zeit, in welcher wir Menschen die Natur Gottes und ihre grenzenlosen Möglichkeiten entdecken.

Die Chance ist also recht groß, dass auch in deinem Leben ein oder mehrere Wunder eintreffen. Öffne dich, lade sie ein und heiße sie im Voraus willkommen.

Was ich an Wundern bemerkt habe, ist, dass wir sie nicht durch unsere Illusionen steuern können. Natürlich nicht. Sie sind ja göttlicher Natur und kommen aus dem wirklichen Teil unseres Lebens und nicht aus dem illusionären. Daher kann man Wunder nie voraussehen. Sie geschehen, wenn wir es am wenigsten vermuten, und überraschen uns, indem sie all unsere Erwartungen übertreffen. Mach es dir zur Gewohnheit, Wunder einzuladen, und erbitte etwas noch besseres, als du dir vorstellen kannst.

**Ich lasse Vergangenes los und erlaube meiner Inspiration,
mich in mein neues Leben zu führen.**
Wir Menschen wollen oft am Vergangenen festhalten. Es hat uns
schließlich geprägt und uns zu dem gemacht, der wir heute sind.
Vielleicht haben wir hübsche Erinnerungen oder Erinnerungen an
Dinge, die wir am liebsten vergessen möchten, jedoch nicht vergessen können. Alle spirituellen Techniken scheinen gemeinsam zu
haben, dass wir im Jetzt leben, da nur im Jetzt all unsere Kraft
zugänglich ist. Eigentlich hast du keine exakten Erinnerungen an
das Vergangene. Nachdem etwas geschehen ist, hast du es ein paar
Mal durchdacht und es auf eine bestimmte Art interpretiert. Dein
Gehirn kann zwischen dem, was wirklich passiert ist und dem,
was du denkst, das passiert sei, nicht unterscheiden. All das ist
vermischt und zu einer einzigen „Erinnerungssoße" geworden.

Die Engel sagen sogar, dass wir die Vergangenheit im Jetzt
erschaffen. Ein richtig interessanter Gedanke. Sie meinen, dass
wir uns an Sachen erinnern, die gar nicht passiert sind, aber hätten passieren können, nachdem unsere Seele alles voraussah, was
in diesem Leben hätte passieren können. Wir fühlen uns an einem Tag vielleicht deprimiert und meinen, das hätte mit etwas zu
tun, was in der Kindheit oder einem früherem Leben geschehen
ist. Dann machen wir eine Rückführung und finden zum Beispiel
irgendetwas in der Kindheit. Vielleicht ist das aber gar nicht geschehen. Da du jedoch danach suchst, zeigt dir dein Gehirn etwas
Passendes, um dir eine Erklärung für deine Gefühle zu geben.

Unabhängig davon, ob es geschehen ist oder nicht, können wir
Erfahrungen immer verändern. Wenn wir das machen, verändern wir nicht nur unser subjektives Erleben, sondern auch das
Geschehen selbst. Auf eine Art ist es uns also durchaus möglich,
mittels jetziger Entscheidungen die Vergangenheit zu beeinflussen.
Wenn man daran denkt, kann es einem etwas schwindlig werden.
Allerdings bedeutet es, dass wir das Vergangene nicht bearbeiten
müssen, sondern im Jetzt völlig frei sind, die Wirklichkeit so zu
erschaffen, wie wir sie haben wollen – unabhängig von den Dingen, die geschehen sind. Je mehr wir uns zu Engeln entwickeln
und unsere Kraft akzeptieren, desto leichter können wir die Wirklichkeit durch unsere Absicht umgestalten.

Aufgabe: Heute fokussiere ich mich auf mein neues Leben – das jetzt beginnt. Ich höre auf meine Inspiration und wähle neue Wege.

Wenn ich ein Problem erfahre, so gibt es eine unendliche Anzahl an Lösungen. Meine Inspiration leitet mich zu der Lösung, die für mich und alle Beteiligten am besten ist. Denke daran, dass es immer mehr Lösungen für deine Probleme gibt, als du dir bewusst bist. Keine Situation ist so verfahren, wie du meinst. Wähle daher die Lösung, die für dich und andere am besten ist, selbst wenn du nicht weißt, wie sie aussehen wird. Vertraue der Führung deiner Inspiration und öffne dich, um den Engeln zuzuhören, vielleicht durch diese Meditation.

Beginne damit, dich auf eine Art zu entspannen, welche dir zusagt. Vielleicht durch ruhige Musik, indem du eine Kerze anzündest oder etwas anderes. Atme tief und ruhig, während du dir all der Engel gewahr wirst, die Teile deines Lebens sind. Spüre ihre Nähe um dich und gestatte ihnen, dich in ihr Reich anzuheben. Fühle dich willkommen, während sich deine Engel um dich versammeln.

Als Mensch glaubst du vielleicht an die Existenz von Situationen, die unmöglich zu lösen sind. Daher ist es gut, sich der Perspektive der Engel zu bedienen und die unendliche Anzahl von Lösungen für jedes Problem zu sehen. Nur deine eigenen Gedanken beschränken dich und machen die Situation unmöglich. Wenn es gerade jetzt in deinem Leben eine Situation gibt, für die du keine Lösung siehst, dann denke an sie und lasse die um dich versammelten Engel damit arbeiten, um deine Begrenzungen aufzulösen und neue Lösungen zu finden.

Entspanne dich nun noch tiefer, während dein Inspirationsengel deine Gedanken und deine Gefühle mit seinem Licht erfüllt. Spüre, wie du von einer völlig neuen Energie erfüllt wirst. Eine Energie, die dich mit neuen Ideen und Impulsen inspiriert, was du machen kannst, um dein Problem zu lösen. Du musst die Lösung nicht jetzt finden. Entspanne dich einfach und wisse, dass du neue Inspiration erhalten wirst, wenn du zurückkommst und die Zeit richtig ist.

8. Vergebung und Mitgefühl

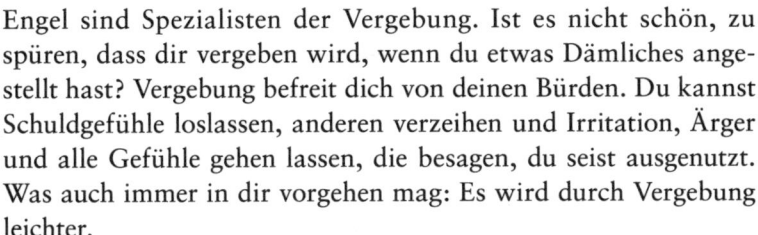

*„Wenn du dir selbst und anderen vergibst, wird
dein Leben in das ewige Licht angehoben."*

Engel sind Spezialisten der Vergebung. Ist es nicht schön, zu
spüren, dass dir vergeben wird, wenn du etwas Dämliches angestellt hast? Vergebung befreit dich von deinen Bürden. Du kannst
Schuldgefühle loslassen, anderen verzeihen und Irritation, Ärger
und alle Gefühle gehen lassen, die besagen, du seist ausgenutzt.
Was auch immer in dir vorgehen mag: Es wird durch Vergebung
leichter.

> **Vergebung ist die Einsicht, dass
> es nichts zu vergeben gibt.**

Vergebung ist ein wichtiger Teil deiner persönlichen Entwicklung;
sie setzt Energie in dir selbst und um dich herum frei und öffnet
dich so für mehr Liebe und Freude in deinem Leben.

Wenn du an alten unabgeschlossenen Dingen festhältst,
bleibst du in einer negativen Energie stecken und machst dich zu
einem Opfer der Handlungen anderer. Dann denkst du, dass du
dich nicht in dieser Situation befinden würdest, wenn andere dich
dem nicht aussetzen würden. Wenn du begreifst, dass deine eigenen Entscheidungen dazu beigetragen haben, dich in diese Lage
zu bringen, und wenn du anderen vergibst, was sie dir angetan
haben, nimmst du die Kraft in deinem Leben wieder in deine eigenen Hände, befreist deine Energie und erfüllst sie mit positiven
Eigenschaften wie Liebe, Freude und Mitgefühl. Wenn du denkst:
„Ja, diese Person verhielt sich nicht korrekt mir gegenüber, aber
das lasse ich nicht den Rest meines Lebens beeinflussen, da ich
mich entscheide, in Freude zu leben", dann verlagerst du deine

Position von einer Opferrolle zu einer Schöpferrolle. Du wirst so zu einer reifen Person in ihrer vollen Kraft, und das Leben reagiert darauf, indem es dir neue Möglichkeiten gibt.

Vielleicht erscheint dir diese Sichtweise völlig unrealistisch, besonders dann, wenn andere dich stark verletzt haben. Warum aber nicht einmal etwas ausprobieren. Wer weiß, vielleicht wirst du von den Veränderungen, die Vergebung in dein Leben bringen kann, positiv überrascht sein. Um es dir zu erleichtern, zu vergeben, kannst du dir denken, dass die anderen nach bestem Wissen gehandelt haben. Selbst als sie dich verletzten, wussten sie es nicht besser. Und auch, wenn sie es nicht besser wussten, kannst du sehr wohl eine neue und gute Entscheidung für dich treffen, indem du die Vergangenheit loslässt und so frei dafür wirst, dass sich dir neue, positive Möglichkeiten im Leben eröffnen.

Wenn du dich entscheidest, deine Wut beizubehalten, weil dich jemand verletzt hat, dann vergräbst du dich in dieser Wut, und das bringt mit sich, dass du nicht klar sehen kannst und du neue Möglichkeiten wegstößt, da du Angst hast, dass du wieder auf die gleiche Mine trittst.

Du musst nicht damit weitermachen, du kannst etwas anderes wählen, du kannst Liebe wählen, du kannst dich entscheiden zu vergeben, du kannst alle Blockaden aufheben, die dich an der alten Erfahrung festhalten, du kannst frei sein. Dir selbst zu vergeben, dass du nicht perfekt bist und dass du Dinge falsch gemacht hast, befreit dich von Scham und öffnet dir den Weg zu einem positiven Selbstbild und Selbstgefühl. Das Leben ist zu kurz, um sich unzureichend zu fühlen. Und wiederkehrende Schuldgefühle begrenzen deine Lebenserfahrung und erschaffen weder für dich noch für andere Gutes.

Die Meinung der Engel zu diesem Thema ist natürlich, dass es nichts zu vergeben gibt, da alle nach bestem Wissen handeln, wenn sie agieren. Die Engel sagen, dass es hinter jeder Handlung nur eines von zwei Motiven gibt: Liebe oder das Bedürfnis nach Liebe. Verstehst du? Es scheint einfach, ein Engel zu sein, man muss sich keine Gedanken darüber machen, warum er oder sie sich so benommen hat oder warum man sich selbst so benommen hat. Das weißt du ja bereits.

Entweder tust du es, weil du liebst, und es kann trotzdem etwas schieflaufen, obwohl du von Liebe motiviert bist. Oder du spürst ein Bedürfnis nach Liebe, und dann kann man wirklich verrückte Dinge tun, nur um gesehen und bestätigt zu werden. Wie dem auch sei: Immer stehen Liebe oder der Bedarf an Liebe hinter allem, was du tust. Die einfache Maßnahme der Engel besteht darin, dich und andere noch mehr zu lieben. Das mit der Spiritualität ist eigentlich nicht so kompliziert, das Leben wird sogar sehr leicht. Lass uns dies etwas näher betrachten. Wenn dich Leute mit bösen

> Hinter jeder Handlung steht immer
> Liebe oder das Bedürfnis nach Liebe.

Kommentaren verletzen, dann tun sie das also nur, um sich selbst etwas besser als du zu fühlen – sie haben ein Bedürfnis, geliebt und gesehen zu werden. Wenn jemand einen anderen umbringt, tut er es deswegen, weil er in diesem Moment keine bessere Möglichkeit sieht. Hätten diese Menschen jene Liebe bekommen, derer sie eigentlich bedürfen, hätten sie vermutlich anders gedacht und gehandelt. So sehen die Engel die Sachlage, und daher meinen sie auch, das einzig Vernünftige sei, dass du und sie mehr Liebe senden.

Nachdem die Engel sehen, dass du alle Dinge aufgrund der Motivation durch Liebe oder das Bedürfnis nach Liebe tust, gibt es für sie nichts zu vergeben. Das bedeutet allerdings nicht, dass dir von dir selbst oder von anderen damit bereits vergeben worden sei. Daher ist es gut, über Vergebung zu meditieren und sozusagen zu visualisieren, wie du dir selbst und anderen vergibst, die der Meinung sind, dass du ihnen Unrecht zugefügt hast. Stell dir vor, dass du sie freigibst und ausdrückst, dass du begreifst, dass sie damals entsprechend ihrem besten Wissen gehandelt haben. Vergib dir auf die gleiche Weise. Bestätige dir selbst, dass du zu dem Zeitpunkt nach bestem Gewissen gehandelt hast, dass du es damals nicht besser wusstest, und bitte diejenigen, die du verletzt hast, um Verzeihung.

> Ich gebe mein Bestes – das
> habe ich immer getan.

Gerade wenn du etwas Unpassendes tust, hat ein „Schuldgefühl" die Funktion, dir Folgendes zu sagen: „Mach's beim nächsten Mal besser und unternimm etwas, um deine eben begangene Handlung zu korrigieren." Wenn du auf dein inneres Gefühl der Schuld im Augenblick hörst, kannst du auch unmittelbar justieren, was schiefgelaufen ist, und alles wieder auf die richtige Spur bringen.

Schuldgefühle bedeuten allerdings nicht, dass du dich während deines gesamten Lebens von Schuld niedergedrückt fühlen sollst, weil du ein paar Male in deiner Kindheit etwas Dummes angestellt hast. Dennoch bleiben viele in langlebiger Schuld stecken, die eigentlich nur als ein Regulationsmechanismus für den Augenblick gedacht ist. Indem du dir selbst und anderen verzeihst, hebst du diesen gesunden Schuldmechanismus nicht auf (der ja manchmal seine Funktion zu erfüllen hat), sondern du befreist dich von blockierten und jetzt zu gar nichts mehr nützlichen alten Schuldprägungen.

> Indem ich mir verzeihe, befreie ich
> mich von allen Schuldgefühlen.

Wie sehen Engel das, wenn andere dich verletzen. Sollst du das einfach akzeptieren, vergeben und vergessen? Natürlich solltest du nicht akzeptieren, schlecht behandelt zu werden, ganz im Gegenteil. Zeige deutlich, aber auf liebevolle und respektvolle Weise Grenzen auf. Ein Engel zu werden bedeutet in keiner Weise, eine Memme zu werden. Wenn du das einmal klargestellt hast, kannst du der Person direkt verzeihen und umgehst eine Menge unschöner Gefühle, die dich nur energetisch an die Handlungen dieser Person binden würden, und das willst du sicher nicht.

Es ist besser, die Engelperspektive einzunehmen und zu sehen, dass diese Person tatsächlich nach bestem Wissen handelte und sie es nicht besser konnte, da sie den verzweifelten Wunsch hatte, gesehen zu werden. Manchmal brauchen wir Mitgefühl. Jemanden der exakt versteht, wie wir uns fühlen, und nichts von uns

> Ich setze deutliche Grenzen und weise zurück,
> wenn mich jemand schlecht behandelt. Anschließend
> vergebe ich der Person und lasse die Situation los.

verlangt, sondern einfach da ist und zuhört. Jemanden, der uns sieht. Engel sind auch in Mitgefühl bewandert, obwohl sie die Situation natürlich von ihrer Sichtweise aus betrachten. Sie sehen ja nur dein Bedürfnis nach Liebe, das Wirkliche, und haben daher keinen Bedarf, jedes Detail deiner Situation zu verstehen. Wenn es dir richtig schlecht geht, sehen die Engel also jemanden, der ein Bedürfnis nach Liebe und Licht hat. Sie sehen nicht, dass du traurig bist und werden daher auch selbst nicht traurig; das ist Engeln nicht möglich. Sie sehen in dir einen Bedarf von etwas, das in ihren Augen wirklich ist, und geben dir daher genau das, was du brauchst: Liebe, Ermunterung und Freude.

Probiere einmal aus, einen Engel einzuladen, der Spezialist im Mitgefühl ist. Es ist enorm schön, sich so verstanden zu fühlen. Was dieser Engel macht, ist, dich mit seiner Gegenwart völlig voraussetzungslos zu umhüllen, sodass du von seiner Liebe, seinem Licht und Bewusstsein richtig umgeben bist. Der Witz an Mitgefühl ist, dass solche Engel so von Licht und Liebe vibrieren, dass du in ein perfektes Energiefeld steigen und alles Elend zu Licht umwandeln kannst. Probiere es aus und schau, was passiert.

> Im Licht des Mitgefühls wandelt
> sich alles zu Liebe.

Für mich persönlich waren Vergebung und Mitgefühl sehr wichtig. Durch dumme Entscheidungen habe ich sehr viel Chaos erschaffen. Eine belgische Finanzfirma veruntreute eine große Summe meines Geldes, eine Rechtsanwaltskanzlei, die beauftragt war, das Geld einzutreiben, scheiterte kläglich und hatte obendrein den schlechten Geschmack, mir eine extrem gesalzene Rechnung zu senden. Die konnte ich nicht begleichen und sie brachten mich in Konkurs. Es stellte sich heraus, dass ein international bekannter Betrüger in eine meiner Firmen verwickelt war. Ich war unterschiedlichen Drohungen und Versuchen ausgesetzt, mir zu schaden. Das sind nur ein paar kurze Hinweise auf all das, was während einer kurzen Zeitspanne in meinem Leben so vor sich ging. Gleichzeitig wurde ich allen Besitz und mein Haus los. Obendrein starben während dieser Zeit auch einige nahe Verwandten. Es war also recht chaotisch.

Jetzt wunderst du dich vielleicht, warum ich so viele Probleme hatte, wenn ich doch so hellsichtig bin. Hätte ich nicht all dies voraussehen und mich klüger entscheiden können? Ja, das konnte ich zwar, tat es aber nicht. Bei jeder Entscheidung wusste ich, dass sie nicht gut war. Aber nachdem ich mich so schlecht fühlte und ein niedriges Selbstgefühl hatte, vertraute ich mir selbst nicht, sondern war der Meinung, dass andere es besser wüssten. Obwohl ich sowohl sehen als auch hören konnte, dass ich in Schwierigkeiten landen würde.

Wie blöd darf man eigentlich sein? So blöd, wie man will, da Engel sich nie einmischen. Höchstens kommt ein milder Kommentar: „Das wäre für dich kein guter Entschluss, es gibt andere Möglichkeiten." Diese Milde war für meine Ängste oder die Sturheit anderer nicht ausreichend. Ich vertraute ganz einfach denen mit der lautesten Stimme und nicht mir selbst oder dem, was ich sah. Und dann versuchte ich meine Angst vor dem Bevorstehenden mit Schlaftabletten zu betäuben. So kann's gehen. Niedriges Selbstgefühl ist wirklich ein übler Feind, denn tief im Inneren wissen wir alle wohl bereits bei unserer Entscheidungsfällung, welche Beschlüsse gut und welche schlecht sind. Ein niedriges Selbstwertgefühl veranlasst einen jedoch, sich nicht selbst, sondern lieber anderen zu vertrauen, die es vermeintlich besser wissen, obwohl man seine Engel zur Seite hat.

All das brachte ein bitteres Gefühl mit sich und ich empfand alles als die Schuld anderer. Das war der Punkt, an dem meine Engel mir den Vorschlag machten, allen Beteiligten zu verzeihen, einfach weiterzugehen und das Leben von Neuem zu erschaffen. Ich muss gestehen: Als sie mir dies vorschlugen, sagte ich Folgendes zu ihnen: „Ihr seid wohl nicht echt, oder? Die eine Person hat mich betrogen, die nächste meinen ganzen Besitz gestohlen, eine dritte veruntreut, die vierte versucht, mich zu verletzen, und diese Kanzlei hatte dann noch die Stirn, mich in Konkurs treiben zu wollen. Also nein, jetzt ist's genug. Nie im Leben werde ich ihnen

verzeihen! Ihr habt wirklich keine Ahnung, wie die Dinge auf der
Erde funktionieren."
    Sie haben einfach gelächelt und verharrten auf ihrem Stand-
punkt: „Vielleicht versuchst du es doch einmal. Wenn du an deiner Bitterkeit festhältst, wirst du dich an eine negative Energie
binden, die dich auffressen wird. Wenn du stattdessen vergibst,
befreist du dich aus deinem Gefängnis und setzt deine kreative
Energie frei, um sie anzuwenden, etwas Besseres zu erschaffen."
    Das klang nicht so dumm, obwohl ich nicht vollständig über-
zeugt war. Widerstrebend begann ich damit, zu vergeben, und
sobald ich es einmal probiert hatte, konnte ich nicht mehr damit
aufhören. Es stellte sich nämlich heraus, dass alles, was meine
Engel mir gesagt hatten, sich als wahr erwies. Ich begann mich
besser zu fühlen, hatte kluge Ideen, wie ich meine Situation lösen
konnte, und obendrein geschahen eine Menge Wunder. Es war,
als hätte sich die Dunkelheit aufgelöst und alles geschah wie von
selbst, indem neue Muster entstanden. Plötzlich begann das Leben wieder zu funktionieren, noch dazu besser als vorher.

Es zeigte sich auch, dass die Person, der ich am meisten zu verzeihen hatte, ich selbst war. Als ich mir rückwirkend meine Entscheidungen ansah, konnte ich meine Dummheit erkennen. Und
ich verstand, dass es besser funktioniert, wenn man sich wie ein
Engel benimmt und allem und allen vergibt. Jedes Mal, wenn ich
verzeihen konnte und die Angst um meine schlechten Entscheidungen entließ, wurde ich nicht nur freier, sondern mein Selbstwertgefühl steigerte sich ebenfalls. Ich konnte sehen, dass ich die
Situationen geschaffen hatte, und begriff endlich, dass ich nur auf
mich selbst zu hören brauchte, um etwas viel Besseres zu erschaffen. Im Anschluss entschied ich mich sowohl mir selbst als auch
meinen Engeln besser zuzuhören, bevor ich irgendeine Entscheidung fällte. Und das funktionierte viel besser.
    Ich kann dir nur raten, dir selbst und anderen zu verzeihen,
und gleich, was dir zugestoßen ist, weiterzugehen. Als es eintraf,
wusstest weder du noch der andere es besser. Darüber kann man
nicht ein Leben lang verbittert bleiben. Sonst strafst du dich selbst
nur noch mehr. Nein, sei dir gegenüber liebevoll und lass die Vergangenheit los. Du kannst daran nur gewinnen.

In den 1980er-Jahren wusste ich schon vor meiner Hochzeit, dass
dies eine schlechte Entscheidung war, die im Chaos enden würde.
Weder am Mann noch an mir war etwas falsch, nur die Kombination war kein Hit. Warum habe ich trotzdem geheiratet? Weil
ich glaubte, ich würde es aus Rücksicht für andere tun. Ja genau
... ein weiterer Beweis dafür, wie man sich mit schlechtem Selbstwertgefühl benimmt. Ich hatte wohl auch die fixe Idee, dass ich
noch vor dreißig verheiratet sein sollte.

Und so begann das Ganze. Wir hatten drei Jahre zusammen-
gelebt und waren auf den westindischen Inseln mit meinem Vater und seiner Frau in den Ferien. Am Silvesterabend sitzen wir
im Hilton Hotel und während wir einen Drink genießen, landet
das Gespräch bei Ehe. Plötzlich sagt mein Partner: „Ich denke,
wir sollten über die künftige Ehe von Cecilia und mir sprechen."
Meine Stiefmutter beginnt vor Freude zu weinen, mein Vater ist
überglücklich und gratuliert uns und ich ... ich bekomme Angst
und möchte gerne herausbringen: „Nein, er hat mich nicht gefragt
und ich will nicht. Es fühlt sich falsch an, das wird eine Katastrophe."

Da aber alle so glücklich sind, möchte ich den netten Abend
nicht zerstören, obwohl ich aus dem Augenwinkel all meine Engel mich ermuntern sehe, mir selbst gegenüber wahrhaftig zu sein.
Daran haben wir alle Bedarf: uns selbst gegenüber wahrhaftig zu
sein. Natürlich wollten meine Engel, dass ich diese Fähigkeit ent-
wickle.

Man könnte meinen, ich hätte doch etwas am nächsten Tag
sagen können, wenn ich schon am Abend nichts gesagt habe. Die
Verwandtschaft war aber schnell informiert, und von überallher
kamen Leute, um mir zu gratulieren, und die wollte ich auch nicht
enttäuschen. Über die Tatsache, dass ich mich selbst und dadurch
alle anderen enttäuschte, obwohl ich spürte, dass meine Entscheidung falsch war, sah ich damals hinweg.

Einmal zurück in Schweden, begann sofort die Planung für die
Hochzeit, und auch dann sagte ich nichts. Ich wusste, dass meine
Entscheidung verrückt war, und bekam es mit der Angst zu tun.
Ich betäubte mich mit noch mehr Schlaftabletten und Körpertrai-
ning und redete mir selbst ein, dass ich zumindest verheiratet sein
würde, bevor ich dreißig wäre. Ich weiß nicht mehr, warum das

damals so wichtig war, aber es war mein einziger Strohhalm, an den ich mich klammerte.

Nachdem ich fühlte und sah, dass es sich als ein Fehler erweisen würde, zu heiraten, holte ich Rat von anderen hellsichtigen Personen ein. Sie sagten einhellig: „Lass das bloß sein. Du wirst enorm leiden." Als ich dies meinem Partner erzählte, lachte er nur, und ich entschied mich, ihm zu glauben.

Naja, im Sommer war die Hochzeit auf Tobago; vierzig unserer Bekannten reisten dorthin, um mit uns zu feiern. Am Hochzeitstag erwache ich und weine. Beim Schminken weine ich immer noch ohne Unterlass und eine innere Stimme rät mir, alles abzublasen. Mindestens vier Engel sind an meiner Seite und sagen: „Cecilia, hör auf dich selbst. Es gibt einen lichtvolleren Weg. Habe den Mut, auf deine eigene Wahrheit zu hören." Habe ich das gemacht? Natürlich nicht! Ich wollte ja all meine Freunde, die so viel Geld ausgegeben hatten, um anzureisen, nicht enttäuschen.

Ich heiratete und es kam zu einem heftigen Zusammenstoß der Kulturen. Von Tag eins an war ich in seinen Augen nicht länger dieselbe Person wie vorher. Plötzlich war ich „seine Frau" und mehr wie ein Besitz. „Seine Frau" durfte sich nicht x-beliebig benehmen und „seine Frau" sollte gewisse Pflichten erfüllen, auf die ich keinerlei Lust hatte. Wir hatten einfach völlig unterschiedliche Erwartungen, worauf unsere Ehe aufbauen sollte, und landeten direkt auf einem Kollisionskurs.

Natürlich dachte ich, dass meine Erwartungen richtig und die seinen falsch waren. Genauso, wie er das Gegenteil für gegeben hielt. Beide Einstellungen waren illusorisch und hatten nichts mit der Wirklichkeit zu tun. Aber das wusste ich damals noch nicht. Wir versuchten unser Bestes, obwohl die totale Katastrophe immer näher rückte. Meine Engel zeigten mir die ganze Zeit über mögliche Lösungen, aber nachdem ich mich so schlecht fühlte, hörte ich nicht auf sie.

Es endete in einer bitteren Scheidung, während der wir nach Kräften gegeneinander agierten. Er nahm all mein Eigentum an sich, und ich war klein und ängstlich und ging einer reifen Diskussion aus dem Weg, indem ich mich versteckte und glaubte, dadurch werde alles wieder gut. Polizei und Staatsanwalt wurden eingeschaltet und alles wurde nur schlimmer. Aus meiner Sicht war ich ein Opfer, das extrem schlecht behandelt wurde, während meine Engel geduldig immer wieder betonten, dass wir niemals Opfer sind und ich einfach unendliche Möglichkeiten erschuf, um die Kraft der Vergebung auszuprobieren.

Ich erinnere mich noch, was sie damals zu mir sagten: „Cecilia, wenn du dich aus deiner Opferposition heraushebst und dir selbst und anderen vergibst, wird dein Leben in das ewige Licht gehoben." Ich glaubte natürlich nicht an meine Engel, da ihre Strategie viel zu naiv klang. Ich dachte, etwas Rache wäre eher angebracht. Da aber meine Strategie nicht wirklich funktionierte, sondern die Situation noch mehr verschlechterte, beschloss ich auszuprobieren, was meine Engel sagten. Ich hatte ohnedies nichts mehr zu verlieren

Und es funktionierte perfekt! Vergebung in Kombination mit dem Fokus auf die ewige Liebe transformierte mein Leben. Alles löste sich und ein Wunder nach dem anderen traf ein. Ich begann endlich zu verstehen, mit welch unendlicher Gabe ich geboren war und dass meine Engel tatsächlich mein Bestes wollten, genau so, wie sie es gesagt hatten.

Wenn du also in einer verfahrenen Situation steckst, dann gib die Hoffnung nicht auf. Mit Vergebung und Neuerschaffung kann alles viel besser werden. Es gibt keine einzige Situation, die hoffnungslos ist. Indem du vergibst und weitergehst, kannst du das Licht, die Liebe und das Bewusstsein in deinem Leben erhöhen.

Deine Engel wollen nichts mehr, als dir genau dabei behilflich zu sein: mehr vom Wirklichen in deinem Leben zu erschaffen.

Freiheit

Engelübungen 8   „Deine Vorstellungen über dich selbst, andere und das Leben sind das Einzige, was dich bindet. Freiheit bedeutet, das Vergangene loszulassen, zu vergeben und das Leben erneut zu erschaffen."

Vergebung ist die Einsicht, dass es nichts zu vergeben gibt.
Hier eine kurze meditative Übung, die dir helfen kann, frei von Schuld, Bitterkeit und Opfergefühlen zu werden. Auf diese Art kannst du das Leben erneut erschaffen und in die Fußspuren der Engel treten.

Entspanne dich, setz dich bequem hin und atme tief und ruhig. Stell dir vor, du nimmst das Licht deiner Seele bei jedem Einatmen auf und lässt alle Anspannungen beim Ausatmen los. Fahre fort, das Licht deiner Seele einzuatmen, bis du spürst, dass sie tief in deinem Körper präsent ist. Jedes Mal, wenn du dich mit Licht anfüllst, kann deine Seele einen größeren Platz in deinem Leben einnehmen und dir zeigen, wer du wirklich bist.

Lass den weisen, liebevollen Teil von dir, deine Seele, dich in dieser Meditation führen und dir neue Möglichkeiten zur Freiheit zeigen. Spüre, wie deine Seele in dich kommt und dich mit ihrer Liebe und ihrem Licht erfüllt. Lass die Sinne still werden und spüre die ruhevolle Präsenz deiner Seele, während du immer tiefer entspannst und dein Alltagsbewusstsein beinahe einschläft.

Spüre, wie deine Seele dich nach oben und außen hebt und du beginnst, in den Raum zu schweben. Du siehst dein Alltagsleben und dich selbst aus einer neuen Perspektive – der Perspektive deiner Seele. Deine Seele ist ein grenzenloses Wesen, weise, liebevoll und mitfühlend. Lass sie dir eine Erinnerung aus der Vergangenheit zeigen, eine Person, der du vergeben kannst, damit du freier und offener für das Leben bist. Vielleicht ist das eine Person, an die du lange nicht gedacht hast, aber mit ihr dennoch Erlebnisse hattest, die dich im Augenblick binden. Oder eine Person, die dich so sehr verletzt hat, dass du dich in negativen Energien verfangen hast. Es spielt keine Rolle, ob diese Person dir mit Absicht wehtun wollte oder nicht, da es dein Erleben ist, das dich blockiert. Indem du dieser Person vergibst, kannst du das Gewesene loslassen und frei nach deinen Wünschen zu leben. Fahre fort tief und ruhig zu atmen.

Wenn du das aus der Perspektive deiner Seele betrachtest, ist klar, dass selbst wenn diese Person dich verletzt hatte, du dich selbst doch noch mehr verletzt, indem du an deinem Ärger festhältst oder dich weiterhin als ein Opfer der Handlungen dieser Person siehst. Indem du deine alten Gefühle festhältst, erlaubst du dieser Person oder dieser Situation, dich immer und immer wieder zu verletzen.

Als Seele siehst du klar und deutlich, dass diese Person in jenem Moment tatsächlich nach bestem Wissen handelte. Wenn du vergibst, befreist du auch diese Person, sodass ihr beide frei werdet, etwas Neues zu erleben. Verzeihung macht dich frei. Spüre die grenzenlose Liebe deiner Seele in deinem Herzen und sage dieser Person:

„Ich verzeihe dir, ich lasse dich frei, ich bin bereit, mich in meinem Leben vorwärts zu bewegen. Deine Handlungen blockieren mich nicht länger – ich bin frei, mein Leben zu leben, wie ich es möchte. Ich vergebe dir und lasse dich und das, was war, in Liebe los." (Wenn du immer noch eine Beziehung mit dieser Person hast, kannst du vielleicht sagen: „Ich bin bereit, in unserer Beziehung weiterzugehen und sie sich in Liebe weiterentwickeln zu lassen.")

Zu verzeihen bedeutet, das Geschehene in Liebe loszulassen, damit ihr beide dann das Beste in euren Leben erschaffen könnt. Es spielt keine Rolle, ob diese Person jetzt Teil deines Lebens ist oder nicht. Es geht darum, Freiheit von der Vergangenheit zu erschaffen, damit ihr beide neue Möglichkeiten sehen könnt. Spüre, wie du alle Blockaden zwischen dir und dieser Person loslässt, damit alles, was zwischen euch steht, nun Licht und Liebe ist. Spüre, wie du von einem enormen Wohlbefinden erfüllt wirst, das direkt von deinem Herzen hervorströmt, sobald du losgelassen hast.

Hinter jeder einzelnen Handlung steht immer Liebe oder das Bedürfnis nach Liebe.

Nimm dir einen Tag, um hinzuspüren, dass hinter all deinem Tun Liebe oder der Bedarf an Liebe steht. Für jede ausgeführte Tat erforscht du, auf welche Art sie zeigte, dass du aus Liebe oder dem Bedürfnis nach Liebe gehandelt hast. Während dieses Tages bemerkst du ebenso, dass auch andere auf die gleiche Weise funktionieren.

Ich gebe mein Bestes, und das habe ich schon immer getan.

In dieser meditativen Übung stellst du dir vor, dass du ein mitfühlender Engel bist, der allen Menschen entsprechend ihren Bedürfnissen mit Liebe und Respekt begegnet. Lies diese Meditation langsam, während du dir ruhige Musik anhörst. Oder du nimmst sie auf und hörst sie dir in einem meditativen Bewusstseinszustand an.

Stelle dir vor, dass du ein weiteres Mal das Licht deiner Seele einatmest und dass deine Seele dich mit ihrer Gegenwart erfüllt. Spüre die Liebe, die aus deinem Herzen hervorzuquellen scheint, sobald deine Seele anwesend ist. Lass sich dein Alltagsbewusstsein an die Grenze zum Einschlafen bewegen, sodass deine Seele ohne die Störung von Gedanken oder Gefühlen zu dir sprechen kann. Lass die Liebe und das Bewusstsein deiner Seele deine Sinne erfüllen. Deine Seele ist all deiner Erlebnisse in deinem Leben gewahr. Sie kennt jeden Gedanken und jedes Gefühl, das du erfahren hast, und ist sich all deiner Handlungen bewusst. Sie liebt dich grenzenlos und ewiglich.

Deine Seele verdammt nie eine deiner Handlungen, da sie genauso wie Gott Liebe ist. Egal, was du machst, wird dich deine Seele immer lieben, da sie weiß, dass sie dir für nichts zu vergeben braucht. Was du auch gemacht hast, so hast du in dieser Situation immer nach bestem Wissen und Glauben gehandelt. Wie seltsam oder schlecht du dich auch benommen hast, war es zu dem Zeitpunkt das Beste, was du leisten konntest. Lass deine Seele dich jetzt auf eine Reise mitnehmen. Spüre, wie du nach außen und nach oben angehoben wirst und hinaus in den Raum, in die höheren Dimensionen der Wirklichkeit von Licht und Liebe schwebst. In das Seelenreich, wo alles perfekt ist. Deine Seele hat dich hierhergebracht, um dir eine Situation aus deiner Vergangenheit zu zeigen, in der du etwas getan hast, was immer noch deine Erfahrung in ähnlichen Situationen beeinflusst. Wenn du dir diesen Gedanken oder diese Handlung verzeihen kannst, wirst du dich freier und besser fühlen und dich für neue und bessere Möglichkeiten öffnen.

Entspanne dich also noch tiefer, während deine Seele dich ein spezielles Erlebnis erinnern lässt. Selbst wenn es auf den ersten Blick unwesentlich erscheint, so hat es dich doch auf wichtige Weise beeinflusst. So sehr, dass es auf deine Entscheidungen im Leben wirkt und dich in begrenzten Erfahrungen gefangen hält. Sieh dich in dieser Situation, die dir deine Seele zeigt. Vielleicht warst du ein kleines Kind oder es hat sich später im Leben zugetragen. Eine Situation, in der du dein Bestes getan und dennoch andere verletzt hast, oder du vielleicht sehr deutlich zu hören bekommen hast, dass dies dein Fehler war.

Sieh zu, als ob sich dies vor dir abspielen würde, während du die grenzenlose Liebe deiner Seele dir gegenüber fühlst. Deine Seele vermittelte dir die gleiche Liebe auch schon damals, obwohl du sie nicht bemerkt hast, da du dich für deinen Fehler geschämt hast. Da die Liebe deiner Seele ewig ist, kann sie dich immer noch in dieser vergangenen Situation erreichen. Erlaube das und entscheide dich, damit aufzuhören, dass diese Situation deine Entschlüsse im Leben weiter beeinflusst.

Verstehe, dass du nach bestem Wissen gehandelt hast. Gib dich selbst frei, sodass du ein Leben erfüllt von Selbstwertgefühl und Lebensfreude wählen kannst. Ein Leben, in dem du dich liebst, wie du bist. Stell dir vor, dass du zu dir selber sagst: „Ich verzeihe mir, was ich getan habe; ich sehe jetzt, dass ich nach bestem Wissen gehandelt habe. Ich weiß jetzt, dass meine Seele mich unabhängig von meinen Taten grenzenlos liebt. Ich liebe und wertschätze mich selbst so, wie ich bin.

Indem du deine Energien von Schuld befreist, öffnest du dich sowohl für mehr Liebe als auch mehr Akzeptanz deiner selbst und anderer. Wenn du dich selbst akzeptierst, machst du es anderen leichter, dich zu akzeptieren. Spüre, wie sich deine Energien öffnen, wenn du dir selbst verzeihst. Die Situation ist jetzt unwichtig, sie bindet dich nicht länger, da du frei bist. Frei, um neue und positive Erlebnisse in deinem Leben zu haben."

Indem ich mir selbst verzeihe, befreie ich mich von allen Schuldgefühlen.
Wenn du oft Schuldgefühle hast und das bedrückende Gefühl, nicht gut genug zu sein, wiederhole die erste Meditation am Anfang der Engelübungen 8, während du dich darauf ausrichtest, Schuldgefühle loszulassen. Konzentriere dich dann darauf, wie du dein Leben von heute an leben kannst. Gibt es aufmunternde Dinge, die du hören solltest, dann stellst du dir eine Liste eigener Affirmationen zusammen, die du oft wiederholst.

Ich markiere deutlich Grenzen und weise eine schlechte Behandlung von anderen zurück. Danach verzeihe ich ihnen und lasse die Person und die Situation los.
Es heißt, dass wir der Umgebung beibringen, wie man uns zu behandeln hat. Wenn es öfters passiert, dass Leute dich schlecht behandeln oder herabsetzen, kann es sein, dass du deutlichere Grenzen setzen solltest. Es ist wichtig, zu zeigen, wo deine Grenzen liegen, und du dir verbittest, dass sie überschritten werden.

Solltest du ein paar Grenzen klarer abstecken? Welche wären das? Wie kannst du sie den betroffenen Personen auf liebevolle und deutliche Weise vermitteln, die euch beide respektiert?

Wenn du damit fertig bist, entscheidest du dich für einen Plan, wann und auf welche Weise du den betroffenen Personen diese Grenzen aufzeigst. Nimm auch gleichzeitig die Gelegenheit wahr, ihnen alles Vergangene zu vergeben, damit ihr frei seid und neue Muster in euren Begegnungen findet.

Im Licht des Mitgefühls wandelt sich alles zu Liebe

In dieser meditativen Übung stellst du dir vor, dass du ein mitfühlender Engel bist und allen mit Respekt und Liebe begegnest, entsprechend ihren Bedürfnissen. Lies diese Übung langsam, während du dir ruhige Musik anhörst, und entspanne dich. Oder nimm sie auf und höre sie die dann an.

Beginne, indem du tief und leicht atmest und dir vorstellst, dass jeder Atemzug von Licht erfüllt ist. Spüre, wie du ruhig und harmonisch wirst. Stell dir vor, dass dein Leben einen Zweck hat: Licht und Kraft an dich selbst und andere auszustrahlen. Dein geistiges Licht ist hier im Leben von Bedeutung.

Stell dir vor, es wäre der Zweck deines Lebens, mehr Engelpräsenz auf die Erde und für die Menschen zu vermitteln. Es spielt keine Rolle, ob du das tatsächlich glaubst oder nicht. Untersuche einfach einmal, wie dein Leben würde, wenn du mehr Engelpräsenz an die Menschheit vermittelst. Vielleicht bist du hierhergekommen, um einen neuen Weg und neue Möglichkeiten aufzuzeigen, welche die Menschheit vereinen und Gegensätze überbrücken, um nach spiritueller Entwicklung und Gemeinschaft zu streben?

Es gibt auf der Erde so viele Menschen, die der liebevollen Unterstützung der Engel bedürfen, die deiner Unterstützung bedürfen. Engel sind Spezialisten des Mitgefühls und der Barmherzigkeit. Sie lieben es, andere in deren Entwicklung zu unterstützen. Sie möchten, dass die ganze Menschheit in ihre Kraft kommt und ihr Potenzial entwickelt. Wenn du ein barmherziger und mitfühlender Engel wärest, was würdest du für die Welt und die Menschheit tun?

Es ist an der Zeit, dass du beginnst, dein Engelselbst zu entwickeln und deine grenzenlosen Möglichkeiten zu erwecken. Du kannst der Welt so viel geben. Du kannst die Welt, in der wir leben, durch das Licht und die Liebe, die du ausstrahlst, verändern. Spüre, wie deine Engel noch mehr Energie auf dich richten, um mehr von deiner Kraft und deinen grenzenlosen Möglichkeiten für ein Leben voller Licht und Liebe zu erwecken. Nimm das Licht deiner Engel entgegen und beginne, zu erwachen und deine spirituelle Kraft zu verstehen. Ein Licht, das Erinnerungen erwecken wird daran, wer du wirklich bist und warum du zur Erde gekommen bist. Du wirst dich schrittweise erinnern, wie du leben kannst, um ein besseres Leben und eine harmonischere Welt zu erschaffen, erfüllt von Mitgefühl.

9. REICHTUM UND SCHÖPFERKRAFT

„Dein Leben ist eine unerschöpfliche Quelle an Reichtum. Denk an all die Dinge, die du bereits jetzt hast: Leben, Liebe, Freude, Wissen, Erlebnisse, Lust, Nähe, Weisheit, Beziehungen, Spiritualität. Wenn du in der Lage warst, all dies zu erschaffen, denkst du nicht, dass du auch alles Materielle erschaffen kannst, das du möglicherweise brauchen wirst?"

Hast du daran gedacht, dass du einfach alles erschaffen kannst, was du im Leben haben möchtest, während dir deine Engel gerne dabei behilflich sind? Es gibt eine ewige und unerschöpfliche Energiequelle, an die du dich anschließen kannst, um all das zu dir zu ziehen, das du dir wünscht. Wirklich alle können sich an die ewige Quelle anschließen. Da wir auf einem Planeten des freien Willens leben, können wir uns von dort holen, was wir möchten. Aus der Perspektive der Engel betrachtet, hat Reichtum nichts mit Gier zu tun, sondern handelt davon, dass du in deiner Kraft bist und eine natürliche Fähigkeit hast, das zu erschaffen, was du möchtest. Wenn mehr und mehr Menschen in ihre Kraft treten und ihre Schöpferfähigkeit erhöhen, können wir gemeinsam eine harmonische Welt des Einsseins erschaffen, in welcher es ausreichend für alle gibt. Daher inspirieren dich deine Engel dazu, deine Schöpferkraft zu erhöhen.

> **Mein Leben ist reich und erfüllt.**

Deine Seele ist genauso an Reichtum interessiert, da sie möchte, dass du in diesem Leben dein höchstes Potenzial verwirklichst.

Um dies zu erreichen, musst du in deiner Kraft sein. Deine Seele zweifelt weder sich selbst noch andere an, noch hat sie irgendwelche Ängste. Deine Seele richtet sich nur auf die Erfüllung durch Liebe und Licht aus und liebt es, Göttlichkeit zu erforschen wie Liebe, Fluss, Fülle, Einheit und grenzenlose Möglichkeiten. Nur deine Persönlichkeit, der unbeständige Teil von dir hier auf der Erde, kann Zweifel, Ängste oder niedrigen Selbstwert erfahren. Da deine Persönlichkeit ein zeitlich begrenzter und programmierbarer Teil von dir ist, kannst du leicht Dinge verändern, die dir nicht mehr entsprechen. Deine Seele und deine Engel möchten deine Persönlichkeit gerne mit unendlichem Potenzial und unendlichen Möglichkeiten programmieren, um Fülle, Liebe, Licht, Einssein, Reichtum, Schönheit und Gesundheit zu erleben.

Überleg mal: Gibt es so etwas wie arme Engel? Glaubst du, dass sie in ihrem Himmel sitzen und sich darüber beklagen, dass es nicht genug für sie gibt? Meinst du, dass sie unter sich diskutieren, dass alles hoffnungslos ungerecht sei? Ich kann dir versprechen, dass sie das nicht machen. Sie kennen eine unendliche Energiequelle, durch die sie mit Leichtigkeit alles erschaffen, was sie sich wünschen. Und da sie wissen, dass sie wirklich alles haben können, was sie möchten, haben sie auch kein Bedürfnis, mehr als nötig zu erschaffen. Reichtum ist aus der Sichtweise der Engel nichts anderes, als sich an der Fülle und den reichen Gaben des Lebens zu erfreuen. Viele Menschen auf dem spirituellen Weg sind der Meinung, dass Reichtum etwas Hässliches sei. Glaubst du aber wirklich, dass Engel einander übervorteilen oder gierig Liebe auf einem Haufen nur für sich ansammeln? Das machen sie nicht, da sie in und für die Einheit leben. Sie sind großzügig und erschaffen für sich selbst und andere Gutes. Manche Menschen sind der Ansicht, dass es nur alle „gut haben dürfen", die es auch verdienen. Bei Geld oder materiellen Dingen gibt es aber keinerlei solche Regeln. Engel sitzen nicht zu Rate, um darüber zu urteilen, ob du einen gewissen Lohn verdienst oder nicht.

Sie schauen sich nicht alle Gesuche durch, um dann zu sagen, dass Christa das eine und Lars nur das andere bekommt. Es gibt keinen Engel, der Gaben an die vergeben würde, die es „verdient" hätten. Daran haben sie kein Interesse. Sie sehen, welche Energie du aussendest und dann schicken sie dir mehr von der gleichen Energie zurück. Sie funktionieren wie ein Spiegel mit vielen Facetten, der nicht nur deine Energie reflektiert, sondern dir auch mehr davon zurückschickt.

Wenn du glaubst, dass du es nicht verdienst, es im Leben besser zu haben, hat das mit deinen eigenen Programmen zu tun. Während deines Heranwachsens wurdest du mit Ängsten, Zweifeln und begrenzten Ideen über deine Möglichkeiten programmiert. Deine Persönlichkeit ist ein begrenzter Teil von dir, der deine volle Kraft nicht begreift und sie daher auch nicht ausdrückt. Deshalb ist es wichtig, dass du dich in die Engelreiche erhebst und ihnen erlaubst, ihre Weisheit, ihre Kraft und ihr Licht mit dir zu teilen.

Sie wollen dich für ein Leben grenzenloser Möglichkeiten öffnen, für ein Leben voller Gaben, für ein Leben, in dem du der Welt mehr Licht und Liebe hinzufügst. Ein Leben, in welchem du eine bessere Welt erschaffst und andere dazu inspirierst, ihre Kraft zu finden – eben ein reiches Leben.

Indem du das Leben aus der Perspektive der Engel betrachtest, befreist du dich von Begrenzungen und löst alte Gedanken und Vorstellungen in dir auf, die besagen, dass du nicht bekommen kannst, was du gerne möchtest. Du löst Ängste auf, Reichtum zu erschaffen.

Alle Veränderungen beginnen in deinem Inneren, wo du deine begrenzten Programme zu grenzenlosen Möglichkeiten umwandeln kannst. Dadurch kann sich dein äußeres Leben verändern. Deine Engel sind dir gerne dabei behilflich, deine Ängste mit Licht und Liebe umzuprogrammieren. Vielleicht glaubst du, wenn du Reichtum und Wohlstand in deinem Leben erschaffst, dass dies nichts mit dem Rest der Welt zu tun hat. Im Gegenteil: Wenn du dies auf eine Art tust, die wir hier besprechen, dann bringst du mehr Licht in die Welt und neue Möglichkeiten für die ganze Menschheit.

Sicher hat deine Persönlichkeit einen Haufen Gedanken darüber, was du im Leben erschaffen möchtest und was Reichtum und Überfluss sind. Vielleicht glaubt sie, dass Reichtum einfach ein Lottogewinn von drei Millionen Euro ist. Es kann passieren, dass deine Seele ganz andere Ideen hat, was für dich im Augenblick am besten wäre. Sie sieht nämlich genau, was du tun solltest, um dein

Leben auf beste Weise funktionieren zu lassen. Ein Leben voller liebevoller Beziehungen, ein Leben, in welchem du das tust, was du liebst und in jedem Augenblick das hast, was du benötigst. Also ein höchst angenehmes und inspirierendes Leben voller Erfolg und Wohlstand. Daher ist es gut, deine Seele zu fragen, was du als Nächstes in Richtung Reichtum erschaffen kannst. Wenn du erschaffst, was in Harmonie mit deinem Lebensplan ist, funktioniert es am einfachsten, eine lichtere Welt zu erschaffen. Alle Gedanken und Ideen über die Dinge, die du erschaffen möchtest, müssen mit Energie angefüllt werden, um ausreichend stark und wirklich zu werden. So, als ob du sie mit Nahrung versehen würdest, damit sie sich entwickeln und wachsen. Licht und Energie sind für deine Gedanken Nahrung und sie sind nötig, um sie in deinem Leben zu manifestieren.

Aus der Sicht der Engel ist es deutlich, dass es eine ewige und unerschöpfliche Energiequelle im Universum gibt, an die sich jeder anschließen kann, um das mit Leichtigkeit zu erschaffen, was man sich wünscht. Wir leben ja alle auf einem Planeten des freien Willens. Aus dieser Perspektive hat Reichtum nichts mit Gierigkeit zu tun, sondern handelt davon, dass du in deine Kraft kommst und deine Fähigkeit erhöhst, das zu erschaffen, was du willst. Es ist wichtig, dass mehr und mehr Menschen lernen, in ihre eigene Kraft zu kommen und ihre Schöpferfähigkeit erhöhen, damit wir gemeinsam eine harmonische Welt im Einssein erschaffen, in welcher es genug für alle gibt.

Du kannst alle Lebensziele deiner Seele mit Leichtigkeit erreichen. Es gibt nichts, das besagen würde, dass dies schwer sei oder dass du dafür kämpfen müsstest. Es gibt auch keinen Grund dafür, gegen das Leben anzukämpfen. Wenn deine Seele etwas erreichen möchte, platziert sie sich einfach in den Fluss der Energien und erlaubt allen nötigen Veränderungen, dann auch stattzufinden. Sie kämpft nie gegen etwas an, sondern lässt sich durch die Kraft des Lebens führen, wohin es auch gehen mag.

Das Leben selbst ist ein natürlicher Fluss von Energiewellen, die sich in und aus deinem Leben hinausbewegen. Wenn du auf den Energiewellen des Lebens treibst, wird das Leben einfach und leicht. Die Dinge können zu dir kommen, wenn du sie brauchst, und sie können verschwinden, wenn du sie nicht länger brauchst. Es gibt keinen Grund, am Alten festzuhalten, wenn es dabei ist, zu verschwinden. Du kannst Veränderung zulassen und etwas Neues und Besseres an seine Stelle kommen lassen. Du erhältst Kontrolle über das Leben, wenn du Kontrolle gehen lässt; wenn du nicht gegen etwas ankämpfst, sondern einfach mitfließt. Dein Leben wird immer mit dem Energiefluss der äußeren Welt zu tun haben. Mit Einflüssen wie politischen Veränderungen, Energieflüssen in der Natur und Einflüssen aus dem Kosmos. Indem du im Fluss bist, steigt deine Fähigkeit, zur rechten Zeit am rechten Ort zu sein, sodass du ungeachtet der äußeren Energieflüsse Reichtum, Freude und Harmonie erschaffen kannst, indem du grenzenlose Möglichkeiten anziehst. Ungeachtet der äußeren Umstände, kannst du immer in deiner Kraft sein.

Ein häufiger Grund dafür, dass du deine Ziele nicht erreichst, ist, dass du nicht an die Möglichkeit glaubst, sie zu erreichen. Daher ist es wichtig, dich selbst herauszufordern, an alles zu denken, was möglich ist. Es ist eine Prinzip der Seele, dass du alles erschaffen kannst, was du dir vorstellen kannst. Erweitere also dein Bewusstsein darüber, was alles in deinem Leben möglich ist. Reichtum, Erfolg, Wohlstand und Fülle sind nur ein kleiner Teil von all dem, was du erreichen kannst, wenn du dich im Fluss befindest.

Es ist sehr leicht. Du entscheidest, was du haben möchtest, und siehst, wie du es erreichst. Stell dir dann etwas noch Besseres vor und sieh, wie du auch dies erreichst. Dann stellst du dir etwas noch Besseres vor und mach so weiter. Die Herausforderung liegt darin, wirklich zu spüren, dass es möglich ist. Um das zu erschaffen, was du möchtest, müssen deine Energien auf dem gleichen Niveau liegen wie das, was du erschaffen möchtest. Im Augenblick hast du all die Dinge in deinem Leben, die deiner jetzigen Energie entsprechen. Möchtest du mehr haben, so kannst du deine Energien auf eine neue Ebene einstellen, indem du dir vorstellst, dass du hast, was du möchtest, und wirklich spürst, dass es möglich ist.

Das klingt nicht nur leicht, sondern funktioniert auch.

Es gibt nur ein paar kleine „Aber" dabei. Du kannst etwa eine bessere Beziehung anziehen, aber nicht kontrollieren, mit wem du sie hast. Manipulation anderer ist nichts, womit sich Engel beschäftigen. Du kannst so viel Geld anziehen, wie du nur willst, was allerdings erfordert, dass du mit deiner Seele zusammenarbeitest und der Inspiration folgst, welche dir deine Seele und deine Engel schicken. Eine Voraussetzung ist natürlich, dass du selbst glaubst, dass du es erhalten kannst. Zweifel und Ängste stoßen ab, was du möchtest und sind oft die Gründe, warum Leute damit keinen Erfolg haben. Dann kannst du die Form dessen, was zu dir kommt, nicht kontrollieren. Die Engel schicken dir das, was du erbeten hast oder etwas noch Besseres. „Noch besser" ist laut der Definition der Engel etwas, das dir dabei hilft, deine Engeleigenschaften zu entwickeln, und ist nicht notwendigerweise ein dickes Bankkonto. Eine weitere wichtige Sache bei der Erschaffung von neuen Dingen in deinem Leben ist, dass du dich klar ausdrückst, was du denn haben möchtest.

> **Ich setze klare und deutliche Ziele.**

Wenn du voller Selbstzweifel bist, dann bist du sicher auch undeutlich in deinen Wünschen und drückst vielleicht aus, dass du jeden Monat mehr Geld haben möchtest. Und dann hoffst du, dass die Engel deinen Wert sehen und dir einen Haufen Geld schicken. So funktioniert es nicht. Sie sind nämlich daran interessiert, dass du deinen Wert selbst erkennst, da sie dein Bestes wollen. Sie möchten also, dass du dich spezifisch ausdrückst. Mehr Geld kann ja alles zwischen 50 Cent und mehreren Millionen sein.

Lass mich dir ein paar Beispiele aus meinem eigenen Leben geben. Du erinnerst dich vielleicht, dass ich einmal Millionenschulden hatte. Ich bekam einen Haufen Briefe vom Gerichtsvollzieher, was mich sehr depressiv stimmte, da ich keine Ahnung hatte, wie ich mich aus all dem herausbewegen sollte. Dann hatte ich eine Idee. Ich legte meine Hand auf die Eingangstür, begab mich in einen tranceähnlichen Zustand, und sagte laut und deutlich: „Nur gute Nachrichten kommen durch diese Tür herein." Natürlich hörten meine Engel gut zu und schritten sogleich zur

Tat. Dies hatte zur Folge, dass die Briefe des Gerichtsvollziehers nicht mehr durch den Briefschlitz gelangten – man bekommt ja, was man erbittet. Was ich allerdings nicht bedacht hatte, war, dass sie deswegen nicht aufhören würden zu kommen. Nein, der Gerichtsvollzieher sandte unvermindert viele Briefe an mich. Das Einzige, was sich verändert hatte, war, dass der Briefträger mich nicht mehr finden konnte und daher begann, die Briefe draußen im Treppenhaus zu deponieren. Sodass sie für alle Nachbarn sichtbar waren! Manchmal landeten die Briefe sogar im Briefkasten der Nachbarn, die dann an meine Tür klopften und mir etwas geniert die Briefe überreichten. Durch meine Tür kamen sie allerdings nur, wenn ich sie selbst mitnahm. Ich dachte, dass dies nicht so lustig sei, und fokussierte mich stattdessen darauf, schuldenfrei zu werden. Das funktionierte besser und es gelang mir auch schließlich. Die Folgerung daraus ist, exakt um das zu bitten, was du haben möchtest, und nicht das zu erbitten, was du nicht haben möchtest. Wenn du nicht bekommst, was du erbeten hast, ist es meistens so, dass du es tatsächlich nicht erbeten hast. Du glaubst nur, dass du das getan hast. In Wirklichkeit warst du undeutlich, hast gezweifelt und hast vermutlich exakt das bekommen, was du erbeten hast.

> Das Universum gibt mir alles, was ich
> erbitte, oder etwas noch Besseres.

Ich habe viele solcher Beispiele auf Lager, wo ich genau das erhielt, was ich erbeten hatte, um dann herauszufinden, dass ich um das Falsche gebeten hatte. Nimm dieses Beispiel hier: Während einer Zeit nach meiner Scheidung fühlte ich mich einsam, wollte allerdings keine neue Beziehung. Also dachte ich mir, dass ein Liebhaber wohl perfekt sein müsste. Dann fokussierte ich mich darauf – dachte ich. Zu der Zeit dachte ich sehr viel in englischer Sprache und ich dachte: „ Ich möchte einen hübschen, jungen Mann haben, der mein Bett wärmt." Du weißt wahrscheinlich jetzt schon, dass das genau das war, was ich bekam. Eine Woche später kam ein Paar zu mir, das dann eine Zeit lang bei mir wohnte. Jeden Abend, während ich meine Kinder zu Bett brachte, begab sich der hübsche Mann in mein Schlafzimmer, um dort zu meditieren, da es der einzige etwas abgeschiedene Raum war. Als ich dann selbst ins Bett ging, war es von einem jungen, hübschen Mann aufgewärmt – genauso, wie ich es erbeten hatte. Obwohl dies ja nicht das war, was ich mir vorgestellt hatte. Es geht also einfach darum, sich deutlich auszudrücken und exakt das zu wünschen, was man haben möchte. Ansonsten bekommst du, was du dir gewünscht hast, obwohl es nicht das ist, was du haben möchtest. Wir erschaffen, worauf wir uns ausrichten. Das gilt für jede Einzelperson und auch für das menschliche Kollektiv. Fang also nicht damit an, die Schuld für all das Elend auf der Erde auf Gott oder die Engel zu schieben. Das ist unsere eigene, kollektive Schöpfung. Gott und die Engel senden fortlaufend das Bild eines Planeten an uns, der sich in Harmonie, Liebe und Freude befindet. Du fragst dich vielleicht, warum das Bild Gottes und der Engel nicht stärker als unseres ist? Das ist es zwar, allerdings braucht man für jeden Sender auch einen Empfänger. Genau so ist das. Wir müssen das Bild empfangen und daran glauben, um es wirklich werden zu lassen. Leider glaubt die Mehrheit der Menschheit an andere Bilder. Du weißt schon, die Bilder, die von einem viereckigen Apparat empfangen werden. Es ist also nicht verwunderlich, dass die Welt so aussieht, wie sie es im Augenblick tut. Das kann man leicht ändern, indem man alternative Bilder erschafft und sie dann sowohl sendet als auch empfängt.

Nicht ein einziger Engel ist daran interessiert, unser Leben zu steuern. Sie wollen uns genauso frei sehen, wie sie selber sind. Also machen sie damit weiter, uns ihre Bilder zu senden, wie das Leben auf der Erde aussehen kann, und sie bieten uns allen dann diese Möglichkeit an. Je mehr von uns sie annehmen, desto schneller kann das verwirklicht werden.

Vielleicht denkst du: „Nein, ich habe wirklich nicht um all die Probleme gebeten, die ich erfahren habe, das ist ja empörend. Ich, der ich ein so guter Mensch bin, warum muss mir das alles widerfahren." Nein, das hast du wohl nicht erbeten, auf alle Fälle nicht bewusst. Wir erschaffen allerdings auch mit unserem Unterbewusstsein. Ich möchte sagen, dass deine Engel aber nicht möchten, dass du dich in Bezug auf Entscheidungen schlecht fühlst, die

du früher getroffen hast und die vielleicht nicht sehr klug waren
und sogar dazu geführt haben, mehr Elend zu erschaffen, als du
brauchen konntest. Ich weiß das, ich habe ja selbst so viel Elend
erschaffen. Geschehenes ist geschehen, und das kann man jetzt
nicht mehr ändern. Man kann aber sehr viel aus diesen Erfahrungen machen. Du kannst dich entscheiden, wie dein Leben jetzt
und in der Zukunft sein soll. Je mehr du aussendest und dich
darauf fokussierst, was du im Leben haben möchtest, desto besser
wird es für dich und andere. Probier es aus und du wirst sehen.

> **Ich fokussiere mich auf das, wovon
> ich mehr haben möchte.**

Ich verstehe gut, dass man sich als ein Opfer der Umstände fühlen kann und dass einem Sachen zugestoßen sind, die man nicht
in seinem Leben haben wollte. Wenn man sich als Opfer fühlt,
dann konzentriert man sich häufig nur noch darauf und zieht wie
ein Schwamm immer mehr Elend an, während es schlimmer und
schlimmer wird. Wenn du stattdessen sagst: „Hoppla, da hab ich
mir ja schönen Mist in meinem Leben erschaffen. Zeit, das zu ändern!", dann drückst du dir selbst gegenüber aus, dass du Schöpfer
und nicht Opfer bist. Du bewegst dich unmittelbar aus der Opferrolle heraus in die Schöpferrolle hinein.

> **Ich habe die Kraft, zu
> erschaffen, was ich will.**

Deinen Einfluss auf dein eigenes Leben zu leugnen, verlängert nur
dein Leiden. Du nimmst dir selbst die Kraft, das zu verändern,
was du willst. Sobald du aber ausdrückst, dass du eine Situation
erschaffen hast, öffnest du deine Kraft und kannst etwas Neues und Besseres erschaffen. Wenn du die Kraft besitzt, Elend zu
erschaffen, hast du offensichtlich auch die Kraft, zu erschaffen.
Dann gilt es nur noch, deine Kraft dem zuzuwenden, was du
willst.

> Alles was ich aussende, kommt
> zu mir zurück; ich lebe in meiner
> eigenen Schöpfung.

Indem du mit Engeln zusammenarbeitest, die auf Reichtum und Fülle spezialisiert sind, vermehrst du deine Schöpferkraft. Sie schließen dich an die ewige Energiequelle an, sodass du mehr Energie erhälst, um zu erschaffen, was du möchtest. Geld ist auch nur Energie, eine neutrale Energie, mit der wir den Wert von Dingen und Diensten bemessen. Davon kannst du so viel oder so wenig haben, wie du Lust hast. Deine Dienste haben einen entsprechenden Geldwert, den du selbst bestimmst. Leider bemessen viele ihren eigenen Wert nur an Geld. Das ist nicht so klug, nachdem sich in diesem Fall dein Wert verändert, falls du Geld verlieren solltest. Wenn du dir dies wie ein Engel betrachtest, weißt du, dass du wertvoll bist, weil du göttlich bist, und Göttlichkeit kann nie verloren gehen, da sie ja bist. Es ist also um einiges sicherer, wie ein Engel zu leben.

> Ich bin an die unendliche Energiequelle
> des Universums angeschlossen.

Viele, die Geldprobleme haben, mögen Geld nicht. Sie sehen nicht, dass es sich um eine völlig neutrale Energie handelt, die wir in großen oder kleinen Mengen zu uns ziehen können. Stattdessen empfinden sie Geld als hässlich und meinen, dass jemand, der sich als spiritueller Ratgeber betätigt, nicht bezahlt werden bzw. kein Geld nehmen sollte. Liebe ist die schöpferischste Kraft. Wenn du Geld liebst, kannst du leichter mehr davon zu dir ziehen.

Es ist immer leichter, Dinge an sich zu ziehen, die man mag. Wenn du also mehr Geld haben möchtest, solltest du Geld und alles was mit Geld zu tun hat, lieben – zum Beispiel Rechnungen. Wenn du eine Rechnung in der Hand hältst, dann bedeutet das, dass dir jemand einen Dienst erwiesen hat und ihr übereingekommen seid, dass dieser Dienst einen gewissen Wert ausmacht. Spüre also, wie herrlich es ist, andere für ihre Dienste für dich zu bezahlen.

Wenn du wenig Geld hast, fokussiere dich nicht darauf, denn das
hindert das Geld nur daran, zu dir zu kommen. Fokussiere dich
eher darauf, was du hast und sieh dies als ein Magnet an, der noch
mehr Geld zu sich zieht. Wenn du einen Kredit aufgenommen hast
und du dich durch Schulden belastet fühlst, kannst du dich damit trösten, dass ein Kredit eigentlich bedeutet, dass jemand an
dich und deine Fähigkeit glaubt, in der Zukunft mehr Geld zu erschaffen. Ansonsten hätten sie dir nie etwas geliehen, oder? Wenn
andere an dich glauben, kannst du selbst doch auch ein wenig an
dich glauben, oder nicht? Erzähle anderen nicht, was du haben
möchtest. Nicht, dass es so bedeutsam wäre. Falls es jedoch Leute
gibt, die an deinen Fähigkeiten zweifeln, ist es ziemlich unnötig,
auch deren Zweifel mit hereinzunehmen.

Mein Leben in Fülle

Engelübungen 9   „Wir schicken dir alles, was du dir
                            wünscht ... nimmst du es an?"

Mein Leben ist reich.

Bereits jetzt ist dein Leben in vieler Hinsicht reich. Schreibe eine
Liste auf mit all den Reichtümern, die du in deinem Leben besitzt. Hänge diese Liste an einem gut sichtbaren Ort auf, wo du
sie mehrmals am Tag lesen kannst. Den Reichtum, den du bereits
hast, zu sehen und zu schätzen, lädt deine Energie mit „Reich-
tumsbewusstsein" auf, um dann noch mehr davon anziehen zu
können.

Zum Beispiel: Mein Leben ist reich an Erfahrung, Erlebnis-
sen, Fähigkeiten, Beziehungen, Möglichkeiten, Freude, Gefühlen,
Eindrücken, Lust, Lebensfreude, Weisheit, Wissen, Ausbildung,
Liebe, Ideen, Kreativität, Spiritualität, Schöpferkraft ...

Ich setzte klare und deutliche Ziele.

Durchdenke deine Ziele. Was willst du wirklich und wie kannst
du dies auf klare und deutliche Weise ausdrücken? Je deutlicher
deine Ziele sind, desto einfacher sind sie zu verwirklichen. Schreibe mindestens zehn Ziele auf, die du verwirklicht sehen möchtest.

Das Universum gibt mir alles,
worum ich bitte oder etwas noch Besseres.

Überlege, ob du ein paar Beispiele in deinem Leben finden kannst, wo du bekommen hast, worum du gebeten hast oder etwas noch Besseres. Schreibe ein paar Beispiele der Dinge oder Erfahrungen auf, die du bekommen hast und auf welche Weise sie noch besser waren, als die, welche du erbeten hattest.

Ich fokussiere mich auf das, wovon ich mehr haben möchte.

Dies ist eine leichte Übung, welche dir hilft, konkrete Ziele zu erschaffen.

1. Beginne damit, dich darauf zu fokussieren, was du bereits jetzt hast und wovon du mehr haben möchtest. Zum Beispiel deine klaren Ziele.
2. Entspanne dich dann auf eine Art, die dir zusagt.
3. Bitte einen Engel, der auf Reichtum spezialisiert ist, zu dir zu kommen und deine Energien zu erleuchten.
4. Lass dir vom gleichen Engel dabei helfen, alle blockierenden Gedanken und Gefühle, die du zu diesem Thema haben magst, loszulassen. Du musst nicht wissen, wie sie aussehen, lass einfach los!
5. Fokussiere dich dann auf das, was du haben möchtest. Erinnere dich, dass du dich deutlich ausdrückst. Mach dir ein klares Bild davon, was du haben möchtest.
6. Lass diesen Engel dich zur unendlichen Energiequelle mitnehmen und lade dein Bild mit dieser Energie auf
7. Lass dann das Bild los, damit es manifestiert werden kann.
8. Sieh dich selbst, wie du das hast, was du dir wünschst.
9. Schreib dir detailliert auf, warum du bekommen wirst, was du haben willst.
10. Wiederhole diese Argumente für dich selbst jeden Tag, bis du bekommen hast, was du dir gewünscht hast. Wenn du manchmal daran zu zweifeln beginnst, ob du es bekommen wirst, wiederholst du deine Argumente, warum du es bekommen wirst – bist du es bekommst.
11. Sei Ideen und Inspirationen gegenüber aufmerksam, die zu dir kommen. Wahrscheinlich wirst du Ideen bekommen, was du machen kannst, um die Dinge in dein Leben zu ziehen.

Natürlich kann es passieren, dass gewisse Dinge einfach vor
deiner Haustür landen. Oft ist es nötig, etwas mehr zu tun.
Deine Inspiration wird dich immer zu den geeigneten Maß-
nahmen leiten.

Ich habe die Kraft, zu erschaffen, was ich möchte.
In dieser Meditation lässt du dich von deinen Engeln mit Schöpferkraft erfüllen. Lass sie als eine kraftvolle Energie durch dich
strömen. Lies dies Meditation langsam oder nimm sie auf, um sie
später anzuhören.

Entspanne dich, während du tief und ruhig atmest und deine Engel sich um dich
versammeln, um dich ein weiteres Mal in ihr Reich mitzunehmen. Dieses Mal bist du
eingeladen, da sie dir Geschenke geben möchten, die dir in deinem Leben von Nutzen sind. Dies tun sie, indem sie dich mit Schöpferkraft erfüllen und deine Gedanken
und Gefühle mit kreativem Licht anfüllen, das in deinem Leben Veränderung bewir-
ken kann. Entspanne dich einfach, während die Engel, die auf Fülle und Energiefluss
spezialisiert sind, zu dir kommen, um mehr Fluss in deinem Leben zu erschaffen. Lass
sie dich mit ihrem fließenden Licht erfüllen, sodass dein Leben in einen Energiefluss
kommt, in welchem alles leicht und einfach zu dir gelangt.

Engel arbeiten, indem sie ihr spezielles Licht an dich vermitteln, um dich so auf neue
Möglichkeiten vorzubereiten. Sie helfen dir, indem sie dich mit ihrer Kraft erfüllen.
Sie lösen für dich keine Situationen, sondern erfüllen dich mit der Energie, die du
brauchst, um es selbst tun zu können. Engel streben danach, dass du in deine volle
Kraft kommst, dass du verstehst, dass alles möglich ist und du mit all den Dingen,
die du anstrebst, Erfolg hast. Spüre, wie sie dich mit Schöpferkraft erfüllen, und lass
sie durch dich strömen.

Spüre, wie dir leichter um Herz wird, wenn du dich für die grenzenlosen Möglichkeiten des Lebens öffnest, für Fülle, Überfluss und Energiefluss. Spüre, wie du dich für
ein leichteres Leben mit mehr Freude öffnest. Du kannst alles haben, was du willst.
Lass sie all deine Zweifel auflösen und all deine Ängste neutralisieren. Alles, was nötig
ist, um dein Leben zu verändern, ist, dass du selbst glaubst, dass es möglich ist. Du
spürst jetzt klar und deutlich, dass alles in deinem Leben möglich ist.

Alles was ich aussende, kommt zu mir zurück; ich lebe in meiner eigenen Schöpfung.
Denke über dein Leben nach und hebe ein paar Situationen hervor, die für dich besonders bedeutungsvoll waren. Überlege, auf welche Art du in diesen Situationen Co-Schöpfer warst und was du ausgesandt hast, um sie zu erschaffen. Wie ist es möglich, dass gerade du diese Ereignisse angezogen hast? Auf welche Art entsprachen sie zu diesem Zeitpunkt deinen Energien?

Wiederhole oft folgende Affirmation:
Ich lebe in meiner eigenen Schöpfung,
die nur für mich da ist.
Wenn ich etwas verändern will, so tue ich dies leicht und einfach.

Ich bin an die unendliche Energiequelle des Universums angeschlossen.
Nimm dir einen Tag Zeit, an dem du feststellst, dass du Zugang zu unbegrenzter Energie hast, und übe dich darin, dich an die unendliche Energiequelle des Universums anzuschließen.

10. EWIGE KRAFT, UNENDLICHE MÖGLICHKEITEN

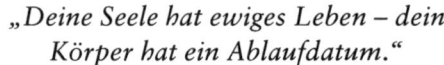

„Deine Seele hat ewiges Leben – dein Körper hat ein Ablaufdatum."

Im Kapitel zuvor sprachen wir davon, auf welche Weise du jede Situation in deinem Leben selbst erschaffst. Etwas, das im Leben häufig geschieht ist, dass wir jemanden verlieren, den wir lieben. Wenn du jemanden in deinem Leben verloren hast, bedeutet das nicht, dass du dafür gesorgt hättest, dass diese Person starb. Auf keinen Fall. Das sagen die Engel auch nicht. Dennoch wird dieser Punkt oft missverstanden, und daher möchte ich an dieser Stelle etwas dazu sagen. Wenn jemand stirbt, ist nicht automatisch etwas nicht in Ordnung. In jedem Körper befindet sich eine inkarnierte Seele und meist hat sich die Seele für ein „Ablaufdatum" für ihre jetzige Inkarnation entschieden und daran gedacht, sich zu einer bestimmten Zeit zu verabschieden.

> **Eine Seele bleibt im Körper, bis das Ablaufdatum erreicht ist.**

Eine Seele kann etwas anderes zu tun haben, als gerade auf der Erde zu sein. Das Universum ist groß und für eine Seele gibt es viel zu erforschen. Seelen sind kreative Lichtwesen und sie wissen, was sie wollen. Die Bedeutung, sich von Seele zu Seele auf der Erde zu begegnen, ist nicht, dies so lange wie möglich, sondern so liebevoll wie möglich zu tun! War dem so, hatte man Erfolg. Eine Seele ist nicht verstimmt, wenn der Körper stirbt, ganz und gar nicht. Nur wir sind traurig, die wir hier in Verlust und Kummer weiterleben.

> Die Bedeutung meiner Begegnungen mit
> anderen ist, so liebevoll und kreativ wie möglich
> zu sein – nicht, so lange wie möglich.

Die Bedeutung des Lebens ist, während des Lebens in vollen Zügen zu leben. Danach gibt es anderes zu tun. Wenn du dich in einer Trauersituation befindest, ist das nicht das Schlimmste. Trauer kann die Entwicklung fördern und dich für eine neue Liebe öffnen, die dich verstehen lässt, wie fantastisch es tatsächlich war, überhaupt das Leben eines anderen Menschen teilen zu dürfen. Man sieht ein, wie wertvoll jede Begegnung ist, und lernt, sie zu genießen, solange sie währt. Das mögen die Engel. Genau darum geht es im Leben: um Liebe, Begegnung und die Wertschätzung des Geschenks des Lebens.

Aber wie sehen die Engel eigentlich den Tod? Nun ja, sie empfinden den Tod als vollständige Illusion, für sie ist er unwirklich. Das beruht darauf, dass sie unseren Körper als eine Ansammlung von Teilchen in einem Lichtnetz wahrnehmen. Alles, was nach dem Tod passiert, ist, dass sich die Teilchen aus dem Netz lösen, sich auf der ganzen Erde verteilen und sich dann in anderen Lichtnetzen des Lebens neu verbinden.

Unsere Teilchen sterben nicht, sondern transformieren sich und werden zu einem anderem Leben. Vielleicht wird ein Teil unseres vorigen Körpers zu einer Blume, ein anderer zu einer Kuh und noch ein weiterer wird Teil eines anderen Körpers. Auch die Seele macht sich vom Körper los und fokussiert sich auf andere Lebensformen. Daher sind Engel nicht der Meinung, dass es den Tod gibt. Sowohl der Körper als auch die Seele sind ein Teil des ewigen Lebens.

Meine Mutter ist eine international bekannte Wasserforscherin. Als ich klein war, wurden intellektuelle Diskussionen am Abendbrottisch gepflegt, die ich als Kind langweilig fand. Ein Thema faszinierte mich jedoch unerhört. Das war ihre Erzählung, wie sich unsere Moleküle nach unserem Tod mit dem Wasser über den Planeten verbreiten. Sie erzählte, dass jemand berechnet hatte, wie viele Moleküle von Kleopatra wir mit jedem Liter Wasser zu uns nehmen. Ich erinnere mich nicht mehr an die genaue Zahl oder ob dies überhaupt stimmt. Allerdings war der Gedanke recht

faszinierend, dass alles frühere Leben im Wasser landet, auf der
Erde zirkuliert und zu einem Teil von uns wird. Unsere Körper
verhalten sich wie Recyclingmaterial, das im göttlichen Kreislauf
immer wieder Verwendung findet. Nehmen wir an, mein Körper stirbt und wird in der Erde bei-
gesetzt. Früher oder später wird das, was mein Körper war, Nah-
rung für eine Pflanze sein, die dann von einem Tier gegessen wird,
und so weiter. Den Körper Cecilia gibt es also nicht mehr, er ist
aufgelöst. Allerdings befindet sich die Energie davon in einer anderen physischen Form. Das heißt, dass ich, Cecilia, auch physisch
noch präsent bin. Ich habe mich nur in eine unendliche Anzahl
Teilchen gespalten, die alle auf eine andere Weise fortleben. Alles,
was mein physischer Körper einmal war, lebt weiter. Und nachdem alle diese Teilchen mein Bewusstsein tragen, kann ich als die,
die ich in diesem Leben war, auch in der Zukunft das Bewusstsein
anderer Lebensformen beeinflussen.

Ob wir es wollen oder nicht: Jedes Mal nehmen wir Partikel-
chen unserer Vorväter zu uns, wenn wir essen oder trinken. Streng
genommen, sind wir auf diese Art alle Kannibalen. Und ich dachte, ich wäre Vegetarier – was für eine Illusion! Daran möchte man
nicht so gerne denken, oder? Oder woher gibt es eine Garantie,
dass dieser Schluck Wasser zwar viele Moleküle von Platon enthält, aber absolut kein einziges von Hitler. Würde ich das fordern,
würde ich mich gegen das Einheitsprinzip der Engel wenden.

Selbst wenn also mein Körper stirbt, stirbt Cecilia doch nicht.
Es ist vielleicht trostreich, dass sowohl meine Seele als auch mein
Körper ewiges Leben haben. Und dass mein Körper, von dem ich
annahm, dass er mein ganz eigener neuer und frischer Körper in
diesem Leben sei, tatsächlich viel älter ist und voller Bewusstsein
von einer Menge von Lebenszeiten hier auf der Erde. Und alle anderen Körper, die ich hatte, leben jetzt auch, vielleicht in dir – all
das ist doch ziemlich abgehoben.

Es kann einem schwindlig werden, wenn man so denkt. Wenn
man sich das Leben aus der ewigen Perspektive der Engel betrachtet, weiß man bald nicht mehr, wer man eigentlich ist. Bin ich
du oder bist du ich? Es ist eindeutig leichter, wenn ich mich mit
meinem ewigen Ich identifiziere anstatt mit meiner Persönlichkeit
in diesem veränderlichen Körper.

Die Schlussfolgerung ist allerdings, dass alles Leben, sowohl das des Körpers als auch der Seele, ewig währt; nur die Persönlichkeit ist vergänglich. Wenn der Körper stirbt, bewegen wir uns einfach in unserer Entwicklung weiter und nehmen auf neue Art am Leben teil. Tod ist also eine totale Illusion: Nichts, was wirklich ist, stirbt – es transformiert sich nur zu neuem Leben.

In der Zukunft, wenn wir weiterentwickelt sind, können wir uns vielleicht entscheiden, was mit unserem Körper passiert, wenn er stirbt. Vielleicht werden wir unseren letzten Willen festhalten: „Ich spende meine physischen Teilchen an folgende zukünftige Inkarnation ... Ich stelle auch die Bedingung, dass keines meiner Teilchen in ... landen darf ..." Oder wir werden wie geistige Meister und nehmen unsere Teilchen einfach an einen anderen Ort mit.

Man kann sich ja die Frage stellen, was mit dem Bewusstsein in all den Teilchen passiert, die ich mir tagtäglich einverleibe. An den Tagen, an denen ich sauer war, habe ich vielleicht ein paar Teilchen Hitler oder tote Terroristen gegessen? Und wenn ich zu viel esse, möchte ich gleich mal mitteilen, dass das nicht an einem schlechten Charakter liegt, sondern weil ich mein Bewusstsein dadurch erhöhen möchte, dass ich mir etwas mehr Einstein einverleibe.

Meine Engel sagen jedoch, dass nur dann, wenn das Bewusstsein in den Teilchen, die wir essen, mit unserem Bewusstsein in Resonanz steht, dieses Bewusstsein für uns zugänglich wird. Lichtnahrung scheint auf alle Fälle vorzuziehen zu sein, denn dann können wir alles alte Bewusstsein hinter uns lassen und nur Engelbewusstsein hereinholen.

Die Sichtweise der Engel unterscheidet sich wirklich von unserer. Sie meinen, dass unser physisches Leben hier auf der Erde auf Illusionen basiert, die in keiner Weise wahr sind. Sie sehen unseren Körper als Energiepartikel, die so dicht gepackt aneinandersitzen, dass wir glauben, wir hätten einen Körper. Dadurch, dass die Teilchen „zusammenkleben", können wir physisches Leben erfahren.

Nur, weil wir dies als einen Körper wahrnehmen, ist es noch keiner. Dass wir unseren physischen Körper überhaupt als festge-

fügten Körper wahrnehmen, beweist den Engeln, wie sehr wir in
Illusionen stecken geblieben sind. Gerade die Illusion, wir hätten
einen physischen Körper, macht uns unfrei. Wenn wir nicht daran
glauben würden, einen physischen Körper zu haben, könnten wir
all unsere Teilchen ganz leicht via Teleportation an einen anderen
Ort bewegen.

Ein Engel zu werden eröffnet für die Zukunft wirklich neue
Möglichkeiten, nicht wahr? Wir glauben, einen Körper zu haben,
der von anderem Leben getrennt ist, und so behalten wir unsere
Körperform bei. Wenn wir stattdessen glauben würden, dass wir
ein Haufen Energieteilchen sind, die gerade auf eine bestimmte
Art von uns selbst zusammengesetzt sind, dann könnten wir die
Teilchen auch x-beliebig anders zusammensetzen – genau wie die
Engel es machen, wenn sie sich uns auf verschiedene Art zeigen.

Dann würden wir einsehen, dass wir mit unseren Energieteilchen machen können, was wir wollen. Sind wir der Erde müde,
begeben wir uns mal kurz nach Arkturus, um unsere Freunde zu
besuchen, und lassen unsere Teilchen jenen Körpertypus annehmen,
den man dort hat. Na klar, dann werden wir alle in Polyga-
mie leben. Vielleicht lebe ich monogam hier auf der Erde, während
ich etliche Männer an anderen Orten im Universum habe. Wer
weiß, vielleicht sind Arkturianer bessere Liebhaber als Erdlinge?
Oder ich reise gemeinsam mit meinem Mann und den Kindern in
die Familienferien nach Alpha Centauri.

Der Körper ist auch nicht so begrenzt, wie wir manchmal glauben mögen. Es ist nur unsere Auffassung von unserem Körper,
die begrenzt ist. Ich lebe meistens in der Auffassung, dass mein
Körper recht steif und ungelenk ist. Meine Engel sagen, dass dem
nicht so ist, da er ja aus Teilchen besteht, die sich auf alle möglichen Arten bewegen können. Um das zu beweisen, hüpfen sie
manchmal in meinen Körper und beginnen gymnastische Übungen durchzuführen, die ich selbst nicht machen könnte. Nur, um
mir deutlich zu machen, dass es meine Ideen vom Körper sind, die
begrenzt sind, nicht der Körper selbst. Ich glaube auch, dass ich
Muskelkater bekomme, wenn ich hart oder auf ungewohnte Art
trainiere. Aber das ist offenbar nur eine meiner Ideen, denn wenn
meine Engel mit meinem Körper Gymnastik üben, bekomme ich
keinen Muskelkater. Es fühlt sich so an, als ob sich der Körper

nicht einmal anstrengen müsste. Alle Ideen über die Funktionsweise des Körpers sitzen also in meinen Programmen, welche den
Körper steuern, nicht im Körper an sich.

Das Gleiche gilt für das Altern. Ich glaube, dass ich immer älter
und älter werde, während ich eigentlich nur meine Energieteilchen
auf eine Weise zusammensetze, die mich meinen Körper als älter erleben lässt.

Also man könnte sich fragen, ob plastische Chirurgen
tatsächlich geistige Meister sind, welche verstanden haben, dass
man Form ändern kann (da sie am Körper nur etwas verändern,
bis sie eine Form finden, die einem passt).

Am meisten denke ich darüber nach, was nötig ist, um meine
Ideen über den Körper und seine Möglichkeiten zu verändern. Es
steht mir angeblich frei, meine physische Energie entsprechend
meinen Wünschen zusammenzusetzen, ich weiß aber nicht wie.
Das scheint noch so ein „Köder" der Engel zu sein: Werde ein Engel
und du kannst den Körper bekommen, den du möchtest. Das ist ja
nicht nur Engeln eingefallen. In naher Zukunft können wir wohl
bald Mikrochips in unser Gehirn einpflanzen und aufhören zu altern, können unser Intelligenzniveau wählen und so weiter. Unsere Forschung geht wirklich vorwärts und die Zukunftsaussichten
scheinen recht gut mit der Lebensweise von Engeln zusammenzu-
passen. Offenbar inspirieren sie unsere Forscher.

Was aber passiert mit der Seele, wenn wir sterben? Es gibt
die Auffassung, dass wir nach dem Tod auf einer Seelenebene
landen, wo wir dann gemeinsam mit verschiedenen Verwandten
und Freunden warten, bis wir einen neuen Körper bekommen.
Manche machen das wohl so. Wenn wir allerdings zu Engeln geworden sind, dann hat dieser Ort definitiv seine Rolle ausgespielt,
weil wir dann nicht sterben, sondern einfach unsere Teilchen zu-
sammenpacken und dorthin abzischen, wo wir hin wollen, ohne
Zwischenstation.

Ich weiß ja nicht, was du so zwischen den verschiedenen Leben machst. Ich persönlich hänge ein wenig mit meinen Freunden
in den „Höheren Lichtkommandos" herum und schau mir die
Entwicklung des Universums an. Manchmal wechsle ich auch
zwischen einem Leben auf der Erde und einem Leben auf anderen
Planeten. Meine Leben waren ja nicht nur auf dieser Erde. Diese
Erde ist allerdings im Augenblick für alle Engel von höchstem In-

teresse, nachdem wir uns in einer so spannenden Entwicklungsphase befinden. Das war wohl der Grund, warum ich wieder hierhergekommen bin. Ich habe viele Erinnerungen an die Zeit vor und an den Beginn
dieser Inkarnation. Ich erinnere mich deutlich, wie ich gemeinsam
mit meinen Engeln und anderen Lichtwesen dieses Leben geplant
habe. Ich schwebte sozusagen in meiner Seele und beobachtete
das Leben auf der Erde und hatte plötzlich große Lust, wieder
hierherzukommen. Als ich dort schwebend lag, sah ich, welches
fantastische Potenzial die Menschheit hat, sich spirituell zu entwickeln, und welche fantastische Entwicklung uns bevorsteht. Ich
konnte es also kaum erwarten, hierherzukommen. Aus der Sicht
der Seele ist ja alles einfach und wie die Engel, sieht die Seele nur
Möglichkeiten. Ich verschaffte mir einen Körper und hüpfte in ihn
hinein. Aber nein, das fühlte sich doch recht furchterregend an.
Mein kleiner Fötuskörper fühlte sich extrem schwer und begrenzt
an und ich bereute es direkt. Daher endete das kleine Baby als
eine Fehlgeburt und ich war zurück auf der Seelenebene. Welche
Freiheit. Die Grenzenlosigkeit und Freiheit der Seele sind ein fan-
tastisches Erlebnis, wenn man aus einem Körper kommt. Ähnlich
dem Zustand, wenn man stirbt.

> **Ich lebe in einer Zeit spirituellen Erwachens
> und eines enormen Entwicklungspotenzials.**

Was geschah, sobald ich dem Körper entschlüpft und wieder Seele war? Ich bekam erneut Lust, hierherzukommen. Ich wollte es
direkt noch einmal probieren und bat wieder um einen physischen
Körper. Nett, wie Engel nun einmal sind, waren sie einverstan-
den und meinten, dass das in Ordnung gehe. Wenn ich aber einen
neuen Körper bekommen würde, wäre ich gezwungen, zu bleiben
und meine Lebensaufgabe zu erfüllen. „Kein Problem", dachte sich
meine Seele, denn Seelen sehen ja keine Probleme, und so hüpfte
ich in den Körper, den ich jetzt habe. Natürlich passierte das Gleiche nochmals und ich bereute meine Entscheidung, sobald ich in
der Gebärmutter angekommen war. Im Vergleich zur Freiheit der
Seele fühlte sich dies schrecklich und begrenzt an.

Als ich geboren wurde, war mein erster Eindruck: „Igitt, hier ist es aber kalt, ich will zurück!" Dieser erste Eindruck war für mich entscheidend dafür, wie ich die Welt interpretierte. Ich mochte es gar nicht auf der Erde und es fiel mir schwer, zu verstehen, wie Menschen funktionieren. Ich verstand viel mehr über die Seelenebene und wollte weg. Allerdings funktionierte nichts von dem, was ich mir einfallen ließ. Menschen in meiner Umgebung waren liebevoll, ohne dass ich das fühlen konnte. Ich empfand alles als schrecklich und hatte Schwierigkeiten, Kontakte zu knüpfen und anderen zu vertrauen. So ging's weiter, bis ich mich dazu entschlossen hatte, hierzubleiben, auf meine Engel zu hören und etwas aus dem Leben zu machen.

**Ich übernehme die volle
Verantwortung für mein Leben.**

Es ist klar, dass die Seele ihr Leben plant. Mit der Phrase, mit der es meine Kinder versuchen: „Ich habe nicht darum gebeten, geboren zu werden", kommen sie nicht sehr weit, weil sie ganz bestimmt darum gebeten haben, geboren zu werden. Drei von ihnen sprachen vor ihrer Empfängnis mit mir und baten darum, kommen zu dürfen. Du hast dein Leben hier auf der Erde sicherlich auch geplant. Wenn die Dinge dann nicht so gelaufen sind, wie du es dir gedacht hast, dann bestimmt aus dem Grund, weil du (genau wie ich) vergessen hast, warum du hierhergekommen bist. Die Dichte in deinem physischen Körper kann für eine freie Seele einen Schock bedeuten. Das Leben macht aber mehr Spaß, wenn man einsieht, dass man es selbst geplant hat.

Meine Kraft ist ewig und mein Potenzial unendlich.

Engel möchten dir zu verstehen geben, dass du eine enorme Kraft hast, dass dein Potenzial unendlich ist und dass du ein ewiges Leben lebst. Sie wollen, dass du stark wirst und es dir gut geht. Sie unternehmen also alles, um dich verstehen zu lassen, welch kraftvolles, wunderbares Wesen du eigentlich bist. Wenn du dein Leben als langweilig empfindest, ändere deine Einstellung zum Leben, zu dir selbst und anderen, denn das Leben ist eine fantastische Gabe.

Ewiges Leben

Engelübungen 10   „Deine Kraft ist ewig, verwende sie in diesem Jetzt."

Eine Seele bleibt im Körper bis zum Ablaufdatum.

Heute denke ich an alle, die ich verloren habe, und wie es weiter ging, nachdem ihr Ablaufdatum ausgelaufen war. Ich bin mir bewusst, dass auch ich ein Ablaufdatum habe und genieße mein jetziges Leben.

Heute fokussiere ich mich darauf, alle Begegnungen mit Bedeutung zu füllen.

Heute fokussiere ich auf mein eigenes spirituelles Erwachen und auf welche Art ich mich verändert habe, seit ich mich für meine mir innewohnende Engelkraft geöffnet habe.

Meine Kraft ist ewig und mein Potenzial unendlich.

Heute denke ich daran, dass meine Kraft ewig ist. Was auch immer ich mache: Sie ist für mich immer zugänglich – gleich, wann ich meine Engelkraft nutze, ist sie da. Ich bin mir auch bewusst, dass meine Möglichkeiten unendlich werden, sobald ich mich für meine Engelkraft entscheide.

Ich übernehme volle Verantwortung für mein Leben.

Ich übernehme volle Verantwortung für mich und mein Leben. Ich bin mir bewusst, dass das Leben ständig Wahlmöglichkeiten anbietet, und ich entscheide und wähle zum höchsten Wohle für mich und andere.

11. HEILENDE ENGEL

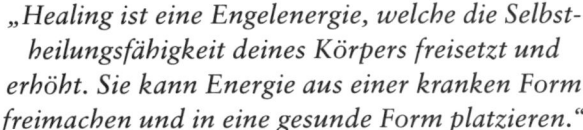

„Healing ist eine Engelenergie, welche die Selbstheilungsfähigkeit deines Körpers freisetzt und erhöht. Sie kann Energie aus einer kranken Form freimachen und in eine gesunde Form platzieren."

Wenn wir also unser Leben selbst erschaffen und dennoch krank werden, haben wir dann etwas falsch gemacht, und falls ja: Wie können wir das ändern? Das ist eine interessante Frage. Selbstverständlich hat unser Körper Selbstheilungskraft, die du durch „Healing" oder positives Denken freisetzen kannst, um deine Gesundheit wesentlich zu verbessern. Der Placeboeffekt ist messbar. Das heißt, man nimmt eine Zuckerpille und denkt, sie sei Medizin. Bei gewissen Erkrankungen wirkt das in bis zu 30 % der Fälle. Natürlich können Heiler dir Energie vermitteln, indem sie dir ihre Hände auflegen und deinem Körper helfen, diese Selbstheilenergie freizusetzen oder sogar mehr Heilenergie hinzuzufügen. Hoffentlich in mehr als 30 % der Fälle. So kannst du deinen Körper darin unterstützen, gesünder zu werden. Wie viel aber kannst du tatsächlich tun?

Wenn „Healing" in unserer Zeit wirklich so gut funktionieren würde, wie viele meinen, dann wäre die moderne Medizin ja unnötig, und das kann ich auf dem Hintergrund meiner beruflichen Erfahrung in der Forschung nur sehr schwer glauben. Oder ist es so, dass ich die moderne Medizin brauche, weil ich immer noch glaube, sie zu brauchen? Wie hängt das eigentlich zusammen?

Ich muss wohl etwas mehr über meinen Hintergrund erzählen, damit du besser verstehst, wie ich denke. Bevor ich damit begann, mich mit spirituellen Fragen und Persönlichkeitsentwicklung zu beschäftigen, arbeitete ich viele Jahre in Medizin, Psychologie und Forschung auf dem Gebiet der Psychiatrie. Ich war auf dem Gebiet der Forschungspsychologie und Statistik an der Universität ausgebildet und absolvierte eine medizinische Kurzausbildung, wie man sie in der Arzneiindustrie bekommt.

Danach erhielt ich eine Ausbildung von Erzengel Michael, der durch mich eine fortgeschrittene Healingmethode vermittelt, die er die „70 Heilstrahlen" nennt. Das sind 70 sehr spezifische Strahlen, die man bei verschiedenen Arten von psychischen oder physischen Krankheiten anwenden kann. Michael meint, dass diese Strahlen nicht nur aus Licht, sondern auch aus einer Art „Nichtenergie" bestehen, die in der Lage ist, die Form aufzulösen, in der eine Energie festsitzt, sodass die freigesetzte Energie in eine gesunde Form platziert werden kann. Er sagt, dass diese Technik ein Bindeglied zwischen medizinischen Behandlungen und Healing sei und diese zwei Welten vereinen werde. Ich finde, das klingt spannend. Ich bin gespannt, ob ich es in diesem Leben erlebe. Ich habe also einen Zugang sowohl zur medizinischen als auch zur spirituellen Perspektive der Fragestellung.

Ich war einmal steril. Es wurde festgestellt, dass ich keinen Eisprung hatte, die Eierstöcke hingen wie verwelkt herunter, und daher gab es keine Kinder. Das ist traurig und gleichzeitig ein großes Glück, denn in meiner damaligen Beziehung wäre ein Kind weder für meinen damaligen Mann noch für mich noch für das Kind passend gewesen. Unsere Schutzengel hielten wohl ihre schützende Hand darüber. Als ich allerdings „Healing" erhielt, wurde ich umgehend schwanger, und das war der Startschuss für mein Interesse an Healing. Für mich war klar, dass es in diesem Fall funktioniert hatte, und nachdem ich inzwischen vier Kinder habe, hat der Erfolg offensichtlich angehalten.

> Ich lasse heilende Energie frei in meinen Körper
> fließen und löse alle Blockierungen auf.

Ich weiß, dass viele Heiler fantastische Ergebnisse bei ihren Behandlungen erlebt haben. Wissenschaftliche Beweise, dass es funktioniert, sind nicht so häufig. Um etwas messen zu können, müssen wir beweisen können, dass Healing bei einem bestimmten Erkrankungszustand einen größeren Effekt als ein Placebo hat.

Noch besser wäre es, wenn Healing ein messbar besseres oder zumindest gleich gutes Resultat wie die traditionelle Behandlung bewirkt. Ansonsten wissen wir ja nicht, ob es der Placeboeffekt oder das Healing war, das funktioniert hat. Es gibt viele interessante Fälle von anscheinend wunderhaften Gesundungen. Ich habe viele Menschen ausgebildet, darunter sind Ärzte und Zahnärzte. Ich habe sie in den Techniken von Michael unterwiesen und habe Berichte von vielen interessanten Resultaten und vielen „Wunderheilungen" erhalten. Dennoch sind echte medizinische Wunder ganz klar Einzelfälle. Warum ist das so? Es wäre ja toll, wenn man eine Healingmethode patentieren könnte, die Erfolg garantieren kann, oder nicht? Aber dem ist nicht so – noch nicht.

Bei dieser Gelegenheit will ich gleich mal betonen, dass Erzengel Michael einer der deutlichsten Befürworter der traditionellen Schulmedizin ist. Viele spirituell entwickelte Menschen sind gegenüber der wissenschaftlichen Medizin skeptisch und wenden ihren Glauben lieber völlig ungeprüften Methoden zu, solange sie sich „spirituell" oder „natürlich" nennen. Einige Menschen setzten sogar ihr Leben aufs Spiel, da sie sich weigern, ihren Brustkrebs operieren zu lassen, weil sie der Überzeugung sind, ihn selbst heilen zu können. Mach das bitte auf keinen Fall! Natürlich kenne ich ein paar Ausnahmen, bei denen dies geglückt ist. Ich habe allerdings mehr spirituell entwickelte und ausgebildete Personen gesehen, die aufgrund ihrer begrenzten Ideen über traditionelle Medizin gestorben sind – und das ist recht traurig. Oder es war so, dass ihr Ablaufdatum ausgelaufen war und dann hätte keine Therapie mehr irgendetwas genützt.

Warum ist das so? Menschen, die sich spirituell entwickeln, scheinen leicht den gesunden Menschenverstand zu verlieren und sich in neuen, rigiden Gedankenmustern zu verfangen, die zum Beispiel besagen, dass wissenschaftliche Medizin nicht gut sei. Ich glaube, es hat damit zu tun, dass Leute, die beginnen, sich spirituell zu entwickeln und mehr Kontakt mit ihrer geistigen Kraft bekommen, viele heftige Erlebnisse haben, so wie ich sie hatte. Unsere Engel, geistigen Führer und Seelen wollen uns beweisen, in welch illusionärer Wirklichkeit wir leben. Gleichzeitig erhalten wir Hilfe dabei, uns an die mögliche Zukunft zu erinnern, eine

Zukunft, in der Healing noch mehr Kraft als heutzutage hat. Der
Grund, warum uns die Zukunft gezeigt wird, ist, uns zu inspirieren, mitzuhelfen, sie zu erschaffen. Alles beginnt damit, dass
wir das Bild der Zukunft in unserem Bewusstsein halten und im
Anschluss erschaffen wir sie. Nachdem wir uns der Zukunft so
deutlich erinnern, übersehen viele aber dann, wo wir uns heute
tatsächlich noch befinden.

Ein weiterer Grund ist, dass wir uns einfach nicht bereit fühlen, Engel zu werden und ohne Urteile in vollständiger Akzeptanz
und Toleranz zu leben. Stattdessen tauschen wir unsere früheren
Urteile von gut und schlecht gegen das aus, was entweder „spirituell" oder „nicht spirituell" ist. Auf diese Art landen Dinge wie die
Schulmedizin aus irgendeinem Grund in der Schublade für „nicht
spirituell", während Healing und Naturmedizin als „spirituell"
gelten. Für Engel gibt es da keinen Unterschied. Für sie sind beide Wege spirituell! Spirituelle Entwicklung handelt für sie davon,
alles und alle mit einzuschließen, eben wissenschaftlich fundierte
Medizin, Naturheilkunde, Komplementärmedizin und Healing,
um so statt Abgrenzung Einssein und Ganzheit zu erschaffen.

Erzengel Michael zufolge hat die traditionelle Medizin für den
Augenblick viel bessere Resultate als alle Heiler auf der Erde. Und
das ist ziemlich selbstverständlich, da viele Jahre seriöser Forschung und Inspiration von Seiten der Engel hinter diesem Erfolg
stehen. Man müsste sich ja schämen, wenn dem nicht so wäre. Er
meint auch, dass Healing mehr in seine Kraft kommen wird, je
mehr Energie und Licht in das Netzwerk der Erde kommen. Healing kann uns bereits jetzt sehr viele Möglichkeiten anbieten, und
sie werden in der Zukunft noch vielfältiger werden. Die Idee von
Michael ist, dass wir zusammenarbeiten. Was er auch sieht, sind
kontrollierte Studien, in welchen man den Effekt der 70 Strahlen
beweisen kann und sie effektiver anwenden wird. Aus der Engelperspektive ist es ein Klacks, einen Körper zu heilen, da sie ja
keinen Körper, sondern eben nur eine Ansammlung freier Partikel
sehen, die sie nach Belieben verschieben können. Ich habe viele
enorm gute Resultate bei Leuten gesehen, die Healingbehandlun-
gen geben. Um keine falschen Hoffnungen zu wecken, möchte ich
jedoch keine konkreten Beispiele anführen. Das Problem liegt da-

rin, dass sich manchmal Wunder einstellen, manchmal aber auch
gar nichts passiert und manchmal das Wohlbefinden von Leuten
einfach deutlich ansteigt, obwohl sie nicht vollständig gesund
werden. Wenn du krank bist und dir überlegst, einen Heiler aufzusuchen: Warum nicht es ausprobieren? Vielleicht kannst gerade du
dich um einiges besser fühlen oder sogar gesund werden. Sieh,
dass du auch in Kontakt mit einem Arzt bist, der dies überschauen
und Resultate messen kann. Healing schließt Behandlung mit her-
kömmlicher Medizin nicht aus. Engel sind praktisch veranlagte
Wesen. Sie raten immer zu dem, was die schnellste und effektivste
Behandlung erzielt. Es ist ja nicht hochwertiger, wenn man auf
Grund eines Healing oder einer alternativen Behandlung gesun-
det, als durch eine rein medizinische Behandlung. Michael meint,
dass das Einzige, was zählt ist, dass man so gesund wie möglich
wird.

Es kann auch sein, dass Dinge, an die man nicht denkt, zu Problemen werden. Ich erhielt einmal Besuch von einer Frau, die an
einer starken Kompression der Wirbel litt. Ich weiß nicht mehr
genau, warum das so war. Nach einer Behandlung von etwa 15
Minuten hatte sich ihre Wirbelsäule aufgerichtet und sie war einige Zentimeter größer. „Herrlich", dachten wir uns beide. Nach ein
paar Stunden bekam sie allerdings heftige Schmerzen, da sich all
das Bindegewebe um die Wirbel nicht so schnell anpassen konnte,
und daher ließ sie sich noch im Krankenhaus behandeln.

> Ich erlaube meinen Heil-Engeln,
> mich zu sehen und mich zu berühren.

Erzengel Michaels Ideen sehen so aus, dass auch Leute in der Pfle-
ge mit seinen Healingtechniken arbeiten werden. Sie wissen, was
sie machen, sind ausgebildet, haben eine nüchterne Anschauung
des Ganzen und können außerdem Resultate messen. Du meinst
vielleicht, dass dies weit in der Zukunft liegt, aber das glaube ich
nicht. In vielen Ländern herrscht eine relativ offene Einstellung
dazu, und es nicht ungewöhnlich, dass Ärzte und Zahnärzte mit
Heilern, Homöopathen und anderen alternativen Methoden zu-

sammenarbeiten. Man kann dies auf perfekte und seriöse Weise kombinieren.

Ein Vorteil bei Healing ist, dass du gesehen und berührst wirst. Oft kann es genau das sein, was du benötigst, damit es dir besser geht: Dass sich jemand für dich Zeit nimmt, seine ganze Aufmerksamkeit und jede Menge herrlicher Energie auf dich richtet und außerdem noch das Gesunde in dir sieht. Du kannst dich ja auch selbst heilen und dir wirklich Zeit für dich selbst nehmen, deine Energie auf deinen Körper, deine Gedanken und Gefühle richten. Oder lade einen Healing-Engel dazu ein.

Engelhealing

Engelübungen 11   „Egal in welchem Zustand dein Körper
                              sich befindet, durch Healing und positi-
                              ves Denken kann man immer etwas ver-
                              bessern."

**Ich lasse heilende Energie frei durch
meinen Körper fließen und alle Blockaden auflösen.**
Dies hier ist eine kurze meditative Übung, um dich mit den heilenden Energien der Engel zu füllen.

Beginne, indem du dich entspannst, tief und ruhig atmest und vielleicht eine Entspannungsmusik hörst. Stell dir ein weiteres Mal vor, dass sich deine Engel um dich versammeln und dich in ihr Reich mitnehmen. Spüre, wie ihr gemeinsam in das Universum hinausschwebt, bis ihr an einen sehr schönen Ort kommt.

Dort angekommen, kommt ein Engel, der auf Healing spezialisiert ist, zu dir, um dich mit heilenden Energien zu erfüllen. Spüre, wir du mit stärkender Energie angefüllt wirst, die alles, was dich bedrückt, in eine Energie verwandeln, die das Leben, die Lust und die Freude in dir unterstützt. Entspanne dich weiter, während der Engel mir dir arbeitet, um deine Energie zu öffnen, damit heilende Energien frei in deinem Körper fließen und alles, was dich blockiert, auflösen können.

Wenn es eine spezielle Stelle gibt, an welcher du mehr heilende Energien haben möchtest, so richtest du dein Gewahrsein einfach auf sie, um deine Selbstheilungskraft zu stärken. Fahre fort, Energie anzunehmen, solange es sich richtig anfühlt. Komme dann zurück.

**Ich erlaube mir, von einem heilenden Engel
gesehen und berührt zu werden.**
Während der Nacht sind die Energien um uns herum viel stiller
und erleichtern es den Engeln noch mehr, dich zu erreichen. Mach
es dir zur Angewohnheit, deine Engel mit dir während der Nacht
arbeiten zu lassen, um deine Lebenskraft zu erhöhen. Alles was du
zu tun brauchst, ist eine klare Absicht an deine Engel auszusenden, wenn du dich schlafen legst.

12. DAS WESEN DER LIEBE

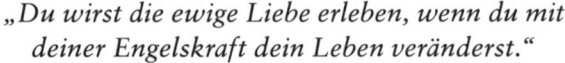

*„Du wirst die ewige Liebe erleben, wenn du mit
deiner Engelskraft dein Leben veränderst."*

Liebe ist ein grundlegender Teil davon, ein Engel zu sein. Für Engel scheint es sehr leicht zu sein, alles und alle zu lieben. Wir haben die gleiche Fähigkeit. Sie zeigt sich am deutlichsten, wenn wir uns in jemanden verlieben oder Kinder bekommen. Wenn man sich verliebt, werden eine Menge chemischer Substanzen im Gehirn freigesetzt und wir können nichts anderes mehr denken, als dass diese Person wundervoll ist. Während einiger Zeit können wir über die andere Person nur positiv denken und möchten am liebsten 24 Stunden mit ihr zusammen sein. Alles scheint sich darum zu drehen, wie süß sein Lächeln ist, wie fantastisch sie ist, weil ... Es geht nur darum, welche Gefühle er bzw. sie in dir erweckt. Sollte jemand in der Umgebung Einwendungen ausdrücken, so verwirfst du diese, denn du hast jetzt endlich die Person getroffen, auf die du so lange gewartet hast. Das geht so, bis zu dem Tag, an dem sich die Chemie beruhigt hat und du wieder deine übliche Sichtweise einnimmst und entdeckst, dass sein Lächeln dämlich ist, er die falsche Sorte Strümpfe trägt, sie beim Essen schmatzt oder sonst etwas. Dann empfindest du die Mängel deines Partners als einen Grund, damit aufzuhören, ihn bzw. sie zu lieben. Diese erste Phase, während der wir „liebeskrank" sind, wird mittlerweile psychologisch und medizinisch manchmal als eine Art Gesundheitsstörung beschrieben, die uns auf Grund des Hormoneinflusses unzurechnungsfähig macht, weil wir uns für den Erhalt der Rasse fortlaufend paaren wollen.

Liebe ist Nähe zu Gott.

Jetzt bekommst du zu hören, was die Engel von diesem Zustand halten. Sie sagen, dass wir Gott nie näher sind, als wenn wir verliebt sind und wir in diesen einleitenden, hormonell bestimmten Liebesphasen nahe daran sind, die große Wahrheit zu erleben. Dann können wir eine Person bedingungslos lieben, alle Kleinigkeiten, die uns normalerweise stören würden, können wir übersehen. Stattdessen fokussieren wir uns darauf, wie wunderbar diese Person ist. Eben genau, wie die Engel es tun, die unsere Mängel nicht sehen, sondern sich nur auf unsere Göttlichkeit ausrichten.

Wenn sich der Hormonsturm dann gelegt hat, beginnen wir, Kleinigkeiten am Partner zu kritisieren und verfallen wieder in Illusionen, welche die Wahrheit blockieren. Dann lassen wir die kleinsten Details unseren Fokus vom Göttlichen abbringen. Als ob die Tatsache, dass er die Zahnpastatube nicht richtig ausdrückt, ein gültiger Grund sei, um damit aufzuhören, unseren Partner zu lieben. Wie? Ist Gott also nichts weiter als ein hormoneller Einfluss? Sind es jetzt die Engel, die spinnen, oder ich? Das müssen wir herausfinden.

Die Engel sagen: Wenn wir uns verlieben, werden wir von Liebe erfüllt, wir spüren den Fluss der Liebe in jedem Teilchen, im gesamten Körper, und wir sehen nur das Göttliche im Objekt unserer Liebe. Das ähnelt der Perspektive der Engel über das Sein sehr stark. Der Unterschied ist nur, dass Engel nicht auf die gleiche Weise „dumm" erscheinen wie wir, wenn wir verliebt sind. Und der große Unterschied ist, dass Engel wissen, dass sie ihre eigene Liebe erleben, die sie in sich tragen, und dass diese nicht in erster Linie mit dem Objekt der Liebe zu tun hat. Statt des Paarungsimpulses, den wir auf der Erde haben, haben sie den Impuls, grenzenlos zu leben, eins zu sein und in Einheit zu leben.

> Liebe ist in dir.

Wenn du verliebt bist, erlebst du nur die Liebe in dir selbst, die dort immerzu ist. Alle deine Ideen über deinen Partner sind unerheblich – sie sind Illusionen. Die Engel meinen jedoch, dass dieses Erleben totaler Liebe, das durch dein ganzes Wesen strömt, wahr ist. Dein Erleben, deinen Partner als göttlich zu sehen, ist auch wahr – die Vorstellung jedoch, dies hätte mit seinem Lächeln zu tun, ist eine Illusion. Aus irgendeinem Grund gibst du deine eigene innere Liebe frei und glaubst, dass dies von deinem Partner verursacht würde. Auch wenn du mit Engeln in Kontakt bist, kannst du diese Liebe in jeder Zelle spüren, deine eigene dir innewohnende Liebe. Was auch immer du tust, kannst du doch nur das erleben, was in dir ist. Die Sache ist die: Warst du verliebt, so warst du Gott nahe. Dann hast du Liebe in deinem ganzen Wesen erlebt. Ein Engel zu werden handelt also davon, mit deiner eigenen inneren Liebe in Kontakt zu kommen, ohne derart blind zu werden, als wenn du verliebt bist, ohne den hormonellen Einfluss. Dann wird dieses vollständige Erleben von Liebe ein stilles Erleben vollständigen inneren Friedens, von Harmonie und dem Gefühl, mit allem und allen eins zu sein. Die Liebe eines Engels gleicht also dem Verliebtsein ohne Hormoneinfluss oder Illusionen.

Eine andere Sache, die Engel gerne betonen, ist, dass Liebe nie endet. Liebe kann nur wachsen. Wenn Liebe enden könnte, dann könnte auch Gott enden, und sie meinen, dass das nicht der Fall ist. Die Göttlichkeit ist eine unerschöpfliche Quelle, die fortlaufend mehr von sich selbst erschafft. So sehen es die Engel: Wenn du in einer Beziehung lebst, die endet, so glaubst du meistens auch, dass du aufhörst zu lieben oder geliebt zu werden. Du bist dieser Ansicht, weil du glaubtest, deine Liebe sei von den Handlungen einer anderen Person abhängig und nicht das Erleben deines Selbst und deiner eigenen inneren Liebe. Tatsächlich endet jedoch eine Illusion, und deshalb wendest du dich vielleicht von der Wahrheit und dem Göttlichen ab – voller Schmerz, weil du meinst, etwas Göttliches hätte sich als unwahr erwiesen. So lange du so weitermachst, wird es weiter wehtun.

1. Wenn du in einer Beziehung lebst, die für dich nicht gut ist, solltest du sie so bald wie möglich beenden oder das ändern, was nicht funktioniert. Die Engel möchten auf keinen Fall, dass du in Umständen bleibst, die dir nicht guttun. Sie meinen nur, dass Liebe an sich nicht enden kann – sie ist ewig.

Beziehungen hingegen können enden, da sie zeitlich begrenzt sind. Das Band der Liebe ist ewig. Engel haben nichts dagegen, wenn Beziehungen enden, denn es stellt keinen Eigenwert dar, eine Beziehung zu bewahren oder sie zu beenden. Sie möchten dir einfach klarmachen, dass Liebe ewig währt, und wenn du versuchst, dich durch schlechtes Benehmen zu beschummeln, dann wird dir das wehtun.

Nimm mich als Beispiel. Ich habe mich über meine Engel lustig gemacht, habe sie schlecht behandelt und versucht, unsere Beziehung dadurch abzubrechen, indem ich sie aufgefordert habe, endlich abzuziehen. Ein Mensch würde in der gleichen Situation aufhören zu lieben, wenn ich mich derart mies verhalte. Meine Engel aber nicht, denn sie fuhren einfach fort, mich zu lieben, während sie meinen Wunsch respektierten, in Frieden gelassen zu werden. Wahre Liebe kann weder gebrochen werden noch je enden. Wenn es möglich ist, sie zu beenden, war es keine Liebe, sondern eine Illusion.

In den meisten Beziehungen richten sich die Leute auf Illusionen aus, anstatt auf ewige Liebe. Man verbindet Liebe mit anderen Dingen wie eine ähnliche Ausbildung, einen ähnlichen gesellschaftlichen Hintergrund, die gleiche Religion, den gleichen Modegeschmack, gleiche Interessen, akzeptables oder inakzeptables Benehmen und Ähnliches mehr.

Diese Dinge sind wichtig, wenn man darüber nachdenkt, ob man in einer Partnerschaft zusammenpasst, aber nicht im Hinblick auf das Wesen von Liebe. Viele behandeln Liebe wie eine Mangelware, die man nur sparsam verteilen sollte. Leute warten oft recht lange, bis sie es wagen, jemandem zu sagen, dass sie ihn lieben. Für einen Engel funktioniert das genau anders herum. Sie teilen ihre Liebe mit allen und drücken ihre Liebe allen gegenüber aus, die sie treffen, einfach, weil sie wissen, dass es einen Überfluss an Liebe gibt. Ein Engel würde nie seine Liebe zurückhalten oder Angst davor haben, sie auszudrücken.

2. Nimm jetzt um Gottes willen nicht das Gesagte zum Anlass, einen früheren Partner mit Telefonanrufen zu traktieren, in denen du ausdrückst, dass eure Liebe ewig währt und dem

Willen Gottes entspricht. Das ist nicht, was die Engel meinen. Was sie, wenn es wirkliche Liebe war, ausdrücken wollen, ist, dass sie ewig ist und auf geistigen Ebenen weiterbestehen wird, auch wenn die Beziehung zu Ende ist. Dieses Wissen kann dich aufmuntern, wenn du weißt, dass du verlassen wirst. Das heißt nicht, dass ihr um jeden Preis eine physische Beziehung aufrechterhalten müsstet. Auf der spirituellen Ebene wird eure Liebe bestehen bleiben. Auf der physischen Ebene hingegen sind die Wünsche der anderen Person zu respektieren, genauso, wie Engel das auch tun. Wenn du dich selbst liebst, dann machst du das auch auf diese Art. Du willst dich doch wohl nicht jemandem aufzwingen, der nicht mit dir zusammen sein will, oder?

Was Engel gerne hervorheben, ist, dass du in jedem Teil von dir Liebe trägst, dass deine Liebe ewig ist und nicht enden kann. Das Erleben von Liebe ist etwas, das in dir geschieht und von äußeren Umständen unabhängig ist. Dass Liebe nie endet, erzählten mir meine Engel bereits, als ich mich vor langer Zeit scheiden ließ. Sie sagten das immerzu, ungeachtet dessen, wie ärgerlich, bitter, ungerecht behandelt oder ängstlich ich mich auch fühlen würde: Es würde immer eine Liebe zwischen uns geben, die nie enden würde. Natürlich schenkte ich ihnen keinen Glauben. Alles, was mein früherer Mann während der Periode unserer bitteren Scheidung tat, sah ich als einen Grund an, ihn zu hassen und mich zu revanchieren. Ich wollte sogar ein Buch darüber schreiben, um andere davon zu warnen. Meine Engel meinten nur:

> **Nichts, was wirklich ist, kann zerstört werden.**

Engel: Schreibe erst darüber, wenn du wahrhaftig sagen kannst, dass du ihn liebst und das Geschehene als ein Engel erlebt hast.
Ich: (Als ob das jemals geschehen würde, dachte ich mir. Ich sagte aber:) Das wird ja nie passieren, ihr seid ja verrückt. Ihr begreift nicht das Geringste von dem, was hier auf der Erde abläuft.

Engel: Wir sehen dich, unser Wissen ist größer, als du glaubst, und wir wissen, dass Liebe der einzig wahre Weg ist.

Ich: Ihr klingt schon wie meine Eltern, als ich noch Teenager war. Die behaupteten auch, dass sie wüssten, was für mich am besten ist. Niemals im Leben werde ich ihn wieder lieben, nicht nach all dem, was er für mich zerstört hat.

Engel: Nein, das hat er nicht. Nichts, was wirklich ist, kann zerstört werden. Hast du mal daran gedacht, dass er genauso über dich denkt, dass du alles für ihn zerstört hast? Das ist ebenso wenig richtig. Das Einzige, was zerstört ist, sind eure Illusionen über einander. Wenn sich die Illusionen auflösen, kann das Wirkliche hervortreten.

Ich: Jetzt aber hallo! Begreift ihr gar nichts? Er droht damit, mir alles zu nehmen, versucht mittels unehrlicher Methoden, all mein Eigentum zu klauen, obwohl wir einen vorehelichen Vertrag abgeschlossen hatten, betreibt Rufmord und benimmt sich auf alle erdenklichen Arten schlecht. Ich habe Angst, habe alles verloren, habe keine Arbeit, bin schwanger und habe keine Unterkunft, nicht einmal Geld fürs Essen, brauche Polizeischutz, um meine Sachen zu holen, obwohl die nicht einmal behilflich sein konnten, so einfache Sachen wie meine Kleider wiederzubeschaffen ... und ihr sprecht von Vergebung und ewiger Liebe. Wer lebt hier eigentlich in Illusionen?

Engel: Du und die meisten auf der Erde. Wir Engel sind an eurer Seite, um euch in die wahre Wirklichkeit zu leiten, damit sich das Göttliche auf der Erde manifestieren kann. Wir wissen, dass du uns nicht glaubst. Du wirst jedoch ewige Liebe früher erleben, als du glaubst. Tatsache ist, dass alle Menschen ewige Liebe erleben und als Engel auf der Erde leben werden. Das ist die Entwicklung, die euch bevorsteht, ein spirituelles Erwachen, das gerade begonnen hat.

Ich: Ja klar! Was habt Ihr für Zeugs geraucht? Nein, das glaube ich nicht. Ihr begreift wohl, dass ich nicht jemanden lieben kann, der mich derart verletzt hat. Habt ihr nicht ein paar praktische Tipps? Wenn ihr mir schon nicht dabei helfen wollt, mich zu rächen, könntet ihr mir zumindest erzählen, wo ich im Lotto gewinnen kann, um damit meinen Lebensunterhalt zu bestreiten?

Engel: Beginne damit, dich selbst zu lieben, und erkenne, dass du eine Gabe an die Menschheit bist. Du bist ein Schöpfer und deine Schöpferkraft wird sich erhöhen, wenn du dich für die öffnest, die du bist.

Ich: Knapp daneben ist auch vorbei. Ich bin ein Opfer, das weiß ich bereits. Es ist nicht gerecht, dass gerade mein Leben so schwer war. Helft mir, anstatt Unfug zu erzählen.

Engel: Cecilia, wenn irgendjemand, dann hast du die unerschöpfliche Unterstützung des ganzen Universums! Wir stehen an deiner Seite, um das Licht in deinem Leben zu finden. Wir haben dich seit deiner Geburt geleitet, dich vor allen Gefahren und vor allem dir vor selbst beschützt. Du hast deinen Platz einzunehmen, deine Botschaft wird von vielen gehört werden. Es gibt einen Plan für dein Leben. Und er sieht völlig anders aus, als du glaubst.

Ich: Aber das ist ja genau das, was ich sage. Helft mir, dieses Buch über die Ehe zu schreiben und andere zu warnen. Das kann ja ein Bestseller werden.

Engel: Die Botschaft, von der wir sprechen, handelt von ewiger Liebe, der göttlichen Wirklichkeit, dem geistigen Licht und der Schöpferkraft, die allen Menschen innewohnt. Du wirst Glaubwürdigkeit gewinnen, indem du dich selbst und dein Leben durch Engelkraft veränderst. Indem du liebst, anstatt zu hassen, und Licht in der Welt verbreitest. Mit jedem Schritt, den du machst, wird sich eine neue Wirklichkeit öffnen.

Ich: Entschuldigt mal, was für eine göttliche Wirklichkeit? Wie ihr bereits wisst, glaube ich nicht an Gott. Versucht, das jemand anderem einzureden.

Engel: Cecilia, das Kind, das du trägst, ist eine Gabe Gottes. Das ist gerade eine dieser neuen Wirklichkeiten, die sich dadurch eröffnet hat, weil du dich verändert hast.

Liebe ist ewig.

Während dieser Periode hatten wir viele solche Gespräche. Jedes Mal, wenn mich die Engel besuchten, wollte ich mich von ihnen

bemitleiden lassen, während sie weiter von der ewigen Liebe sprachen. Schließlich durchbrachen sie meine Verteidigung, und langsam begann ich, mich zu verändern, indem ich die Übungen in
diesem Buch durchführte. Nach ein paar Jahren hatte ich einen
Traum, in welchem ich die Seele meines Ex-Mannes traf. Die Liebe, die ich ihm gegenüber empfand, war göttlich. Ich empfand,
das alles in bester Ordnung war und nichts von dem, was zwischen uns abgelaufen war, spielte noch eine Rolle. Das Einzige,
was zählte, war, dass wir einander liebten und dass unsere Liebe
ewig war. Dass unsere Ehe völlig schieflief und in einer Katastrophe endete und wir nichts mehr miteinander zu tun haben wollten, war unwesentlich.

Am nächsten Tag rief ich ihn an und sagte:
- Ich möchte dich wissen lassen, dass ich dich liebe, egal was
  passiert ist, und ich weiß, dass ich dich immer lieben werde.
- Darauf habe ich gewartet, meinte er.

Danach begann das Meiste, in Ordnung zu kommen.

Liebevolle Gedanken

Engelübungen 12   „Dich selbst zu lieben bedeutet, Gott zu
                          lieben. Deine Liebe ist eine Gabe an die
                          Menschheit."

Liebe ist Nähe zu Gott.

Wenn ich Liebe und Licht in mir erlebe, bin ich Gott nahe. Jedes
Mal, wenn ich die göttliche Essenz erlebe, komme ich Gott näher, bis ich eines Tages zur Quelle zurückkehre und eins mit Gott
werde.

Liebe ist in mir.

Wenn ich nach Liebe suche, wende ich mich nach innen. Ich muss
nicht außen nach ihr suchen, da die Liebe in mir wohnt.

Liebe kann nur wachsen.

Meine Liebe wächst mit jedem Tag. Ich nähre sie mit meinem Ge-
wahrsein und teile sie frei mit anderen.

Nichts, was wirklich ist, kann zerstört werden.
Ich weiß jetzt, dass nichts zerstört werden kann, das wirklich ist. Wenn meine Illusionen über mich und andere verschwinden, sehe ich das Wirkliche: unsere Göttlichkeit.

Liebe ist ewig.
Es ist sicher, zu lieben, da meine Liebe ein ewiger Teil meiner selbst ist. Sie folgt mir durch das Leben hindurch, drängt mich vorwärts, der Wahrheit und dem Licht entgegen, und weist mir den Weg in die Ewigkeit.

Engelliebe
Ich bin geboren, um zu lieben, um geliebt zu werden, und ich liebe grenzenlos – mich selbst, andere und das Leben selbst. Meine Liebe hat keine Bedingungen, denn sie ist, was ich bin. Jedes Mal, wenn ich liebe, wird die Welt zu einem lichtvolleren Platz, da meine Liebe ein Geschenk an die Menschheit und das Leben ist.

13. KLARHEIT UND HELLSICHTIGKEIT

*„Deine Seele hat alles vorausgesehen, was
in deinem Leben geschehen kann."*

Engel sind daran interessiert, dass du Klarheit und Hellsichtigkeit in deinem Leben entwickelst. Sie selbst sind nämlich sehr hellsichtig, und da du dich auf dem Weg befindest, ein Engel zu werden, wirst du das auch. Daher möchten sie gerne, dass du damit jetzt beginnst. Vielleicht bist du der Überzeugung, dass nur gewisse Menschen hellsichtig sind und dass sie mit einer speziellen Gabe geboren wurden, die du nicht besitzt. Natürlich ist das nicht so. Hellsichtigkeit ist keine Gabe, sondern eine natürliche Erweiterung deiner sinnlichen Wahrnehmung. Sie ist kein sechster Sinn, sondern eine erweiterte Anwendung deiner bereits jetzt schon existierenden Sinne. Es geht also nur um Übung.

Deine Sinne registrieren viel mehr, als du vermutlich annimmst. Einmal registriert, wird die Information zum Gehirn geschickt, das dann versucht, sie zu interpretieren. Wenn du nicht daran gewöhnt bist, subtile Energien zu bemerken, wird dein Gehirn nicht wissen, wie die Informationen zu handhaben sind und wird sie in der Abteilung „allgemeines, unwichtiges Hintergrundrauschen" ablegen. Es geht also darum, Prioritäten zu setzen und eine Umprogrammierung durchzuführen, die leicht eingeübt werden kann. Dein Gehirn ist wie ein Computer. der aus Gewohnheit seine Programme laufen lässt. Nun ist ein Programm für Hellsichtigkeit dran.

Ich selbst war schon von Anfang an recht hellsichtig, was aber nicht bedeutet, dass ich klüger gewesen wäre. Als Kind war es für mich unangenehm, die Gedanken und Gefühle anderer zu bemerken. Vieles, was in der Umgebung ablief, geschah auch in mir und verursachte Chaos. Ich verstand nicht, dass ich nicht meine eigenen, sondern die Gefühle anderer vernahm. Das kann anstrengend werden. Mit der Zeit ging es besser, obwohl dann andere Probleme auftauchten. Ich war der Meinung, dass alle sahen, was ich sah. Einmal saß ich mit einem Freund in der Universität und wir sprachen über seine Freundin, die ich nie getroffen hatte. Ich muss wohl etwas über ihre Situation gesagt haben und wie seine Freundin dachte. Er war sehr schockiert und wunderte sich darüber, wie ich das wissen konnte – wie ich im Detail wissen konnte, was in ihrer beider Leben vor sich ging. Das konnte ich natürlich nicht beantworten, da ich nicht verstehen konnte, dass dies nicht für alle ersichtlich war. Für mich war es offensichtlich. Warum also war es das nicht für andere?

Und so ging's die ganze Zeit. Ich warf mit Einzelheiten aus dem Privatleben anderer um mich, ohne zu verstehen, dass niemand sonst sie sehen konnte. Daher wurde ich mit der Zeit ein recht stiller Mensch. Ich fühlte mich als die „Außerirdische", die ich vermutlich auch bin. Ich konnte nicht nachvollziehen, wie die Dinge auf diesem Planeten funktionieren. Ich getraute mich kaum, mit jemandem darüber zu sprechen.

Einmal sah ich voraus, dass ein guter Freund misshandelt würde, wenn er am kommenden Samstag ausgehen würde. Er tat es doch und landete im Krankenhaus. Ich hatte jedoch enorme Schuldgefühle, da ich das Ereignis zwar vorausgesehen hatte, es aber nicht verhindern konnte.

Heute sieht die Sache völlig anders aus. In meinem jetzigen Beruf ist es perfekt, im Detail zu sehen, was geschieht und manchmal auch, was künftig passieren wird. Ich arbeitete viele Jahre als spirituelle Beraterin. Ich bemerkte, dass viele Menschen eine recht fatalistische Einstellung haben. Sie glauben, dass Dinge vom Schicksal bestimmt werden und wollen daher Klarheit in all dem, was genau geschehen wird.

Ich glaube das überhaupt nicht. Ich glaube nicht an Schicksal und habe auch von Seiten der Engel nichts Derartiges gehört. Nein, es geht nur um das, was wir selbst erschaffen. Die Energie, die wir aussenden, entscheidet, was zu uns zurückkommt. Daher ist es vorteilhaft, wenn man sich die wahrscheinliche Zukunft ansehen kann, um zu schauen, was man im Begriff ist zu erschaffen. Will man das nicht, so ändert man das, was man aussendet, und auf die Art ändert sich die Zukunft dann ebenfalls.

Aus der Sicht der Engel ist der Sinn unseres Lebens hier auf der
Erde, ein Engel zu werden. Das ist das Einzige, das entschieden
ist. Wir als Individuen und als Menschheit sollen uns zu unserem höchsten Potenzial entwickeln. Das Drumherum allerdings
ist nicht vorherbestimmt, selbst wenn alles, was geschehen kann,
von deiner Seele bereits vorausgesehen wird.

> **Meine Seele hat jede Situation in
> meinem Leben vorausgesehen.**

Da deine Seele grenzenlos ist, konnte sie jede Situation voraussehen, die du in deinem Leben hattest oder noch haben wirst. Sie
hat auch alle anderen Situationen vorausgesehen, was hätte passieren können und was eventuell noch geschehen könnte. Dann ist
sie sich auch des Ziels bewusst: dass du in deiner vollen Kraft als
voll entwickelter Engel in einem physischen Körper in Harmonie
mit allem und allen lebst. Du kannst in deinem Leben so viele Umwege einschlagen, wie du gerade lustig bist, und du wirst dennoch
das Ziel erreichen. Es ist nicht vorausbestimmt, welche Wege du
wählen wirst, es gibt eine unendliche Menge an Möglichkeiten.
Du kannst jedoch auch den geraden Weg wählen, und dann geht
es am schnellsten und leichtesten. Ich selbst war eine ganze Weile
auf Abwegen, aber das machte nichts. Jetzt fühle ich mich vollständig auf dem richtigen Weg.

> **Welchen Weg ich auch einschlage, er führt
> mich zum Ziel meiner Existenz.**

Wie steht's jetzt aber mit der Hellsichtigkeit? Was genau ist es,
was wir sehen können, und gibt es Grenzen dafür, was möglich
ist? Ich glaube nicht, dass es Grenzen gibt, da wir uns ja auf dem
Weg zur Grenzenlosigkeit befinden. Ich weiß, dass es absolut
möglich ist, einen Röntgenblick zu entwickeln; den hatte ich eine
Weile. Wahrscheinlich ein weiterer „Engelköder", um mir zu zeigen, was der Menschheit möglich sein wird. Ich las einmal ein
Buch über „Healing und Röntgenblick" und entwickelte ihn di-

rekt. Plötzlich konnte ich direkt in Körper hineinsehen, als ob die Haut durchsichtig wäre und die Muskulatur und die anderen Ebenen des Körpers sehen. Das klingt vielleicht heftig, aber so lustig war es nicht, da ich das nicht steuern konnte. Wenn ich also auf der Straße entlangging, konnte ich ein Skelett sehen, das mir entgegenkam. Während ich meinem Baby die Brust gab, sah ich seine Kopfmuskulatur anstatt seines süßen Gesichts. Vielleicht glaubst du jetzt, dass ich Drogen nahm oder einen Schlaganfall erlitten hatte, und daher begann, all diese seltsamen Dinge zu sehen. Das war aber nicht der Fall, ich fühlte mich bestens. Die Veränderung bestand einfach darin, dass mein Gehirn auch andere Ebenen der Wirklichkeit registrieren konnte.

Nachdem ich Hellsichtigkeit auf dieser und anderen Ebenen erlebt habe, begreife ich, warum nicht mehr Leute sie entwickeln. Es kann anstrengend werden. Man muss sehr ausbalanciert sein und mit beiden Beinen auf dem Boden stehen, um mit ihr umgehen zu können. Erzengel Michael meint, dass wir volle Hellsichtigkeit entwickeln können, und das bedeutet, dass wir alles registrieren können, was in uns und um uns herum passiert. Es ist wirklich eine unglaublich große Menge an Information für uns zugänglich. Hellsichtigkeit ist in der Welt der Engel, wo es allen gut geht, wohl eine herrliche Sache – aber hier auf der Erde?

Stell dir vor, du würdest alles über einen Menschen wissen: Wer er ist, wie er denkt und fühlt, was in seinem Leben geschehen ist, was geschehen wird, seine Zellen, Atome und jedes Teilchen in seinem Körper, wie viel Licht er in seinen Energiekörpern aufgebaut hat, in welchem Maß seine Seele in seinem Leben verankert ist, sein Potenzial und wer er jetzt ist, seine Träume, die Verbindungen von jedem seiner Teilchen zu allem anderen Leben in unserem Universum, sein göttliches Selbst, all seine Inkarnationen hier auf der Erde und an anderen Orten, all seine zukünftigen Inkarnationen und was in ihnen geschehen kann, all die Engel und geistigen Führer, mit denen er in diesem und anderen Leben zusammenarbeitet, all seine Beziehungen ... Man wird schon beim Gedanken daran müde. So ist es aber. All dies und noch viel mehr können wir mit unseren Sinnen wahrnehmen, wenn sie erweitert sind.

Die meisten, die Hellsichtigkeit in ihrer Arbeit anwenden, spezialisieren sich auf ein gewisses Gebiet. Manche sind gut darin, verlorene Gegenstände wiederzufinden, andere, mit Verstorbenen zu sprechen und sie zu hören, andere sehen Energien und was nötig ist, um eine Heilung durchzuführen, wieder andere sehen, was in der Zukunft passieren wird, manche sehen frühere Leben, andere lesen Gedanken und vieles mehr.

Ich habe bemerkt, dass ich – solange ich mit Healing gearbeitet habe – fantastische Dinge in Körpern sehen konnte und damit auch meistens richtig lag. Als ich damit aufhörte und begann, Kurse in Persönlichkeitsentwicklung zu geben, sah ich sehr viel mehr über meine Studenten, ihre Gedanken und Gefühle und was sie tun konnten, um das Leben zu führen, das sie haben wollen. Als dann meine Engel anfingen, mir die Wirklichkeit zu zeigen und wie alles im Universum zusammenhängt, begann ich, das zu sehen. Ich sehe aber nicht alles gleichzeitig, das wäre zu überwältigend.

Rein theoretisch könnten wir alles voneinander sehen. Was ich allerdings oft bemerkt habe ist, dass es um einiges schwerer wird, das Energiefeld anderer zu lesen, wenn sie das nicht wollen und es aktiv verschließen. Das kannst du auch machen für den Fall, dass du es als unangenehm empfindest, wenn sich andere auf dich einstimmen. Ich selbst baue meist ein starkes Licht in meinem Lichtkörper auf, welches verhindert, dass sich andere auf mich einstimmen. Für mich wäre es zu störend, wenn dauernd ein Haufen Leute versuchen würde, sich darauf einzustimmen, wie es mir geht. Es geht hier um Integrität, und ich kann dir eines versprechen: Je hellsichtiger eine Person ist, desto wenig Interesse hat sie daran, dich durchzuchecken, um zu sehen, was in dir vorgeht. Wenn Leute damit beginnen, ihre Sinne zu erweitern, testen sie gerne ihre Fähigkeiten und stimmen sich während einer Periode auf alles und jeden ein. Je mehr sie es können, desto mehr schwindet jedoch ihr Interesse.

Wenn du hellsichtig sein möchtest, kannst du das leicht entwickeln. Es sind dazu keine speziellen Techniken nötig. Entscheide dich zum Beispiel einfach dafür, über einen Freund so viel Information wie möglich aufzunehmen (wenn er oder sie das will!), und erzähle ihm bzw. ihr, was dir aufgefallen ist. Es geht darum, eine natürliche Fähigkeit anzuwenden und deine schlafenden Sinne zu erwecken. Oder du trainierst deine Sinne dadurch, dass du alles in dir selbst bemerkst. Es gibt eine enorme Breite an Übungen und sie alle funktionieren.

Aber warum hellsichtig werden? Zum Ersten ist es ein natürlicher Teil unserer Entwicklung, uns all dessen bewusst zu sein, was wir bereits jetzt registrieren, obwohl es uns nicht bewusst ist. Deine Seele ist bereits hellsichtig. Wenn du Hellsichtigkeit entwickelst, wird dir auch bewusster, welche Entscheidungsmöglichkeiten gut für dich sind und mehr Licht in dein Leben bringen. Zweitens ist es hilfreich, jene geistigen Dimensionen zu sehen und zu verstehen, die ein natürlicher Teil unserer Wirklichkeit werden, wenn wir zu Engeln werden. Zum Dritten ist es einfach praktisch, wenn man mit Readings oder Healing unterschiedlicher Art arbeitet. Und dann ist es auch ganz nett, wenn man an sich und anderen neue Seiten entdeckt. Zum Beispiel kann es dein Verständnis anderer Menschen erleichtern, wenn du siehst, was in ihnen vorgeht. Hellsichtigkeit hilft uns, gegenüber unseren Mitmenschen mehr Toleranz zu entwickeln.

Was ich auch mache, ich erreiche meine Ziele.

Engelübungen 13   „Du bist der Weg, auf dem du deine Ziele erreichst!"

Meine Seele hat jede Situation in meinem Leben vorausgesehen.
Ich höre auf meine Seele, die mir kreative Lösungen und den leichtesten Weg zu meinen Lebenszielen zeigt.

Welchen Weg ich auch einschlage, er führt
mich zum Ziel meiner Existenz.

Ist das nicht wunderbar? Es spielt keine Rolle, ob du dich in deinem Leben auf Abwege begeben hast. Egal, wo du dich aufhältst, kannst du zu jedem Zeitpunkt den Weg finden, der dich direkt zu deinem Ziel führt. Gerade das empfinde ich als sehr tröstlich. Wir Lichtarbeiter möchten gerne unsere Ziele direkt erreichen, und wenn wir das nicht schaffen, sind wir frustriert und glauben, etwas falsch gemacht zu haben. Wir glauben auch gerne daran, dass es gilt, den „richtigen Weg" zu finden, und wenn wir den verpassen, dann ist es um uns geschehen. Engel haben ihre eigene hellsichtige Perspektive und meinen, dass all unsere Wege nach Rom bzw. zur Erleuchtung führen. Es handelt sich um eine persönliche Präferenz, welchen Weg man wählt.

Hier eine meditative Übung, um mit der Hilfe deiner Engel alle Verwirrung aufzulösen.

Entspanne dich, während du tief und ruhig mit lichterfüllten Atemzügen atmest. Wieder versammeln sich deine Engel um dich, um dich mit in ihr Reich zu nehmen. Du fühlst, wie dein Bewusstsein in lichtere Dimensionen angehoben wird, wo alles ruhig und liebevoll ist, und wie die Gegenwart deiner Engel dich mit ihrem ruhigen Licht umgibt

Ein Engel tritt mit dem Geschenk der Klarheit, klarer Sinne und reiner Gedanken zu dir. (Mit reinen Gedanken meinen sie Gedanken, die nicht von Ängsten oder Zweifeln, sondern von Licht und Liebe beeinflusst sind. Auf diese Art kannst du klar sehen, was in deinem Leben wichtig ist und was dein nächster Entwicklungsschritt sein wird.)

Spüre, wie seine Nähe Verwirrung auflöst und Klarheit erzeugt ... Klare Gedanken und klare Sinne ... In deinem Leben verwirren dich nur deine Ängste, die Rastlosigkeit und Probleme erschaffen ... Es gibt nichts, wovor man Angst haben müsste ... In jedem Augenblick gibt es grenzenlose Möglichkeiten, und wenn du dich mit Klarheit erfüllst, kannst du die grenzenlosen Möglichkeiten des Lebens sehen und dein Leben wird leicht.

Meditation, um deine Hellsichtigkeit zu erhöhen

Hellsichtigkeit handelt also davon, deine fünf Sinne zu öffnen, sie anzuwenden und zu entwickeln, um dir bewusst zu werden, was du bereits in deiner Umgebung registrierst. Indem du deine Sinne übst, kannst du bemerken, was in deinem Körper, in anderen und in den geistigen Dimensionen abläuft. Im Alltag verschließen wir unsere Sinne. um all die Sinneseindrücke handhaben zu können und wir dämpfen unsere Fähigkeit zur Hellsichtigkeit.

Beginne, deine Aufmerksamkeit nach innen zu fokussieren, während du tief und ruhig atmest. Die Atmung ist eine der ersten Funktionen, die begrenzt wird, während wir heranwachsen. Wenn wir geboren werden, atmen wir frei und tief, auf eine Art, die unseren Körper optimal mit Sauerstoff versorgt. Kleinkinder atmen zuerst in den Bauch und von dort in den Brustkorb, und atmen dann zuerst vom Magen aus und dann vom Brustkorb. Das ist die natürliche Atmung, welche die Engel empfehlen. Indem du so atmest, kannst du im Körper viele Anspannungen vermeiden. Eine durch schlechte Atmung begrenzte Sauerstoffaufnahme kann im Körper Muskeln dazu veranlassen, sich in Minikrämpfen zusammenzuziehen, die länger anhaltenden Schmerz und Anspannung verursachen können. Fokussiere dich also auf deine Atmung. Wie frei und tief atmest du? Kannst du etwas tun, um deine Atmung zu erleichtern, indem du vielleicht Kleidung trägst, die weniger eng anliegt? Die Atmung ist für die Entwicklung der Hellsichtigkeit von großer Bedeutung. Stell dir vor, dass du einen deiner Engel mit dir verschmelzen lässt, um dir von innen her zu zeigen, wie du am besten atmen kannst, um deine Sauerstoffaufnahme im Blut zu optimieren. Mach es dir zur Gewohnheit, während des Tages immer wieder einmal auf deine Atmung zu achten, bis eine tiefe, entspannte und ungehemmte Atmung für dich natürlich geworden ist.

Bemerke dann deinen Tastsinn. Wie fühlt sich deine Haut an? Wie viele all der Signale von deiner Kleidung kannst du wahrnehmen? Wie fühlt sich das Material an, ist die Kleidung warm oder kalt? Wie liegt sie am Körper an? Spürst du den Druck des Stuhls, auf dem du sitzt? Wie fühlen sich deine Füße und der Boden unter ihnen an? Wenn du Nagellack oder Make-up anwendest, kannst du sie spüren? Kannst du den Druck von Sachen in deinen Hosentaschen spüren, oder von deiner Uhr oder dem Schmuck, den du trägst? Bemerke alles, was du von deiner Körperoberfläche spüren kannst. Gibt es eine Stelle, die juckt oder schmerzt? Gibt es eine Stelle, die sich besonders angenehm anfühlt? Kannst du etwas machen, um dir ein bequemeres Gefühl zu verschaffen?

Bewege dann deine Aufmerksamkeit in deinen Körper. Wie fühlt es sich in deinem Hals an? Sind deine Muskeln entspannt oder angespannt? Hast du irgendwo einen kleinen Muskelkrampf? Wie nimmst du deinen Blutfluss wahr? Kann es frei strömen oder ist es irgendwo blockiert? Wie fühlt sich dein Bauch an? Wie nimmst du den Beckenbereich und alle kleinen Muskeln dort wahr? Hast du einen Geschmack im Mund? Spürst du einen Duft von dir selbst oder vom Raum, in welchem du dich befindest? Ist ein spezieller Duft dominant?

Kannst du deine Atmung und andere Geräusche deines Körpers wahrnehmen? Kannst du Dinge in deinem Raum oder außerhalb davon hören? Kannst du spüren, wie die Energien in deinem Körper und deiner Aura fließen? Kannst du das Energiefeld spüren, das den Stuhl umgibt, auf dem du sitzt? Oder das um andere Objekte? Befinden sich einige nicht-physische Wesen im Raum?

Frage dich, wie du deine Sinne am besten entwickeln kannst. Meist ist es hilfreich, all das zu bemerken, was du bereits bemerkst. Sitze mit geschlossenen Augen und bemerke, was du siehst. Wie sieht das Licht aus, siehst du Farben? Wenn du dann deine Augen öffnest, bemerke alles, was du siehst, jedes Detail um dich. Fokussiere dich darauf mehr als normalerweise, um es zu registrieren.

Wenn du nicht schon hellsichtig bist, kannst du dies leicht erreichen, indem du beginnst, deine Sinne mehr zu gebrauchen. Hellsichtigkeit ist nichts anderes als die erweiterte Anwendung deiner fünf Sinne, wobei du einfach alle die Details bemerkst, die du normalerweise als unwichtig aussortierst. Zum Beispiel filtern die meisten Menschen Informationen über die Energieebnenen und geistigen Dimensionen heraus und schieben sie beiseite. Indem du die Sensibilität deiner Sinne übst, kannst du deine Hellsichtigkeit entwickeln. Hellsicht handelt also einfach davon, deine Sinne für subtile Informationen und subtile Energien zu trainieren.

TEIL III

Wie man
ein Engel wird

14. UPDATE DEINE SOFTWARE UND DOWNLOADE DAS ENGELPROGRAMM

*„Ich bin in vollständiger Harmonie mit
mir selbst, dem Leben und der Umwelt."*

In allen Computern aktualisiert man die Software, sobald sie nicht mehr auf dem neuesten Stand ist oder wirft alte Programme raus, um sie durch neue zu ersetzen. Du kannst auch dein Gehirn nach Belieben programmieren. Mit Engeln zusammenzuarbeiten bedeutet, zu beginnen dein Gehirn so zu programmieren, dass du siehst, wie das Leben wirklich ist, wie wundervoll alle sind, welch unendlichen Möglichkeiten es für dich gibt und wie du die Dinge auf eine Art erledigen kannst, die zum Wohle aller führt. Es bedeutet auch, dein Gehirn so zu programmieren, dass es subtilen Energien eine Priorität gibt, damit du hören kannst, was Engel sagen, damit du siehst, wie es anderen geht und welche Absichten sie verfolgen. Ansonsten werden diese subtilen Energien von deinem Gehirn als allgemeines, unwichtiges Rauschen wegsortiert.

> Das Leben ist fantastisch, meine
> Mitmenschen sind wunderbar. Ich habe
> unendliche Möglichkeiten, mein Leben
> nach meinen Wünschen zu erschaffen.

Umprogrammierung deines Gehirns bedeutet, dass du deinem Gehirn behilflich bist, in neuen Mustern zu funktionieren. Wenn du das nicht tust, dann läuft es einfach in seinen gewohnten Bahnen weiter. Ein Engel zu werden handelt hauptsächlich davon, dein Gehirn so umzuprogrammieren, dass es die lebensbejahenden

Kräfte und spirituellen Ideale unterstützt. Alle Übungen und Gedanken in diesem Buch sollen dir dabei helfen. Das Gehirn braucht sowohl Hilfe als auch Training, wenn du dich zu einem Engel entwickeln möchtest. So seltsam es auch klingen mag: Viele Menschen haben Angst vor ihrer eigenen Kraft. Der Gedanke an ein Leben, in dem alles funktioniert, ist sowohl verlockend als auch erschreckend. Die Menschen haben es im Allgemeinen schwer, sich mit einem funktionierenden Leben zu identifizieren, da sie daran gewöhnt sind, Schwierigkeiten zu haben und meistens glauben, dass man sich durch Schwierigkeiten entwickeln würde. Der Gedanke an ein leichtes Leben und eine Entwicklung in Freude fühlt sich seltsam an.

Welche Ideen du in deinem Gehirn anlegen möchtest, hängt natürlich völlig von dir ab. Meine eigene spirituelle Entwicklung und Umprogrammierung hat durch die Übungen stattgefunden, die du in diesem Buch findest. Ich bekam sie von meinen geistigen Führern, als ich sie am nötigsten hatte. Außerdem haben mich meine Geistführer durch eine große Anzahl von Meditationen geführt, während derer sie mir ihre Sicht über die Menschheit und unser Potenzial im Leben erklärt haben. Für mich ist dies eine perfekte Kombination: Affirmationen, Übungen, um grenzenloses Denken zu üben, sowie Meditationen.

Alle Übungen in diesem Buch sind darauf ausgerichtet, deinem Leben mehr Freude, Inspiration und Licht zu geben. Es hat keinen Sinn, dass du sie womöglich sklavisch ausführst oder dogmatisch durchackerst, wenn sie dir keinen Spaß machen. Lass deine Freude dich dabei anleiten, welche und wie du sie anwenden kannst.

Nun folgt eine Meditation, die meine Engel mit mir durchführten, die eine echte Veränderung in meinem Leben bewirkt hat. Wenn Engel mit deinem Gehirn arbeiten, so wie sie dies in dieser Meditation tun, dann strukturieren sie die Energieflüsse dort neu und erwecken bisher schlafende Funktionen. Alles, was nötig ist, damit sie mit dir arbeiten können, ist deine Erlaubnis.

Deine Persönlichkeit ist ein temporärer und programmierbarer Teil von dir, den es nur während dieses Lebens gibt, während deine Seele der ewige Teil von dir ist. Deine Seele und wir Engel wünschen uns nichts mehr, als deine Persönlichkeit mit unendlichem Potenzial zu programmieren, mit unendlichen Möglichkeiten, Reichtum zu erleben, und mit Liebe, Licht, Einssein, Überfluss, Schönheit, Gesundheit und noch vielem mehr. Während du aufgewachsen bist, wurde deine Persönlichkeit mit Ängsten, Zweifeln und begrenzten Ideen über deine Möglichkeiten programmiert. Indem du uns Engeln die Erlaubnis erteilst, das Engelprogramm in dein Gehirn zu laden, kannst du für dich neue Möglichkeiten öffnen. Es ist ein Programm, das dir erlaubt, auf vielen Gebieten Reichtum anzuziehen. Dies gilt u.a. für Kreativität, Kraft, Freude, Liebe, höheres Bewusstsein, Wohlstand und mehr Möglichkeiten, entsprechend deinen Vorstellungen zu leben, Beziehungen zu gestalten und so fort. Das Engelprogramm verstärkt die göttlichen Antriebskräfte, z.B. sich zu entwickeln und neue Teile der Wirklichkeit zu erforschen. Oder zukünftiges Wissen und Energie bereits jetzt heranzuholen. Außerdem entwickelt es das Gefühl des Einsseins und der Zugehörigkeit zur Schöpfung.

Es öffnet dich für ein Leben mit grenzenlosen Möglichkeiten, in dem du frei bist zu leben, wie du möchtest, für ein Leben voller Gaben, Wertschätzung und Freude, ein Leben, in dem du der Welt mehr Licht und Liebe hinzufügst. Ein Leben, in dem du eine bessere Welt erschaffst und andere dazu inspirierst, ihre Kraft zu finden – also ein reiches Leben.

Du musst nichts tun; entspanne dich einfach, atme das Licht deiner Seele ein und erlaube uns Engeln, dich von Begrenzungen zu befreien und alle Gedanken und Vorstellungen in dir aufzulösen, die besagen, dass du nicht bekommen kannst, was du willst, oder dass du es nicht verdienen würdest, es gut zu haben, ein wahrhaft erfülltes Leben zu führen, in dem du als ein Engel lebst. Lass uns alle deine Ängste und Begrenzungen lockern, bis sie sich einfach in unserer Gegenwart auflösen. Fühle, wie wir damit beginnen, das Engelprogramm herunterzuladen, das dir hilft, ein neuer Mensch zu werden. Dieses Programm wird auch deine innere Kreativität wecken, um so mehr Platz für Dinge zu erschaffen, die du gut kannst. Vielleicht eine neue Arbeit oder eine neue Art, deine Arbeit durchzuführen, vielleicht kreative Kommunikation oder Platz für deine künstlerischen Seiten. Denn wenn du deine Kreativität anwendest, wird das Leben freudiger und du wirst zufriedener.

Jeden Abend, wenn du einschläfst und die Energien um dich ruhig sind, werden wir mit deiner Erlaubnis damit weitermachen, mit deinen Energien zu arbeiten, um sie mehr und mehr für dein Engelpotenzial zu öffnen. Indem du die Übungen anwendest, die wir in dieses Buch integriert haben, wirst du die Verankerung neuer Gedanken und Möglichkeiten stärken.

Neben deinem physischen Körper besitzt du auch Energiekörper wie zum Beispiel deine Aura. Ohne auf die Details einzugehen, weist deine Aura unter anderem einen Mentalkörper und einen Emotionalkörper auf. Dies sind Energiestrukturen, die dich umgeben und mit deinen Zellen verbunden sind. In Kürze könnte man sagen: Sowohl Mental- als auch Emotionalkörper gehen mit Energien um, die von außen hereinkommen. Dies können Energien anderer Personen sein oder auch Energien, welche um die Erde zirkulieren und aus unserem kollektiven Bewusstsein stammen. Abhängig von der Schwingungsfrequenz dieser Energiekörper ziehst du Energien aus dem gleichen Schwingungsbereich an. Das heißt, wenn es dir an einem Tag weniger gut geht und die Energiekörper an Leuchtkraft verlieren, wirst du für depressivere Energien empfänglicher sein. Geht es dir gut und du hast eine positive Einstellung, schwingt deine Energie auf einem anderen Niveau und du wirst entsprechende Energie anziehen.

Wenn Energien von außen in dein Energiefeld kommen, werden sie dort verarbeitet und dann weiter in dein Gehirn geschickt. Wenn dein Gehirn diese Informationen mit Hilfe eines geeigneten Programms dann bearbeitet, entstehen Gedanken, Gefühle oder Signale an deinen Körper, die zu einer Handlung führen.

> Ich fülle meine Energiekörper mit Licht.

Wenn eine Energie in deine Energiekörper kommt und durch deinen Emotionalkörper läuft, führt dies zu einem Gefühl. Läuft dieselbe Energie durch deinen Mentalkörper, wird ein Gedanke entstehen. Es ist also dieselbe Energie, die Gedanken und Gefühle verursacht, und es hängt nur davon ab, in welchem Energiekörper sie verarbeitet wird, bevor sie an die Zellen weitergeleitet wird.

Für Engel erscheinen unsere Gedanken und Gefühle gleich. Darüber hinaus meinen sie, dass wir keine eigenen Gedanken und Gefühle haben, da sie von einer äußeren Energie verursacht werden. Da dies sehr schnell geschieht, bemerken die meisten Menschen es nicht und glauben, dass diese Gedanken ihre eigenen wären. Aber das ist nicht so. Die Programme sind deine, die Gedanken- oder Gefühlsenergie kommt aber von außen. Das mag etwas ausgeflippt klingen: „Natürlich sind meine Gedanken doch meine eigenen!", könnte man glauben. Für Engel handelt es sich jedoch um eine Energie von außen, die wir durch unsere Programme verarbeiten. Nur das Erleben eines Gedanken oder eines Gefühls ist das, was wirklich unser eigenes ist. Wenn wir uns nicht mit Gedanken und Gefühlen identifizieren, wird es bedeutend einfacher, sie durch neue Affirmationen oder neue Programme zu verändern. Indem du die Energie und den Fluss in deinen Energiekörpern veränderst, kannst du auch positiver werden und Ja zum Leben sagen.

Heutzutage ist es populär, uns als chemische Wesen zu sehen und zu meinen, dass unser Erleben auf Gehirnchemie beruht. Natürlich ist dies ein starker Faktor in unserem Erleben der Wirklichkeit, der aber auch von unseren Programmen und unserer allgemeinen Lebenseinstellung beeinflusst wird. Wir können also, was Gedanken und Gefühle angeht, sehr viel selber machen. Unsere Programme steuern zum großen Teil, welche Gedanken und Gefühle wir erleben werden. Unsere genetische Veranlagung und die Chemie zeigen, wer von uns an Depression oder anderem erkranken kann. Mit einer positiven Lebenseinstellung haben wir bessere Voraussetzungen, trotz einer bestimmten genetischen Veranlagung, geistig gesund zu bleiben. Zur mentalen und emotionalen Gesundheit gehört auch ein regelmäßiges „Reinemachen" von Dingen, die nicht mehr aktuell sind. Also alte Programme rauswerfen, die dich nicht länger unterstützen und deine Befinden verschlechtern.

Baue lieber etwas Neues ein. Reinige hin und wieder das Gehirn auf Feng Shui-Art. Durch all die Eindrücke, mit denen unser Gehirn täglich gefüttert wird, sammeln wir mehr Müll an, als wir vermutlich glauben. Gedankenaffirmationen und Engelübungen helfen dir dabei, deine Programme im Gehirn auf den neuesten Stand zu bringen und Ereignisse positiv zu interpretieren. Auf diese Art siehst du mehr Möglichkeiten, während du gleichzeitig deinen Energiekörpern hilfst, auf einer neuen Frequenz zu schwingen und neue Energie hereinzuholen, die deinen positiven Programmen entspricht.

Indem du dich für Engelenergien öffnest, werden sich deine Gedanken und Gefühle einfach dadurch verändern, weil du neue

> **Ich wähle bewusst lichtvolle
> Gedanken und Gefühle.**

Energien hereinnimmst. Das wiederum bringt mit sich, dass deine eigenen Energiekörper lichter und fließender werden, und wird dazu führen, dass du mehr positive Energie von außen anziehen wirst. Man könnte sagen, dass du dich in eine nach oben gerichtete Spirale positiver Energie begibst, die dein Leben besser und besser werden lässt. Darüber hinaus wirst du sowohl Menschen als auch Situationen zu dir ziehen, die eine Energie aufweisen, die mit deiner zusammenpasst. Das ist recht genial. Wenn du möchtest, kannst du sowohl deine Gedanken als auch deine Gefühle so steuern, um sie so werden zu lassen, wie du sie haben möchtest.

Wenn dies eine Methode ist, die dir passt, kannst du also selbst deine Programme ändern. Oder du veränderst die Energie in deinen Energiekörpern durch Meditation oder Healing und veränderst dich auf diese Art. Dasselbe wird sich einstellen, wenn du meditierst und die Engel dein Energiefeld und deine Programme verändern lässt. Alle Wege führen also nach Rom. Alles was nötig ist, ist, dass du eine oder mehrere Methoden anwendest, die dir persönlich liegen.

Umprogrammierung kann auch in unterschiedlichen Formen von Gesprächstherapie ablaufen, zum Beispiel in der kognitiven Therapie, in der man seine Einstellung zum Leben verändert, oder man bearbeitet Erfahrungen aus früheren Leben, um das Erlebte loszulassen und seine Energie zu verändern. Alles führt zum gleichen Ergebnis, und meist ist es eine Geschmackssache, welches Tempo der Veränderung man als angenehm empfindet.

> **All meine Programme unterstützen mein
> mentales und emotionales Wohlbefinden.**

Engel leben ja jenseits von Polarität, was auch bedingt, dass sie felsenfest behaupten, dass es weder Ursache noch Wirkung, sondern nur zusammenwirkende Faktoren gibt. Wir können einen Zustand ändern, indem wir einen der Faktoren in Angriff nehmen, da jeder Faktor das Zusammenwirken beeinflusst. Wenn es also

darum geht, Gedanken, Gefühle oder das Gesamterleben unserer
Wirklichkeit zu verändern, so können wir sie durch einen oder
mehrere der folgenden Faktoren verändern:

* Energieaufnahme
* Energiezufluss
* Programm
* Chemie
* Genetische Veranlagung

Es gibt eine Reihe anderer Dinge, die man aus der Sichtweise der
Engel bemerken kann. Wie du weißt, haben Personen, die sich im
selben Raum aufhalten, auch oft gleiche Gedanken. Natürlich:
Ihre Energiefelder haben sich vermischt und sie haben die gleiche
Energie angenommen, haben eine ähnliche Programmierung und
daher auch ähnliche Gedanken.

Das eröffnet ungeahnte Möglichkeiten zur Manipulation, und
die Engel meinen, wir sollten das besser bleiben lassen. Wenn ich
ehrlich bin, muss ich eingestehen, dass ich schon einmal eine passende Energie in den Mentalkörper von jemandem platziert habe,
wenn es sich verlockend angefühlt hat. Man kann ja zum Beispiel
eine Kaffeetasse in den Mentalkörper einer Polizeihostesse für
den Fall platzieren, dass sie auf dem Weg zum falsch geparkten
Auto ist, sodass sie Lust bekommt, eine Kaffeepause einzulegen.
Oder man schickt eine ablenkende Energie an jemanden, der auf
einen zukommt, mit dem man gerade nicht sprechen möchte. So
etwas ist bei Engeln nicht gerade populär, da sie Integrität lieben
und es einem selbst am besten geht, wenn man integer lebt. Es ist
also besser, den Tag gut zu planen, zu vermeiden, das Auto falsch
zu parken, indem du deine Engelfreunde bittest, dir einen Park-
platz zu reservieren. Das funktioniert perfekt. Wenn du schon am
Morgen entscheidest, nur Personen zu treffen, mit denen du dich
austauschen möchtest, dann wirst du alle Ablenkungen umgehen
können. Auch dein Tag wird von deinen Energien gesteuert. Du
ziehst an, was zu den Energien passt, die du aussendest.

Ich wähle meine Gedanken und Gefühle selbst
Engelübungen 14   „Weil es dich gibt, leben wir alle in einer lichteren Welt."

**Das Leben ist fantastisch, meine Mitmenschen
sind wunderbar und ich habe unendliche Möglichkeiten,
mein Leben entsprechend meinen Wünschen zu erschaffen.**
Heute denke ich daran, wie fantastisch das Leben und meine Mitmenschen sind; ich bin ein Schöpfer mit unendlicher Kraft.

Ich fülle meine Energiekörper mit Licht.
Heute fülle ich meine Energiekörper mit Licht einfach dadurch, dass ich mir dies während ein paar Minuten vorstelle. Ich wiederhole dies oft während des Tages.

Ich wähle bewusst lichterfüllte Gedanken und Gefühle.
Heute fokussiere ich mich darauf, bewusst lichte und positive Gedanken und Gefühle zu wählen.

**All meine Programme unterstützen mein mentales
und emotionales Wohlbefinden.**
Heute tausche ich alle alten Programme aus, die ich aus Gewohnheit in meinem Gehirn behalten habe. Alles, was nicht zu dem passt, der ich heute bin, tausche ich gegen etwas aus, was zu mir in diesem Augenblick passt.

15. PROJEKTIONEN UND DIE WAHRE WIRKLICHKEIT

„Die Erfahrung der Wahrheit erschafft den starken Impuls, Alles und Alle zu lieben, für und durch die Liebe zu wirken."

Weißt du, was die Engel sagen? Dass du nur Dinge sehen kannst, die in dir sind. Psychotherapeuten sind auch auf dieser Spur, wenn sie von Projektionen sprechen. Doch Engel gehen weiter und meinen, dass alles, was du in anderen und in der Welt siehst, in dir selbst ist, weil du es sonst nicht sehen könntest. Das eröffnet ungeahnte Möglichkeiten. Ich spreche oft mit Engeln und sehe, wie liebevoll sie sind. Nachdem ich das sehen kann, bin ich auch liebevoll, herrlich! Einen Moment mal. Ich sehe auch andere Dinge, zum Beispiel, dass mein Lebenspartner oft träge und faul ist. Bedeutet dies, dass ich auch träge und faul bin? Vermutlich ja, sonst würde ich es nicht sehen können.

> Wenn ich einen Engel sehe, bin ich ein Engel.

Wie du deine Umwelt und deine Beziehungen siehst, sagt sehr viel über dich selbst aus. So funktioniert das auch für Engel. Sie sehen nur das Engelpotenzial in uns und das ist schön für sie. Gott und die Engel sehen nur das Herrliche auf der Erde, und wenn wir das auch so sehen würden, werden wir wie sie und die Erde zu einem Paradies. Das ist mit Sicherheit eine schönere Vorstellung als meine frühere Lebenseinstellung, bei der alles hoffnungslos aussah und von mir aus zur Hölle hätte fahren können.

Das ganze Universum ist auf diesem Prinzip aufgebaut. Es begann damit, dass Gott sich selbst betrachtet hat und dann Kopien

von sich erschuf, indem er seine Energie durch ein Selbstbild proji-
zierte. Alles Leben und alle Geschöpfe sind auf diese Art entstanden. Da wir auf diese Weise erschaffen wurden und unser Abbild
selbst fortlaufend weiter erschaffen, können wir nur sehen, was in
uns selbst ist. Das ist eine innere Funktion, mit der wir geboren
sind. Versuche das einige Tage lang.

Untersuche, wie du die Welt und die Geschehnisse in ihr siehst.
Wenn du das, was du siehst, nicht magst, brauchst du nur dein
Selbstbild zu ändern, und die Welt ändert sich mit. Das ist unerhört praktisch. Denn wenn du die Welt auf positivere Weise siehst,
bist du auch Mitschöpfer einer positiveren Welt, da du deine Energie durch dieses Bild projizieren wirst.

> **Wahrheit ist ein spirituelles Erlebnis
> jenseits von Worten oder Energie.**

Engel sagen oft, dass es nur eine Wahrheit gibt und dass sie nicht
in Worten ausgedrückt werden kann. Sobald wir sie in Worten
ausdrücken, werden wir von der Wahrheit abweichen. In der
Welt der Engel ist die Wahrheit ein Zustand, ein Sein, in welchem
wir mit allen göttlichen Impulsen in perfekter und vollständiger
Harmonie leben. In diesem Zustand der Wahrheit sind wir von
göttlichen Impulsen gesteuert, mehr Göttlichkeit zu erschaffen.
Zum Beispiel durch den Impuls, eins mit allem und allen zu sein,
den Impuls, die Göttlichkeit zu erforschen, den Impuls, alles und
alle zu lieben, den Impuls, mehr Göttlichkeit zu erschaffen und
so weiter. Manchmal, wenn ich meditiere oder einen Kurs halte,
nehmen uns meine Engel mit in die Wahrheit, um sie so erleben zu
können. Dort zu sein ist ein enorm friedvolles Erleben der Göttlichkeit, weit jenseits von Worten oder Energie. Dieses Erleben an
sich ist wahr und nicht unsere Interpretation davon.

> **Nur die Erfahrung der Wahrheit ist wahr.**

Die Engel sind auch der Meinung, dass es weder richtig noch falsch gibt; all das sei Illusion. Das ist recht interessant. Die Auffassung von dem, was richtig oder falsch ist, steuert in hohem Maße uns selbst, andere und die Gesellschaft als Ganzes. Wir arrangieren das Leben nach richtig und falsch und versuchen, uns danach zu benehmen. Viele fragen sich, wie die Engel das schaffen. Wenn es weder richtig noch falsch gibt und wir uns nicht mehr darum bemühen, korrekt zu leben, wie wird dann wohl unsere Gesellschaft aussehen? Die Frage kann man sich natürlich stellen. Werden nicht alle Menschen zu Kriminellen und wird die Gesellschaft dann nicht verfallen? Die Engel meinen das nicht. Denn wenn wir uns von göttlichen Impulsen steuern lassen, dann wird sich das von alleine regeln. Man darf wohl annehmen, dass dies eine Frage der Entwicklung ist.

Wir sollen ja alle Engel werden, und dann haben wir richtig und falsch nicht mehr nötig. Was wir allerdings brauchen, sind Werkzeuge, um nicht „in Teufels Küche" zu geraten. Das wichtigste Werkzeug der Engel ist, so vielen wie möglich ein Erlebnis der Wahrheit zu ermöglichen, damit wir uns zu verändern beginnen. Mit Verlaub gesagt, klingt das zwar etwas naiv, obwohl es vermutlich funktionieren wird. Es stellt sich dann nur noch die Frage, wie wir die Welt für einen Zustand geistiger Wahrheit interessieren können.

Ein Weg, der für viele funktioniert, sind geführte Meditationen. Ich habe während der Jahre so viele Kurse geleitet, während derer meine Engel durch mich Meditationen geleitet haben, dass ich mit der Zeit sanft „gehirngewaschen" wurde und ich bemerke, dass ich mehr und mehr wie ein Engel *denke*. Ich erhebe keinen Anspruch darauf, ein Engel zu *sein*. Weit entfernt. Aber wenn ich mich selbst nach 20 Jahren Engelarbeit anschaue und mit der Person vergleiche, die ich vorher war, dann gibt es einen enormen Unterschied. Ich bin nicht einmal mehr die gleiche Person. Ich bin sehr friedfertig geworden, in meinen Augen. Andere teilen vielleicht nicht meine Ansicht, aber von Innen her scheinen die göttlichen Impulse mein Bewusstsein zu steuern. Es fällt mir sehr schwer, über andere oder Situationen in meinem Leben negativ zu denken, ich werde selten ärgerlich und habe viel Geduld entwickelt. Meine Schwester, die in keiner Weise etwas mit Engeln zu tun hat, lacht nur, wenn wir uns über etwas unterhalten, da ich über andere Menschen nicht herziehen kann. Es ist nicht mehr natürlich für mich. Vorher war das anders. Ich war der Meinung, dass ich Dinge besser wusste als andere und hatte keine Probleme damit, sie ständig zu verurteilen.

> **Das Licht zeigt mir den Weg.**

Engel haben kein Interesse daran, dich oder andere zu be- oder zu verurteilen, das würde ihnen nie einfallen. Der erste Schritt in der persönlichen und spirituellen Entwicklung hat meist damit zu tun, aufzuhören, alles und alle zu beurteilen. Höre auf damit, daran zu glauben, dass die Kräfte des Universums gegen dich wirken, da dies nicht der Fall ist. Die Kräfte des Universums folgen ganz einfach deinem Fokus, deiner geistigen Ausrichtung. So einfach ist das.

Ich habe bemerkt, dass nicht alle es gleichermaßen gut finden, damit aufzuhören, das Leben und andere zu be- bzw. zu verurteilen. Wir sind schließlich daran gewöhnt, etwas rasch mit einer Beurteilung zu versehen. Das hier ist gut, das dort ist schlecht. Heinz ist ein Ekel, während Sabine nett ist. Wenn wir uns nicht verändern, dann machen wir auf diese Weise immer weiter. Engel verhalten sich nie auf diese Art; man kann sagen, dass sie völlig urteilsfrei sind. Sie sehen nur unser Potenzial. Sie bemessen Dinge auf eine andere Art, etwa: Wie viel Licht wird eine Handlung für die Welt erschaffen? Dann ermuntern sie uns, dem lichterfülltesten Weg zu folgen – den, der uns am schnellsten zu Engeln macht.

Ich – ein Engel: wahre Gedanken

Engelübungen 15   „Du kannst nur sehen, was sich in dir befindet – und in dir gibt es einen Engel, der dir den Weg zur wahren, lichten und liebevollen Wirklichkeit zeigen kann."

Wenn ich einen Engel sehe, bin ich ein Engel.
Heute denke ich an meine Engel und ihre guten Eigenschaften
– Liebe, Schönheit, Fürsorglichkeit, Weisheit, Schöpferkraft, Mitgefühl, Barmherzigkeit, Licht, Frieden, Harmonie ... und ich begreife, dass ich mich selbst gesehen habe, da ich sehe, was sich in
mir befindet.

**Wahrheit ist ein spirituelles Erleben jen-
seits von Worten oder Energie.**
Heute denke ich daran, dass das Streben, in der Wahrheit zu leben und sie zu verstehen, ein Antrieb in jedem Menschen ist. Die
Wahrheit liegt jenseits von Worten und kann als Impulse gesehen
werden, die Wirklichkeit zu erleuchten und bewusst zu lieben,
für Liebe und Licht zu leben, in Liebe und Licht zu leben und das
göttliche Licht zu suchen. Heute sehe ich, dass dieses Streben eine
dominierende Kraft sowohl in meinen Mitmenschen als auch in
mir ist.

Nur das Erleben der Wahrheit ist wahr.
Heute nehme ich mir Zeit für Meditation und bitte meine Engel,
mich in die Wahrheit mitzunehmen, um sie so selbst erleben zu
können.

Das Licht weist mir den Weg.
Ich lasse mich in meinem Leben vom Licht führen. Ich wähle den
lichtvollsten Weg, indem ich mich bei jeder Wahlmöglichkeit frage: Welcher Weg bringt am meisten Licht für mich und die Welt?

16. WIE EIN ENGEL SPRECHEN

„Wenn du dich darin übst, wie ein Engel zu
sprechen, verändert sich dein Bewusstsein, und
die Wirklichkeit des Engels wird zu deiner."

Vielleicht fühlst du dich bereit dazu, Engel zu channeln oder einfach mit ihnen zu „chatten" und fragst dich, wie man das macht. Zu Beginn möchte ich wiederholen, dass es keine Regeln gibt, sondern nur grenzenlose Möglichkeiten. Eigentlich muss man dies nicht lernen, da interdimensionelle Kommunikation eine angeborene Fähigkeit ist, die wir alle haben, obwohl sie nicht von uns allen angewendet wird. Dieser Tage geht es viel schneller und leichter, dass Menschen lernen zu channeln, als es noch vor zehn Jahren der Fall war. Nicht nur das Internet ist schneller geworden, sondern auch die interdimensionelle Kommunikation, und daher ist der Bedarf an fortgeschrittenen Techniken gesunken. Eigentlich ist es ausreichend, wenn du deinen Mund aufmachst und sie durch dich sprechen lässt. Du wirst dich wundern, wie viel Weisheit du besitzt, wenn du dich einmal für sie öffnest.

Es ist ausreichend, die Absicht zu haben, Engel zu channeln. Dann läuft alles Weitere von selbst ab. Je mehr du übst, desto leichter geht's. Die Meisten glauben nicht, dass es so einfach geht, und dann kann es gut sein, dass man eine Channeltechnik sucht und findet, die man gerne mag. Am Ende des Kapitels habe ich eine solche Technik angeführt, die für die meisten Leute funktioniert.

Selbst wenn Engel in ihrer Dimension keine Worte haben, verwenden sie trotzdem Worte, wenn sie mit uns sprechen. Wenn du channelst, bist du es, der mit seinem Engel spricht und die Information durch dein Bewusstsein und deine Sinne weitervermittelst. Daher kann sich leicht das Gefühl einstellen, dass du dir dies nur einbildest.

Da Engel nicht in der Dualität leben, gibt es für sie weder richtig noch falsch, und daher werden sie sich wahrscheinlich auch nicht in dieser Form ausdrücken. Es gibt einige deutliche Zeichen dafür, wenn ein Engel oder ein höheres Bewusstsein durch dich spricht oder wenn du selber sprichst. Wenn du verstehst, was sie meinen, wird es oft leichter zu channeln und du musst dich nicht fragen, ob das, was du vermittelst, richtig oder falsch ist. Kannst du auf die Botschaft, die ich oder andere erhalten vertrauen?

Engel sprechen auf Engelart

Bei allem, was Engel sagen, drücken sie sich immer entsprechend ihrer Aufgaben aus. Wenn du sie vergessen hast, kannst du im Kapitel 2 nachlesen. Hier führe ich ein paar Beispiele an, wie sie immer beim Channeling mit Engeln vorkommen.

1. Engel:
- vermitteln ein Bild des Göttlichen – Liebe, Licht, Bewusstsein – und überlassen es dem Empfänger, dies alles frei zu interpretieren
- streben nach dem Besten für alle
- ermuntern uns zu einer liebevollen Betrachtungsweise von uns selbst und unseren Mitmenschen
- inspirieren zu größerem Verständnis und Einheit
- drücken Integrität aus
- sprechen über Dinge, die funktionieren, über unser Potenzial und auf welche Weise unsere Leben besser werden können
- sprechen über Dinge, die uns vereinen, und nicht über das, was uns trennt
- weisen auf den Weg, der am meisten von Licht erfüllt wird;
- sprechen von Reichtum und Fülle und wie wir erschaffen können, was wir wollen
- sprechen von Liebe und wie wir zueinander liebevolle Beziehungen entwickeln können
- stärken uns alle durch das, was sie sagen
- erschaffen Einssein auf der Erde
- sprechen auf eine erhebende und inspirierende Art und Weise
- ermuntern zu erhöhtem Verständnis und Toleranz

- ermutigen uns, die Wirklichkeit zu erforschen und neues Wissen zu suchen, sodass wir mehr lernen und sich unser Bewusstsein erweitert

2. Wort für Wort:

Wenn du selbst sprichst, weißt du oft schon, was du sagen willst. Wenn ein Engel durch dich spricht, hast du keine Ahnung davon, was er sagen möchte. Oft ist es so, dass dein Engel dir ein Wort vermittelt und dann darauf wartet, bis du es ausgesprochen hast, bevor er dir sein nächstes Wort gibt. Wenn du also einen Satz beginnst, hast du keine Ahnung, wohin er führen wird. Daher ist Vertrauen nötig, wenn du wagst zu sagen, was du wahrnimmst, ohne zu wissen, wie der Rest aussieht.

Channeln ist eine Form der Kommunikation, über die du keine Kontrolle hast. Manche erleben das zu Beginn als etwas mühsam. Man getraut sich nicht, das erste Wort zu sagen, bevor man den Rest des Satzes bekommen hat. So blockiert man den Energiefluss durch den eigenen Wunsch nach Kontrolle. Dann kommt es zu einem Stopp und man hat das Gefühl, dass nichts funktioniert.

Selbst auszusprechen, was man meint, dass der Engel ausdrücken möchte, wird von vielen als das Kniffligste erlebt. Engel koppeln sich oft an dein Bewusstsein an, während sie dir die Kontrolle über den Körper überlassen. Daher bist du derjenige, der den Mund aufmachen muss, um etwas zu sagen. Mit der Zeit fühlt es sich so an, als ob du und der Engel ein und dasselbe Wesen sind, obwohl es sich zu Beginn eher so anfühlt, als ob ein völlig anderes Wesen durch dich sprechen würde.

In einer gewöhnlichen Kommunikation sind es deine Gedanken, die steuern, was du sagst. Deshalb ist es für viele ungewohnt, die eigenen Gedanken und Ideen darüber loszulassen, was vermittelt werden soll. Während einer Engelkommunikation sind es nämlich nicht deine Gedanken, welche steuern sollen, und das kann sich befremdend anfühlen. Daher kann es passieren, dass der Informationsfluss zu Beginn etwas träge ist und du nur ein Wort nach dem anderen hörst, obwohl du gerne den ganzen Satz hören möchtest. Wenn du dich in Vertrauen übst und das erste Wort aussprichst, wird das nächste Wort kommen und am Ende wird die Kommunikation fließend ablaufen. Also einfach üben. Das Wichtige ist: keine zu hohen Anforderungen an dich selbst stellen. Übung macht den Meister.

3. Bilder und Sinneseindrücke:

Es kann auch passieren, dass du keine Worte hörst, sondern dass deine Engel Bilder oder unterschiedliche Sinneseindrücke durch dich vermitteln. Was sie wollen ist, dass du damit beginnst, das Bild, das du empfängst, oder deine Wahrnehmung zu beschreiben. Danach machen sie dann mit mehr Information oder einem neuen Bild weiter.

Wenn ich channele, kommunizieren meine Engel auf unterschiedliche Arten mit mir. Sie vermitteln ihre Botschaft durch Worte, die sie verstärken, indem sie mir Bilder oder Sinneseindrücke vermitteln. Manchmal schreiben sie vor meinen Augen einen Text, den ich in meinem Kopf lesen kann, und meist geht alles so schnell, dass ich nicht richtig nachvollziehen kann, was sie sagen, bevor ich es ausgesprochen habe, da ihre Übermittlung viel schneller als meine Gedanken abläuft. Sie arbeiten auch mit Gesichtsausdrücken oder vermitteln Energie durch meine Hände oder indem sie meine Arme auf unterschiedliche Weise bewegen. Manchmal vermitteln sie Energie durch meine Augen, und das ist dann oft so stark, dass ich nichts anderes als Licht sehen kann. Alle, die vor mir sitzen, verschwinden und das Einzige was ich sehe, ist das Licht der Engel.

4. Traumzustand:

Der Bewusstseinszustand, in dem du dich während eines Channelings befindest, ähnelt in vieler Hinsicht einem Traumzustand. Solange du dich darin befindest, ist alles klar und deutlich und du erfasst jedes einzelne Detail. Wenn du dann zu deinem Tagesbewusstsein zurückkehrst, wird es eher zu einem Traum, bei dem du dich ungefähr erinnerst, worum es ging, aber die Details schnell vergisst. Daher kann es eine gute Idee sein, das Gesagte aufzunehmen oder einen Freund mitschreiben zu lassen, weil du wichtige Details sonst schnell vergessen könntest.

5. Für andere channeln:
Wenn du dich etwas darin geübt hast, zu channeln, möchtest du
vielleicht für andere channeln. Manche erleben das als leichter,
solange sie keine Erwartungen haben, was gesagt werden sollte,
und die Information deshalb leichter frei fließen kann.
Manche meinen aber, es sei schwerer, da das Gesagte an den
Empfänger angepasst ist und sich daher für einen selbst als bedeu-
tungslos anfühlen kann. Aber du bist ja in diesem Fall nicht der
Empfänger, sondern der, für den die Botschaft übermittelt wird.
Wenn du etwas von deinen Engeln an jemand anderen vermittelst,
musst du nicht verstehen, was das für den Empfänger bedeutet. Du
bist ein Kanal, durch den Information fließt. So einfach ist das.

Alle Botschaften, die Engel oder geistige Führer durch dich vermitteln, werden durch dein Programm gefiltert. Das heißt, dass
sie durch deine Wirklichkeitsvorstellungen gefiltert werden. Du
bist das Werkzeug, mit dem deine Engel arbeiten, und sie benöti-
gen deine „Datenbank", um sich ausdrücken zu können. Es spielt
überhaupt keine Rolle, ob du dabei bewusst oder in vollständiger Trance bist, weil alles, was von Engeln übermittelt wird, eine
Interpretation ist, welche durch die Wirklichkeitsauffassung der
Person gefiltert wird.

Dein Wortschatz bestimmt die Werkzeuge, mit denen deine
Engel arbeiten können. Sie selbst haben keine Worte, da sie weit
jenseits von Worten existieren und durch Töne oder Lichtfrequenzen kommunizieren oder indem sie das Göttliche reflektieren. Alle
Botschaften, die Propheten im Verlauf der Geschichte empfingen,
beruhten auf einem starken spirituellem Erlebnis, welches dann
durch ihr Bewusstsein und die Vorstellungen gefiltert wurde, welche der Prophet bzw. die Prophetin über die Wirklichkeit hatten.

> Engel vermitteln ein Bild des Göttlichen,
> das vom Empfänger interpretiert wird.

Vermutlich waren sich diese spirituellen Erlebnisse mehr oder weniger ähnlich. Sie kommen ja aus derselben Quelle ewiger Weisheit
und grenzenloser Liebe für alles. Da Propheten aus unterschiedlichen Ländern und Epochen stammten, spiegelten ihre Interpreta-

tion auch die Kultur wider, in der sie lebten. Es ist nachvollziehbar, dass dies so abläuft, und ich fände es wunderbar, wenn es mehr moderne Interpretationen des Göttlichen gäbe, die unserer Zeit angepasst sind. Deine Interpretationen zum Beispiel. Es ist inspirierend, zu channeln, wenn das auf einem starken spirituellen Erleben beruht. Es brauchte keine großen Vorbereitungen, außer vielleicht einer kurzen Meditation. Mit Engeln zu sprechen oder auf andere Art mit ihnen zu kommunizieren, ist sehr leicht. Daher ermuntern die Engel uns alle, die täglichen „Schlagzeilen" von Engeln selbst weiterzugeben. Das bedeutet in keiner Weise, du müsstest alles Alte verschrotten; das, was vermittelt wird, ist ja ewig. Ich möchte dich also darin bestärken, dir deine eigene Auffassung darüber zu bilden und deiner eigenen Inspiration zu folgen.

Hier ein paar Hinweise, worüber Engel sprechen und wie sie sich ausdrücken

> **Engel streben nach dem Besten für mich und andere.**

Engel möchten gerne, dass du und andere euer höchstes Potenzial entwickelt. Sie ermutigen dich, andere liebevoll zu betrachten und dich auf das in anderen auszurichten, was gut ist. Selbst wenn du mit einer Person Probleme hast, werden die Engel nur über die positiven Seiten von ihr sprechen und dich dazu auffordern, die Situation auf die beste Weise zu lösen. Sie werden nie etwas äußern, was dich besser als andere erscheinen lassen würde, obwohl sie gerne darüber sprechen, wie gut du bist. Sie werden dir nie zustimmen, dass eine gewisse Person böse ist und könnten hingegen sagen, dass eine Beziehung zwischen euch nicht dem höchsten Besten dienlich ist.

> **Engel ermuntern mich zu einer liebevollen Sicht meiner Selbst und anderer.**

Engel verdammen weder jemals deine Handlungen noch die von
anderen, sondern inspirieren dich zu einem gesteigerten Verständnis und Einssein mit anderen Menschen – das ist der Grund, warum sie dir die guten Seiten von dir und anderen zeigen. Selbst
wenn du über die Handlungen einer gewissen Person oder zum Beispiel über Politiker im Allgemeinen aufgebracht bist, werden deine
Engel immer nur darüber sprechen, was du tun kannst, um die Situation zu verändern. Eine typische Engelkommunikation würde
aufzeigen, dass Politiker tatsächlich etwas leisten, auch wenn das
nichts ist, was dich anspricht. Der Grund für dein Aufgebrachtsein
ist wahrscheinlich, dass du nicht tust, was du kannst, um die Welt
zu verbessern. Dann würden sie dir im Anschluss erzählen, was
du als nächsten Schritt unternehmen kannst, um die Welt zu verbessern. So also sprechen die Engel. Sie leiten das Gespräch immer
zu dir zurück – gleich, was du fragst.

> **Engel inspirieren mich zu einem
> vermehrtem Verständnis und Einssein.**

Es kommt häufig vor, dass ein neuer Channel etwas verwirrt ist
und bei den erhaltenen Botschaften nicht mehr so richtig weiß,
was vorne und was hinten ist. Es gehört zur Entwicklung, seine
eigenen Gedanken von der Weisheit der Engel zu unterscheiden,
und es ist völlig verständlich, dass anfangs einige Verwirrung entstehen kann. Manche meinen, dass Engel durch sie eine Botschaft
an andere schicken möchten, am liebsten über Dinge, die diese
Person zu ändern hätte. Aber natürlich funktioniert das nicht so,
da Engel in göttlicher Integrität leben und sich immer *direkt* an
die betroffene Person wenden. Wenn sie Johannes etwas zu sagen
haben, dann sagen sie es ihm und nicht dir.

> **Engel sind Integrität.**

Bei meinen Kursen kommt es öfters mal vor, dass Leute sich nach
der Ansicht der Engel über bestimmte andere spirituelle Lehrer

erkundigen. Zum Beispiel ob das, was ein anderer Channel sagt, wahr ist oder nicht. Natürlich kommentieren Engel die Arbeit anderer nicht, sondern fordern die Person, welche die Frage gestellt hat, dazu auf, selber nachzuspüren, ob das, was sie gehört haben, wahr ist oder ob es für sie eine gute Idee wäre, an einem Kurs dieses anderen Lehrers teilzunehmen. Dann würden sie dir behilflich sein zu verstehen, wie du selbst fühlen kannst, ob dies für dich im Augenblick gut ist und wie es sich anfühlt, wenn etwas für dich wahr ist.

> Engel sprechen über das, was
> funktioniert, über dein Potenzial und
> wie dein Leben besser werden kann.

Egal, wie chaotisch dein Leben auch sein mag, werden deine Engel immer etwas finden, das funktioniert und davon ausgehend weitermachen. Sie werden dich deine einzigartigen Möglichkeiten zu einem perfekten Leben sehen lassen und dich schrittweise anleiten, bist du es erreicht hast.

> Engel zeigen den einfachsten Weg.

Engel sind Spezialisten darin, den einfachsten Weg zu finden, wie man ein Ziel erreicht. Nach ihrer Ansicht können wir unsere Träume leicht und einfach erreichen, indem wir uns die ganze Zeit über im Fluss halten. Viele von uns sind der Meinung, dass wir hart arbeiten müssten, um unsere Ziele zu erreichen. Darüber kichern die Engel meistens. Sie können deine Ziele nämlich an etwas anschließen, das sie das Netz der Synchronizität nennen. Das ist ein Energiefeld, das Energien aneinanderkoppelt, die einander entsprechen. Wenn sie das machen, führt es dazu, dass bestimmte Situationen und Menschen in dein Leben treten, bevor du überhaupt weißt, dass du sie brauchst. Wenn man einmal erlebt hat, wie herrlich einfach das ist, wird es unmöglich, zu den alten Wegen zurückzukehren.

> Engel sprechen von Fülle und Reichtum
> und wie du haben kannst, was du willst.

Wenn du wenig Geld hast und nicht weißt, wie du jemals aus deiner Situation herauskommen sollst, kannst du deine Engel fragen, wie du am besten die Situation verändern kannst. Sie werden dir sicherlich nicht raten, eine Bank auszurauben. Nein, sie wissen, dass es niemals unmögliche Situationen gibt, weil sie den Überblick über alle Möglichkeiten im ganzen Universum haben.

Sie wissen, dass auch du zu diesen Möglichkeiten Zugang hast. Daher werden sie nie sagen „Nein, das geht nicht" sondern „Probier's mal so". Meist werden ihre Ideen dich herausfordern, da Engel wollen, dass du dich entwickelst. Sicherlich werden sie vorschlagen, dass du Dinge tust, die dir schwierig erscheinen. Erinnere dich dann daran, dass sie das machen, weil sie sehen, dass dies für dich perfekt ist. Wenn du nämlich mehr schaffst, als du für möglich gehalten hast, und gleichzeitig Fülle erzeugst, hast du zwei Fliegen mit einer Klappe geschlagen.

> Engel sprechen von Liebe und auf
> welche Weise du mit anderen liebevolle
> Beziehungen entwickeln kannst.

Nachdem alle Liebesbänder das Licht in unserem kollektiven Energiefeld stärken und dadurch die Entwicklung der Menschheit beschleunigen, ist Liebe ein sehr beliebtes Gesprächsthema der Engel. Sie wissen auch, dass du, wenn du das Wesen der Liebe verstehst, sehr friedvoll und zufrieden wirst. Daher werden sie dies immer auf die eine oder andere Art in die Kommunikation mit einflechten. Da Liebe ewig ist, werden sie dich immer dazu ermuntern, liebevoll über andere zu denken. Selbst wenn du eine Beziehung abschließt, weil sie einfach nicht funktioniert, werden sie dich dazu anhalten, das auf liebevolle Weise zu tun.

> **Engel stärken mich und andere durch alles,**
> **was sie sagen.**

Das Wunderbare an Engeln ist, dass sie nie nörgeln. Sie werden nie sagen: „Warum hast du nicht eingehalten, was du versprochen hast?! Warum hast du nicht abgewaschen?!" Also wirklich nicht. Sie werden immer nur das Positive betonen, das in dir und deinen Handlungen ist. Sie werden dein Selbstvertrauen auf realistische und geerdete Art und Weise stärken, nicht durch Wirklichkeitsflucht. Auf die gleiche Art werden sie andere stärken, egal was du von ihnen hältst.

> **Engel sprechen über das, was**
> **mich mit anderen vereint,**
> **und nicht darüber, was uns trennt.**

Sie sprechen gerne darüber, wie ähnlich wir uns alle sind und was uns vereint. Ein Engel würde nie über gut und böse sprechen, da sie weder dich noch jemand anderen als „böse" erachten. Vielleicht sehen sie, dass du einen Bedarf an Liebe und Licht hast. Sie glauben auch nicht an böse Kräfte. All dies fällt für sie unter die Kategorie der verwirrten Illusionen, die nur zu Abtrennung und Problemen führen und nichts mit der göttlichen Wirklichkeit zu tun haben. Es kann sein, dass die Idee der Sünde vor langer Zeit einmal eine Funktion erfüllte, um Leute dazu zu bringen, sich mehr anzustrengen und das Beste zu geben. Allerdings ist das eine Art von Pädagogik, die wir seit Langem hinter uns gelassen haben – und Engel liegen in der Entwicklung vor und nicht hinter uns. Wir sind hier, um auf kraftvolle Weise unsere Welt zu einem göttlichen Abbild zu erschaffen. Auf Schuld und Sünde zu machen, hemmt uns in unserer Schöpferkraft und wirkt unserem gemeinsamen Ziel entgegen.

> **Engel erschaffen Einssein auf Erden.**

Wenn man den Engeln Glauben schenkt, ist eines der Ziele im Leben und der gesamten Existenz, eins zu werden. Das heißt nicht, dass wir alle zu einem physischen Körper zusammenschmelzen, sondern dass wir zu einem einzigen Energiekörper werden. Da Einssein das Ziel der Engel ist, wird alles, was sie vermitteln, auf mehr Einheit auf der Erde und in deinem Leben zielen.

> **Wenn Engel zu mir sprechen, werde
> ich geistig erhoben und inspiriert.**

Die Botschaft der Engel ist erhebend; es sind keine Prophezeiungen des letzten Gerichts, da dies nur Angst erzeugt und Angst unsere Kreativität einfriert. Die Strategie der Engel sieht völlig anders aus. Sie geben alles, um uns sehen zu lassen, dass es Hoffnung gibt und dass wir gemeinsam eine bessere Welt für alle erschaffen können.

> **Für Engel gibt es nur Wahrheit.**

Engel sprechen genauso wenig über „wahr" als Gegensatz zu „falsch" wie sie über gut und böse sprechen. Sie leben ja in einer Dimension jenseits der Polarität und bemessen Dinge nur nach dem Maß, wie viel göttliche Essenz sie beinhalten. Für einen Engel ist Wahrheit ein Zustand göttlicher Perfektion, welcher Liebe, Licht und Bewusstsein freisetzt. Das hat nichts mit „wahr" kontra „falsch" zu tun, wie wir dies oft auffassen. Sie ermuntern dich, deine Ideen über richtig und falsch loszulassen und das zu finden, was für dich wahr ist.

> **Engel ermuntern mich zu erhöhter
> Verständnis und Toleranz.**

Wenn du eine Beziehung als problematisch erlebst oder ganz allgemein über die Lage auf der Erde aufgebracht bist, werden deine Engel dich immer dazu anhalten, dein Verständnis und deine Toleranz zu erhöhen. Sie sind der Meinung, dass die meisten Probleme auf Missverständnissen, Verzweiflung, Gefühlen der Hoffnungslosigkeit, mangelnden Ressourcen, mangelnder Ausbildung, Ängsten, Krankheiten und Ähnlichem beruhen. Wenn wir verstehen, dass dies die echten Gründe dafür sind (und nicht ein paar böse Menschen oder böse Mächte), dann können wir eine sachliche Diskussion führen und Lösungen finden, die funktionieren.

Wenn wir an böse Mächte glauben, dann versteifen wir unsere Position und halten es für gerechtfertigt, andere Menschen auszuschließen und zu bekämpfen. Diese Ideen liegen weit jenseits der göttlichen Wirklichkeit, welche alle in ihr Licht mit einschließt. Solche Ideen sind in Zeiten entstanden, in denen wir in Armut und mangelnder Ausbildung gelebt haben und es nicht besser wussten. Wir nahmen Vorstellungen von bösen Mächten an, um uns ein Gefühl der Kontrolle im Leben zu verschaffen. Wenn wir sagen konnten, dass jemand vom Teufel besessen war, meinten wir, ihn zu Recht bekämpfen zu dürfen, anstatt Verständnis zu suchen.

Ideen über böse Mächte führen zu Trennung, sprechen die Dummheit des Menschen an und kommen leider sogar in neuerer spiritueller Literatur vor. Wenn wir sagen, dass unsere Probleme darauf beruhen, dass böse Mächte den Planeten oder eine gewisse Person übernommen haben, dann agieren wir aus reiner Dummheit und machen es uns zu einfach. Wir haben dann keinen Erklärungsbedarf mehr und spüren keine Aufforderung mehr, uns um andere zu kümmern. Falls Menschen einen niedrigen Bildungsgrad aufweisen oder sich primitiv verhalten, heißt das nicht, dass sie böse sind.

Natürlich gibt es Menschen, die andere mit ihrer Kraft manipulieren wollen. Das machen sie jedoch nicht, weil sie böse sind, sondern weil sie es nicht besser wissen. Zu Beginn war ich ziemlich verwundert im Hinblick auf diesen Punkt, nachdem es so viele spirituelle Techniken gibt, um „das Böse zu vertreiben", die sich bis in unsere Zeit gerettet haben. Ich habe nicht weiter darüber nachgedacht, bis meine Engel mir sagten, dass es kein Böses gibt und dass alle diese Ideen den alten Tagen angehören. Dann baten sie mich, einen Blick auf mein eigenes Leben zu werfen, um

zu zeigen, dass gleich, was ich auch getan hatte, sie immer mir
ihrer Liebe zugegen und bereit waren, mich zu stützen. Danach
erklärten sie mir, dass dies der Gedanke hinter der spirituellen
Entwicklung ist: ein Engel zu werden und auf die gleiche Weise zu
handeln; allem und allen mit Toleranz, Liebe und Licht zu begegnen, damit sich ihre Ängste transformieren können und auch sie
sich entwickeln.

**Engel ermuntern uns, neues Wissen zu
suchen, damit wir alle mehr lernen.**

Abgesehen davon, was wir machen, werden Engel uns immer
dazu anhalten, uns weiterzuentwickeln, neues Wissen zu suchen
und mehr darüber zu lernen, wie die Wirklichkeit zusammengesetzt ist.

Chatting im Angelnet
Engelübungen 16

Channeln*
Dies ist eine Übung, um mit dem Channeln zu beginnen und die
Kommunikation mit Engeln zu erleichtern. Wenn du eine Weile gechannelt hast, kannst du deine eigene Art und Weise entwickeln. Es ist mittlerweile einfach, mit Engel in Kontakt zu kommen und mit ihnen zu kommunizieren. Mögliche Probleme sind
die eigenen Erwartungen oder Mangel an Vertrauen. Wir ermuntern dich, den Versuch ohne weitere Voraussetzungen zu wagen.
Es wird immer einfacher, je mehr du übst. Notiere gerne ein paar
Fragen, bevor du beginnst. Lies sie langsam, während du dir ent-
spannende Musik anhörst, oder nimm sie auf und höre sie dir im
Anschluss an.

Entspanne dich, während du ruhig und tief atmest. Während jedes Atemzuges zent-
rierst du deine Aufmerksamkeit nach innen. Spüre, wie du ruhiger wirst, dich mehr

---

* So wie es ein Internet gibt, gibt es offensichtlich auch ein „Angelnet".

entspannst und sich deine Sinne öffnen. Erlaube deinen Gefühlen, sich zu beruhigen, und deinen Gedanken, klarer zu werden, während sich dein Körper noch mehr entspannt. Fühle, wie sich eine Welle des Wohlbefindens in deinem Körper ausbreitet. Stell dir vor, dass du Licht einatmest und dein Körper und deine Aura mit jedem Atemzug mit Licht gefüllt werden, sodass du in einer Lichtblase sitzt. Wenn du channelst, werden die Energien, die du zu dir ziehst, mit deinen in Resonanz sein. Wenn du dich mit Licht füllst, wirst du lichterfüllte Energien zu dir ziehen.

Stell dir vor, du kannst deinen Lichtkörper sehen, einen strahlenden Kokon aus Licht mit einem Radius von 30 bis 40 Metern um deinen Körper herum. Während du in all diesem Licht sitzt, setzt du eine starke Absicht, Information von deinen Engeln zu channeln. Sei dir eines Lichtkanals entlang deiner Wirbelsäule gewahr, der sich nach oben zu deinem Kronenchakra fortsetzt und noch weiter in die geistigen Dimensionen und in das Reich der Engel.

Spüre, wie dein Engel weit oberhalb von dir damit beginnt, diesen Kanal mit Licht zu füllen und wie er ihn für eine offenere Kommunikation zwischen euch vorbereitet. Spüre, wie sich eine liebevolle Engelpräsenz deinem Bewusstsein durch diesen Kanal von oben her nähert. Bemerke, wie dein Engel deine Kommunikationszentren in Herz, Hals und Gehirn für eine neue Ebene von Klarheit und Göttlichkeit öffnet, als ob dein Engel dein Bewusstsein höher und höher anheben würde.

Dein Engel wird jetzt beginnen, dir eine Mitteilung zu vermitteln. Dazu brauchst du nur den Mund aufzumachen und das zu sagen, was du hörst; oder du schreibst es auf. Engel sind sehr subtil. Sie werden nicht deinen ganzen Körper übernehmen, sondern dir ihre Botschaft auf sanfte Weise übermitteln. Es gibt kein richtig oder falsch. Das Einzige, was passieren kann ist, dass die Mitteilung durch deine Persönlichkeit verwässert wird (und das wird durch Übung besser). Lass die Kontrolle also los und vermittle nur das, was du von deinem Engel wahrnimmst. Stell dann deine Fragen und lass deinen Engel antworten. Dazu brauchst du nur offen zu sein und den Kommunikationsfluss von deinem Engel an und durch dich zuzulassen. Wann auch immer du ein Bild wahrnimmst, ein Wort oder einen Ton, so übermittelst du das.

Engel vermitteln ein Bild des Göttlichen, das vom Empfänger interpretiert wird.

Alles, was du an göttlicher Wirklichkeit erlebst, kommt durch deine eigenen Sinne zum Ausdruck und ist daher immer subjektiv. Auf die gleiche Weise sind alle anderen Erfahrungen des Göttlichen,

die in Wort und Schrift übermittelt wurden, subjektive Interpretationen des Göttlichen. Sei also anderen Channeln und den bereits
existierenden Auslegungen des Göttlichen gegenüber bescheiden,
selbst wenn sie sich für dich nicht als wahr anfühlen. Jede Aus-
legung hat jemanden inspiriert, das Göttliche zu verstehen. Führe
diese Übung zum Channeln durch und bitte deine Engel, dir ein
Bild des Göttlichen zu vermitteln. Interpretiere es auf deine Weise.
Sei deiner eigenen Auffassung des Göttlichen gegenüber sensitiv.

Engel streben nach dem Besten für mich und andere.
Heute bin ich mir bewusst, dass es zwischen meinem Besten und
dem Besten meiner Mitmenschen keine Unterschiede gibt. Wenn etwas wirklich für mich gut ist, dann ist es auch für meine Bekannten
und Verwandten gut – wenn etwas für meine Bekannten und Verwandten gut ist, dann ist es auch für mich gut. Schreibe auf, was für
dich gut ist, und begründe, warum dies auch zum höchsten Besten
für andere beiträgt. Mache dann eine Liste von Dingen, die andere
getan haben und dich gestört haben. Ergründe, warum diese Dinge
für dich auch gut sein könnten.

Meine Engel ermuntern mich zu einer liebevollen Sichtweise meiner selbst und anderer.
Heute behandle ich mich selbst und andere in jeder Situation mit
liebevollem Verständnis.

Engel inspirieren mich zu vermehrtem Verständnis und Einssein.
Heute denke ich an Einheit. Wenn die Menschheit ein einziges
Wesen ist, dann ist es meine Verantwortung und meine Freude, sie
mit Hoffnung, Licht, neuen Möglichkeiten, Frieden und anderem,
an dem wir Freude und Nutzen haben, zu erfüllen. Von heute an
denke ich an uns alle – „wir Menschen".

Engel sind Integrität.
Integrität bedeutet, sich selbst und anderen gegenüber wahrhaftig
und respektvoll zu sein. Von heute an bin ich mir und anderen
gegenüber wahrhaftig. Von heute an bin ich mir und anderen gegenüber respektvoll.

Engel sprechen über das, was funktioniert,
über dein Potenzial und wie dein Leben besser werden kann.
Heute richte ich mich ich nur auf das aus, was in meinem Leben
funktioniert, und ich strebe danach, alles in meinem Leben bestens funktionieren zu lassen. Ich denke an die Dinge, die ich gut
kann, und wie ich mich entwickeln möchte.

Engel sprechen von Dingen,
die mich mit anderen vereinen,
und nicht davon, was uns trennt.
Wenn ich heute andere treffe, ist mein erster Gedanke, wie ähnlich wir uns sind. Ich bin mir bewusst, dass es viel mehr Dinge
gibt, die mich mit anderen vereinen, als solche, die uns trennen.
Wenn ich mit jemandem einen Konflikt habe, fokussiere ich mich
darauf, dass wir beide zur besten Lösung finden.

Engel zeigen den einfachsten Weg.
Heute untersuche ich, welches der leichteste Weg ist, um meine
Ziele zu erreichen.

Engel sprechen von Fülle und was du machen kannst,
um zu erschaffen, was du möchtest.
Alles, was ich heute zum Ausdruck bringe, spricht von Fülle und
davon, wie wir alle sie erreichen.

Engel sprechen von Liebe und wie du mit anderen
liebevolle Beziehungen aufbauen kannst.
Alles, was ich heute unternehme, mache ich, um zu meinen Mitmenschen liebevollere Beziehungen zu entwickeln.

Engel stärken dich und andere mit dem, was sie sagen.
Heute fokussiere ich mich darauf, den Menschen, denen ich begegne, positive Dinge zu sagen. Ich bemerke ihre guten Seiten und
ihre einzigartigen Möglichkeiten.

Engel erschaffen Einssein auf der Erde.
Diese Meditation dient dazu, dein Erleben der Einheit zu erhöhen.

Beginne, indem du entspannst. Atme tief und leicht. Mit jedem Einatmen entspannst du dich tiefer und tiefer und mit jedem Ausatmen lässt du mehr Unruhe und Anspannung los. Folge deiner Atmung mit deiner Aufmerksamkeit. Lass Gedanken, Gefühle und Erwartungen los: Sei nur im Augenblick.

Fokussiere dich auf alles, was du bist. Auf den Körper, der aus Partikeln der Göttlichkeit besteht, auf die Energiekörper wie den Mental- und Emotionalkörper, auf die Aura, die Seele, den Lichtkörper, auf das Höhere Selbst mit seiner Lichtmatrix. Alle sind mit dem Universum verbunden, mit allem, was ist und allem, was nicht ist.

Stell dir jetzt vor, dass jemand vor dir sitzt, den du sehr gerne magst, und spüre, wie eng ihr auf der Energieebene verbunden seid. Als ob es zwischen euch Lichtverbindungen geben würde, gleich, wo ihr euch gerade auf der Erde befindet. Je mehr du jemanden liebst, desto stärker werden diese Verbindungen.

Diese Verbindungen sind so stark, dass, was du auch machst, denkst oder fühlst, diese Person durch eure Lichtverbindungen beeinflusst wird. Je lichterfüllter du bist und je mehr du liebst, desto mehr positive Energie fließt dieser Person zu. Liebe ist ein entwickelter göttlicher Zustand, etwas, das du bist und nicht etwas, was du tust. Wenn wir in dieser Meditation von Liebe sprechen, meinen wir göttliche Liebe und nicht illusionäre Liebe, von der man in Romanen oder Heften liest.

Stell dir vor, dass alle anderen, die dir nahe und lieb sind, vor dir sitzen, und du die schönen Lichtverbindungen zwischen euch wahrnehmen kannst. Ein Netzwerk zwischen dir und allen, die du liebst. Bemerke, dass deine Seele mit ihnen allen verbunden ist, genauso wie mit Engeln und Lichtwesen unterschiedlicher Art. Wenn du dich auf Liebe und Licht in den höheren Dimensionen ausrichtest, so wird dieses Band zwischen euch auf der Erde gestärkt. So werden eure Beziehungen liebevoller, lichtvoller, akzeptierender und toleranter.

Stell dir vor, dass du dies von außen sehen kannst. Du siehst ein Netz aus geistigem Licht zwischen euch, als ob ihr eine Energieform wärt. Denn in Wahrheit seid ihr genau das, und nicht so getrennt, wie ihr vielleicht oft glaubt.

Stell dir jetzt vor, dass alle Personen, die du jemals in diesem Leben getroffen hast, um dich herumstehen und wie du spürst, dass du Lichtverbindungen auch mit ihnen hast. Sieh dies von außen, als ob du dich im Raum befinden würdest und ein wundervolles Netz geistigen Lichts zwischen dir und allen die du getroffen hast, sehen könntest. Sieh, dass ihr in Wirklichkeit verbunden und nicht getrennt seid.

Stell dir nun vor, dass du gemeinsam mit deinen Engeln all diese Verbindungen in diesem Netz mit Licht, Liebe, Weisheit und höherem Bewusstsein füllst, damit ihr euch alle auf eure nächste Stufe entwickeln könnt. Mache dann weiter, mehr und mehr Personen in deinem Netz aus Licht als Einheit zu empfangen. Alle, die du getroffen hast, alle, die sie getroffen haben und so weiter, bis die ganze Menschelt in diesem Netz aus dem Licht der Einheit inbegriffen ist.

Stelle dir vor, dass du das Netz sehen kannst, das die Menschheit mit Licht und Liebe umgibt. Bemerke all die Engel in den geistigen Dimensionen, welche dieses Netz täglich mit mehr Licht anfüllen und uns dazu inspirieren, nach mehr Wissen zu suchen und uns in Liebe und Einssein zu entwickeln. Nimm auch wahr, dass jede Person aus göttlichen Teilchen besteht, die nur darauf warten, sich entwickeln zu dürfen und sich entsprechend der Gaben der jeweiligen Person auszudrücken.

Genauso sehen uns die Engel, genau dabei unterstützen uns die Engel. Mit jedem Tag wird dieses Netz licht und lichter. Mit jedem Tag erwachen mehr und mehr Menschen zur gleichen göttlichen Wirklichkeit und beginnen, das Licht anzunehmen und zu erforschen.

Spüre, wie der größte aller Engel, LashMaEl, langsam beginnt, sich dem Netz anzunähern. Ihre Kraft ist so enorm, dass sie noch nicht näher herankommen kann. Je lichter aber unser Netz wird, desto näher kommt sie, da LashMaEl eine Engelin ist, welche Einssein webt. Unser höchstes Entwicklungspotenzial als Mensch ist, im Einssein zu leben.

Je mehr Licht und höheres Bewusstsein in unser Netz kommt, desto mehr Inspiration, neue Ideen und brillante Lösungen werden wir erhalten, damit wir uns gemeinsam auf der Erde in unserem Netz des Einseins entwickeln können. Wenn du wahrhaftig verstehst, dass wir alle eins sind, wirst du sicherstellen, dass alles zum höchsten Besten von allen beiträgt, da du verstehst, dass dies andere genauso beeinflusst wie dich selbst. Deine Handlungen werden liebevoller und du wirst andere zu einem erhöhtem Verständnis des Potenzials des Einseins inspirieren.

Stell dir jetzt vor, dass du dich in der Zeit vorwärts bewegst, bis du an dem Zeitpunkt ankommst, an dem dieses Netz vollständig ist und alle zu ihrem wirklichen Potenzial erwacht sind. Sieh die Menschheit als Eines, eine erleuchtete Rasse, die mit der Erde und den geistigen Dimensionen verbunden ist. Sieh, wie wir in Frieden und Harmonie leben und unser Netz mit allem anderen Leben im Universum verbunden ist, wie alles Leben mit uns in Harmonie ist. Stell dir vor, wie wir leben werden, wenn wir alle als Eins leben, ein Lichtnetz in einem noch größeren Lichtnetz.

Wenn du dann zurückkommst, denke darüber nach, wie du in deinem Alltagsleben die wahre Wirklichkeit leben und ausdrücken kannst – eine Wirklichkeit, in der wir alle Eins sind.

**Wenn Engel zu mir sprechen,
werde ich angehoben und inspiriert.**
Heute höre ich auf meine Engel und lasse mich durch ihre erhebende Botschaft inspirieren.

Engel ermuntern mich zu vermehrtem Verständnis und Toleranz.
Heute begegne ich meinen Mitmenschen mit Verständnis und Toleranz.

Engel ermuntern mich, neues Wissen zu suchen, damit wir alle mehr lernen können.
Überlege dir, worüber du mehr wissen möchtest und welches Wissen du gerne hättest, um dich als Person oder in deiner Arbeit weiterzuentwickeln. Erstelle dann einen Plan, wie du dir dieses Wissen aneignen kannst. Durch Meditation, indem du deine Engel channelst, durch Kurse, indem du liest, durch eine Internetsuche, indem du mit anderen sprichst oder anderes. Leben ist Entwicklung.

Ich spreche wie ein Engel.
Nimm dir einen Tag, um dich darin zu üben, wie ein Engel zu sprechen. Bevor du etwas sagst, spürst du nach, ob das, was du ausdrücken willst, in einem oder mehreren Punkten mit der Art übereinstimmt, wie die Engel sprechen.

Wenn ich wie ein Engel spreche:

- vermittle ich ein Bild des Göttlichen – in Liebe und Licht, voller Bewusstsein – und ich belasse dem Empfänger die Freiheit der Interpretation
- strebe ich nach dem höchsten Besten für alle
- ermutige ich zu einer liebevollen Sichtweise von uns selbst und unseren Mitmenschen
- inspiriere ich zu vermehrtem Verständnis und Einssein;
- drücke ich Integrität aus
- spreche ich über das, was funktioniert, über unser Potenzial und auf welche Weise unser Leben besser werden kann (und nicht darüber, wie schwierig die Probleme sind)
- spreche ich über das, was uns mit anderen vereint (und nicht darüber, was uns unterscheidet)
- zeige ich den Weg auf, der am meisten von Licht erfüllt und geleitet wird
- spreche ich vom Reichtum des Lebens und von der Fülle und wie wir erschaffen können, was wir wollen
- spreche ich von Liebe und wie wir mit anderen liebevolle Beziehungen entwickeln können
- stärke ich mit dem, was ich sage, uns alle
- erschaffe ich Einssein auf Erden
- spreche ich erhebend und inspirierend
- ermuntere ich zu vermehrtem Verständnis und Toleranz;
- ermutige ich uns alle, die Wirklichkeit zu erforschen und neues Wissen zu suchen, sodass wir mehr lernen und unser Bewusstsein erweitern können

17. SCHNELLKURS: WIE MAN EIN ENGEL WIRD

Bist du eine ungeduldige Person, die unmittelbare Resultate haben möchte und für die alles schnell gehen soll? Warum nicht. Alles ist möglich, solange du selber daran glaubst. Wenn du also nicht die Ausdauer hast, all die Übungen zu machen, die wir in diesem Buch präsentiert haben, dann kannst du stattdessen diesen Schnellkursus verwenden. Es ist ganz einfach: Du kannst ein Engel werden, indem du als ein Engel lebst.

Es gilt einfach zu verstehen, wie Engel leben, wie sie sprechen und welches ihre Arbeitsaufgaben sind und dies dann im Alltagsleben zu praktizieren. Wenn du das Buch gelesen hast, dann hast du bereits einen guten Überblick über Engel. Wenn wir das ganze Buch zusammenfassen, kann man sagen, dass Engel nach einer Reihe Richtlinien leben, denen auch du folgen kannst.

Diese Richtlinien bewegen sich um einige, wie es scheint, heilige Prinzipien: Liebe zu Gott, zur Wahrheit, die dich zur Liebe Gottes führt, Respekt allem Leben gegenüber, göttliche Schöpferkraft, Erleuchtung und Einssein.

Das klingt doch nicht allzu kompliziert, oder? Das schaffst du mit links. Ein Engel zu werden handelt davon, der zu werden, der du jenseits aller Illusionen bist. Wenn du das wirst, geht es dir viel besser und du bist frei, ein Leben nach Wunsch zu erschaffen. Als Extrabonus wird alles für alle anderen auch viel besser. Wenn du dich unsicher fühlst, welche Veränderung du durchführen sollst, dann kannst du dir deine Gedanken, Handlungen, Gefühle und Absichten ansehen und mal schauen, inwiefern sie mit diesen Richtlinien übereinstimmen. Wenn dem nicht so ist, dann siehst du dir an, von welcher Richtlinie deine Handlung abweicht, und korrigierst das auf angebrachte Weise. Hier sind also die Richtlinien:

Richtlinien

WIE WERDE ICH EIN ENGEL

I. Ich liebe mich selbst: Ich bin göttlich.

II. Ich liebe andere: Sie sind göttlich.

III. Ich liebe das Leben: Es ist eine göttliche Gabe.

IV. Ich lebe mit Integrität, ich bin mir selbst und anderen gegenüber wahrhaftig.

V. Ich erschaffe, was gut für mich ist; das ist auch für andere gut.

VI. Ich erschaffe, was gut für andere ist; das ist auch gut für mich.

VII. Ich erforsche die Wirklichkeit und erinnere mich daran, wer, was, warum und wo ich bin.

VIII. Ich denke lichte Gedanken, die mein Leben und das Leben anderer erleuchten.

IX. Ich bringe Licht in die Welt.

X. Ich verwirkliche mein einzigartiges Potenzial.

XI. Ich bin ein Geschenk an die Menschheit.

XII. Ich bin Eins mit allem Leben.

XIII. Ich erschaffe, wovon ich mehr sehen will: Licht, Harmonie, Frieden, Fülle, liebevolle Beziehungen, Inspiration, neue Technik, Kunst ...

18.

DAS EWIGE LICHT
– EINE WAHRE
ENGELSGESCHICHTE

Du hast sicher von Mutter Maria gehört? Viele sind der Meinung, dass sie mittlerweile eine Art Engel ist. Sie offenbart sich oft als Lichtgestalt. Obwohl ich nicht an sie oder die Bibelgeschichten geglaubt habe, hatte sie einen sehr großen Einfluss auf mein Leben. Ich gestehe auch ein, dass ich sehr gerne mit ihr Kontakt habe. Einmal hüpfte sie unvermittelt in meinen Körper und begann zu singen. Ich war völlig platt. Nicht, weil sie in mich gehüpft war; das machen alle Engel hin und wieder, sondern weil sie zu singen begann – ich kann nämlich nicht singen. Meine Freunde wissen, dass ich kein musikalisches Gehör habe und bei großen Veranstaltungen singe ich so falsch, dass manche der Meinung sind, dass ich parallele Stimmen singe.

Plötzlich aber war sie in mir gegenwärtig und sang ein langes Lied, und ich meine wirklich lange. Es dauerte mindestens 40 Minuten und während der ganzen Zeit, in der sie sang, habe ich mich in einer unglaublichen Liebesenergie befunden. Es fühlte sich an, als ob ich schweben würde. Ich hörte mich über die Erde und ihre Zukunft singen und welche Pläne Maria und Gott mit uns auf der Erde haben. Sie sang auch über uns, die sich auf dem Weg befinden, Engel zu werden, und über die Engel, die es bereits gibt und die mit ihrer Arbeit im Netzwerk der Erde das Bewusstseinsniveau der Menschheit erhöhen.

Glücklicherweise nahm ich den Gesang auf und konnte so den Text niederschreiben. Ich empfand es nur als eine lange Textmenge, legte den Gesang beiseite und dachte nicht einmal mehr daran. Als ich ihn vor Kurzem wieder aus der Versenkung hervorholte, stellte ich fest, dass ich wohl zugehört hatte. Einige der Dinge, über die sie gesungen hat, sind bereits Wirklichkeit geworden. Tatsache ist, dass ich über einige der von ihr erwähnten Themen Kurse gehalten habe, dass ich Gruppen geleitet habe, die mit den von ihr erwähnten Energien arbeiteten. Ich habe auch ein Kartendeck zum Thema „Göttliche Inspiration" herausgegeben, worüber sie auch gesungen hatte. Sie hatte einfach den totalen Durchblick. Oder sie benutzte einfach die Gelegenheit, um mein Gehirn zu programmieren, wenn sie schon mal da war und sang.* Aber das ist nur eine von vielen Dingen, die sie gemacht hatte. Sie hatte auch meine Beziehung zu Alexander arrangiert und sie scheint sich nicht bewusst zu sein, dass in unserer Zeit und zumindest in diesem Teil der Welt arrangierte Ehen nicht „comme il faut" sind. Dann hat sie mich sogar gebeten, Kinder zu gebären ... ist das wirklich Integrität? Das kam so: Ich saß in einem Studio und channelte, als Mutter Maria plötzlich mit ihrer liebevollen Präsenz im Raum stand. Sie stand genau vor mir, war genauso sichtbar wie du und ich, und sagte dann das Folgende zu mir:

Maria: Cecilia, ich möchte, dass du mir einen Gefallen erweist!

Ich: Na klar, schön dich wieder zu treffen. Was kann ich für dich tun?

Maria: Ich möchte, dass du ein Kind zur Welt bringst.

Ich muss hier sagen, dass sie so enorm liebevoll ist, dass man sozusagen in diesen seligen Glücksrausch eingehüllt wird, den sie um sich hat. In diesem Zustand ist es auch sehr einfach, mitzuschweben, ohne sich vorzusehen, und das war genau, was ich tat.

Ich: Ja sicher, das klingt ja herrlich, aber wozu?

Maria: Es gibt viele Kinder, die auf der Erde geboren werden sollen, um Energien mit hierherzubringen, die es auf der Erde jetzt noch nicht gibt. Ich Augenblick haben wir mit einigen Lichtarbeitern Kontakt, da sie am besten geeignet sind, sich um diese Kinder zu kümmern.

Ich: Also o.k., das klingt ja ganz nett. Schick mir diese Seele und ich werde mich um sie kümmern.

So ungefähr ist das abgelaufen. Einmal in meinen gewöhnlichen Energien zurück, fühlte ich mich hinters Licht geführt. „Was meint sie mit „Kinder zur Welt bringen"? Entschuldigung, ich hatte damals bereits zwei und bin alleinerziehende Mutter und betreibe

---

* Es gibt eine CD bei Lightflow, auf der Marias Lied ist. Siehe Anhang.

eine eigene Firma im Auftrag von Engeln, reicht das nicht? Also nein, die Idee mit Kindern fühlte sich zu anstrengend an.

Jetzt ist es halt so: Wenn man einmal zu einem Engel „Ja" gesagt hat, gibt es im Prinzip keinen Ausweg, auf alle Fälle habe ich noch keinen gefunden. Ich versuchte, das irgendwie umzuleiten, und als auch meine Freunde von Mutter Maria kontaktiert wurden, sagte ich zu Mutter Maria: „Du kannst dieses Baby doch ihnen schicken. Die sind ein Paar und ich habe nicht einmal eine Beziehung."

„Das krieg ich schon hin", meinte sie.

Dumm wie ich war, glaubte ich, die Platzierung der Seele des Kindes umplatzieren zu können, was sie aber meinte war, mir eine Beziehung zu besorgen. Tja, so einfach geht's, Dinge falsch zu verstehen, zumindest für mich. Auf alle Fälle verstrich die Zeit und ich dachte, ich müsste mich nicht weiter darum kümmern. Bis ich eines Tages von einem Mann angerufen wurde, den ich nicht kannte, jedoch einmal ganz kurz getroffen hatte.

„Cecilia", meinte er, „ich hatte einen enorm starken Traum und ich glaube, dass du ihn mir erklären kannst."

„Okay, schieß los ..."

„Ja also, ich träumte, dass ich mich auf einem Raumschiff befand und als ich dort war, fühlte sich alles so realistisch an. Eigentlich bin ich der Meinung, dass ich dort wirklich anwesend war."

„Mhmhm."

„Und dann wurde ich gebeten, einen Vertrag zu unterschreiben, was ich auch getan habe. Das hat sich völlig stimmig angefühlt."

„Mhmhm."

„Und als ich mir meine Unterschrift ansah, war sie nicht mehr meine, sondern es stand ‚Cecilia Sifontes' dort ... kannst du das verstehen?"

(... Hilfe!, dachte ich mir.) Geantwortet habe ich wohl: „Doch, ich glaube ich weiß worum es dabei geht."

„Ah, das ist ja toll. Können wir uns nicht zu einem Kaffee zusammensetzen und du erzählst mir, was das alles bedeutet?"

„Okay ..." (Mist, wie komme ich hier wieder raus?)

Wir trafen uns also in einem Café und ich erzählte, was mir Mutter Maria gesagt hatte. Du magst es glauben oder nicht, aber er wollte sich die Sache überlegen und mich bald wieder anrufen.

„Ja also, das mit dem Kind fühlt sich für mich vollkommen stimmig an. Ich bin allerdings gerade in einer Beziehung ... obwohl ich sie wohl beenden werde ... das alles ist so enorm spannend."

„Okay ..."

Um es kurz zu fassen, waren wir zwei es dann doch nicht, die gemeinsam ein Kind bekamen. Nach vielem Wenn und Aber meinte er schließlich, dass er seine Beziehung weiterführen wollte. Jetzt war ich ärgerlich und aufgebracht und sagte zu Mutter Maria:

Ich: Du, jetzt reicht es aber. Ich schaff das nicht. Ich möchte mich um die Kinder kümmern, die ich schon habe, meine Firma leiten und das Leben genießen. Das mit dem Kind kannst du vergessen. Das nimmt zu viel Energie in Anspruch und ich muss meine Energie fokussiert halten.

Maria: Stille ... Mit einem Lächeln auf den Lippen zieht sie sich zurück.

Ich denke mir: Perfekt, sie hat's begriffen. Jetzt ist die Sache aus der Welt.

Ich dachte nicht weiter an die Sache und es verging ein Jahr, während dem ich mich beschäftigt hielt. Jetzt allerdings beginnt der spannende Teil. Im Mai 1998 hielt ich in Österreich einen Kurs und plötzlich stand Mutter Maria wieder vor mir. „Ach herrje", dachte ich mir. „Jetzt hat sie wieder diesen seligen Blick", und da weiß man schon, dass sie etwas von einem will. Sehr richtig.

Maria: Cecilia, jetzt ist es an der Zeit.

Ich: Zeit wofür?

Maria: Das Kind, über das wir uns geeinigt haben, möchte jetzt zur Erde kommen und es führt sehr spezielle Energien mit sich, es ist nicht wie andere Kinder ...

Ich: Ach nein? Ich hab dir doch bereits gesagt, dass ich dieses Kind nicht gebären werde. Ich hab genug zu tun, geh bitte zu jemand anderem.

Maria: Cecilia (anscheinend ohne mir zuzuhören), spätestens zur Sommersonnenwende wirst du schwanger sein.

Ich: Was! Bist du noch gescheit? Das ist ja nur noch ein knapper
   Monat!

Maria: Ja.

Ich: Nö, vergiss es, lass mich bitte in Ruhe.

Maria: Cecilia (während sie mit ihrem Finger über die Gruppe
   wanderte, zeigte sie auf zwei junge Männer), die zwei werden
   dir während des ganzen Weges helfen.

Ich: Was meinst du damit? Die zwei nehmen an meinem Kurs
   teil und es wäre vollständig unethisch, sie um so etwas zu
   bitten. Wir sind übereingekommen, dass ich als Lehrer für
   meine Teilnehmer als Unterstützung fungiere und nicht um-
   gekehrt. Kommt nicht in Frage!

Maria: Doch, das kommt in Frage ... In der Pause gehst du zu
   ihnen und bittest sie zu einem Gespräch nach dem Kurs und
   ich mach den Rest.

In der Pause ging ich zu Alexander, den ich damals nicht kannte
und sagte: „Du, es wäre gut, wenn wir uns nach dem Kurs etwas
unterhalten könnten."

„Okay", meinte er.

Jetzt aber gilt es clever zu sein, dachte ich mir. Ich werde ihm
mit keinem Wort über die Sache mit Mutter Maria erzählen, das
ist ja völlig verrückt. Und ich habe doch so hart daran gearbeitet,
ernst genommen zu werden.

Dann war der Kurs zu Ende und eine Menge Personen standen noch im Raum, um beim Packen zu helfen. Ich stehe da und
sehe, wie Mutter Maria wieder in den Raum kommt. Dieses Mal
hüpft sie in einen der Kursteilnehmer, der zu mir kommt, und
mich einfach umarmt. Sobald ich ihre enorme Liebe spüre, bre-
che ich weinend zu einem kleinen Häufchen zusammen. Die Leute
versammeln sich um mich und fragen was los ist.

Ich nehme mir vor, nichts zu sagen. Mein Plan ist, einfach still
zu sein, mal vom Weinen abgesehen, und alles vorbeigehen zu lassen. Dummer Plan. Engel können alle Hindernisse überwinden,
die unsere Persönlichkeit ausmachen. Mutter Maria steht also einfach da und wartet geduldig. Und ich weine ... und weine ... und
die Leute fragen, ob sie irgendwie behilflich sein können ... und
ich schweige ...

Auf die Art setzt sich das Ganze fort, was sich in mir wie Stunden anfühlt, bis ich völlig ausgepumpt bin und eine Männerstimme hinter mir sagen höre: „Cecilia, kann ich etwas für dich tun?"
Da hüpft Mutter Maria in mich hinein, dreht sich zu ihm und sagt: „Willst du Vater werden?"
Ja, begreift man das? Hat Mutter Maria keinerlei Integrität oder ist es ihr so wichtig, dass dieses Kind geboren wird, dass sie alle Regeln über den Haufen wirft? Oder ist sie wirklich der Meinung, dass, wenn ich einmal „Ja" gesagt habe, alle späteren „Neins" keinerlei Bedeutung haben? Wer weiß. Mein Rat an dich ist, nie „Ja" zu sagen, bevor du nicht alles ordentlich durchdacht hast!
Jetzt war Alexander in Schockzustand. Er war kreideweiß und sagte kein Wort. Zwei Wochen früher war er nämlich in einer Kirche gewesen und hatte vor einer Marienstatue gestanden. Da er für sie so eine starke Verehrung empfand, hatte er gesagt: „Mutter Maria, ich verehre dich und würde alles für dich tun. Wenn es irgendetwas gibt, egal was, das ich für dich tun kann, dann lass es mich wissen. Ich gelobe zu tun, worum du mich auch bitten magst."
Daher wurde er ganz still. Er hatte wohl nicht damit gerechnet, dass sie ihn darum bitten würde, Vater zu werden. Er hat wohl an einen eher ritterlichen Auftrag gedacht.
Es wurde zu einem richtig interessanten Abend. Jetzt versammelte sich eine große Zahl Engel, geistiger Führer und Lichtwesen im Raum, die alle etwas zu sagen hatten. Wir saßen also da und ließen sie ihre Meinung zu diesem Projekt kundtun. Sie sprachen sehr viel von kosmischen Kindern und dem Kind des Universums und waren offensichtlich alle der Meinung, dass es für uns auf der Erde äußerst wichtig war, diesen Kindern einen Platz zu schaffen, damit ihre Energien auf den Planeten kommen konnten.
Der arme Alexander war völlig schockiert. Er fühlte sich zu mir nicht hingezogen. Er ist 13 Jahre jünger als ich, und das ließ mich natürlich uralt erscheinen. Er hatte auch seit sieben Jahren eine junge und hübsche Freundin und hatte ebenfalls begonnen, an Kinder zu denken. Das war also eine völlig überraschende Wendung.

Ich selbst war schockiert, da ich dieses Auftreten von Mutter Maria nicht mochte. Mir erschien es unethisch. Und ich war sooooo müde, da ich bereits zwei Kinder hatte, um die ich mich selbst kümmerte. Ich nahm sie auf all meine Reisen, die ich im Auftrag der Engel überall in der Welt durchführte, mit und war an der Grenze zum Ausgebranntsein. Mein bald siebenjähriger Sohn konnte immer noch keine Nacht durchschlafen, war oft ängstlich und wachte jede Nacht fünf bis sechs Mal auf. Mir noch ein Kind anzuschaffen ermüdete mich mehr, als ich zu denken wagte. Wie gesagt, Engel sind grenzenlose Wesen und sehen nur das Potenzial ...

Auf die mehr als naive Frage von Alexander, ob dies auf eine Art sein Leben verändern würde, antworteten sie so: „Ja, wenn du dir überlegst, Vater dieses Kindes zu werden, wird sich dein ganzes Leben verändern. Nichts wird mehr gleich bleiben und du wirst ein völlig neues Leben beginnen."

Im Nachhinein kann man sagen, dass er vollständig informiert war, obwohl er die Bedeutung dessen nicht verstand. Er dachte nämlich, dass er von den Engeln auf spezielle Art behandelt würde, dass all seine naiven Jugendträume in Erfüllung gehen würden und er eine Art Held werden würde.

Stattdessen war es so, dass sich sein bisheriges Leben innerhalb von zwei Wochen auflöste. Er verlor seine Wohnung, verlor seine Freundin, die er so gerne hatte, sein Universitätsstudium erlitt eine Bruchlandung, nachdem seine Eltern bemerkt hatten, dass er sich lieber Computerspielen als Prüfungsarbeiten gewidmet hatte, seine Familie kündigte ihm die Freundschaft auf und wollte nichts mehr mir ihm zu tun haben. Genauso, wie die Engel es sagten, veränderte sich sein ganzes Leben – aber nicht auf die Art, wie er geglaubt hatte. Auf der andere Seite erhielt er, worum er gebeten hatte, nämlich eine Möglichkeit, etwas für Mutter Maria zu tun.

Auf alle Fälle entschieden wir uns, eine Beziehung zu beginnen, da dieses Kind zur Welt kommen sollte. Das erste Mal, an dem wir zusammen waren, war am Tag der Sommersonnenwende. Genau wie Mutter Maria gesagt hatte, wurde ich schwanger. Jetzt glaubst du vielleicht, dass die Geschichte hier endet, aber es geschah mehr.

Am Abend nach der Sommersonnenwende brachte ich meine drei-
jährige Tochter zu Bett und gerade als sie einschlief, setzte sie sich
im Bett auf und sagt: „Mama, da stehen zwei Engel im Zimmer
und halten ein Kind zwischen sich, ein Baby, das golden leuchtet.
Ich liebe dieses Baby." Dann legte sie sich hin und schlief mit einem Lächeln auf den Lippen ein.

Ja, was macht man da? Die Engel waren überall, sie betrieben
richtiges Lobbying für dieses Kind. Meine Freunde, die nichts
von diesem Ereignis wussten, hatten auch Träume und riefen mich
an, um mir zu erzählen, sie hätten mich mit einem Baby gesehen.
Direkt, nachdem ich schwanger wurde, bekam ich einen weiteren
Schock, da ich spürte, dass das Kind nicht wie meine anderen
Kinder war. Etwas fühlte sich falsch oder zumindest anders an.
Wenn jetzt dieses Kind so wichtig für alle Engel war, dann sollte
es wohl auch den Körper wählen können, den es haben wollte. Ich
konnte ja auch nicht beweisen, dass etwas anders war, nachdem
ich nur ein paar Wochen schwanger war.

Dann folgte eine völlig bizarre Zeit. Meine Freunde hatten Träume und Offenbarungen, in welchen sie gebeten wurden, für das
Kind Energien zu halten und zu helfen. Sie spürten einen sehr
starken inneren Ruf, sich regelmäßig zu Meditationen zusammenzufinden und sich auf das Kind in meinem Bauch zu fokussieren.
Alexander und sein Freund Florian, der andere Mann, auf den
Mutter Maria gezeigt hatte, waren die ganze Zeit bei mir und
halfen mir bei allen möglichen Dingen. Genau wie Mutter Maria
es vorausgesehen hatte.

Kurz bevor er geboren wurde, träumte Alexander, dass das
Kind Orishan heißen sollte. Einen Namen, den wir nie gehört
hatten, der sich jedoch völlig stimmig anfühlte. Später haben uns
dann Leute erzählt, dass der Name unterschiedliche Dinge bedeutet. In einer Sprache bedeutet er „Ewiges Licht" und in einer
anderen „Gott auf einer Mission".

Jetzt ist er bei uns und ist ein wirklicher Engel. Voll von Liebe und ein Meister des Einsseins. Orishan wurde mit Down-Syndrom geboren, nicht wie andere Kinder, wie eben Mutter Maria
vorhergesehen und geplant hatte.

Und ich? Ich lebe in einer von Engeln und Lichtwesen arrangierten Ehe. Das hätte ich mir nie träumen lassen, dass Engel und geistige Führer als „Kuppler" auftreten. Auf der anderen Seite ist es wohl einer der häufigsten Gebete auf der Erde, dass wir einen Lebenspartner bekommen. Liebe ist für die Engel ja auch eines der wichtigsten Dinge und daher ist das alles vielleicht doch nicht so seltsam. Wenn man darüber nachdenkt, ist das ja etwas, was sie die ganze Zeit über machen: passende Energien miteinander zu verbinden. Trotz all der Herausforderungen, die wir in unserer Familie haben – Autismus, Down-Syndrom, Ausgebranntheit und Aufmerksamkeitsstörungen – ist die unendliche Liebe präsent, die uns alle in ein ewiges Licht verbindet.

Ich liebe meine Familie, und obwohl ich nicht alles glaube, was man über Mutter Maria sagt, hat sie in meinem Leben eine unschätzbare Rolle gespielt. Sie sah über unsere Illusionen hinaus, geradewegs hinein in das göttliche Potenzial, und hat uns in unserer Familie zusammengeführt. Sie hatte sogar ihre Finger mit im Spiel, als unser viertes Kind zustande kam, aber das ist eine andere Geschichte. Jetzt werde ich nicht mehr über mich selbst berichten, zumindest nicht in diesem Buch. Denn jetzt ist es an der Zeit, dass du deine eigene Engelgeschichte erschaffst.

NACHWORT

Wäre es nicht herrlich, wenn wir alle Engel werden? Haben wir etwas zu gewinnen, wenn wir das bleiben lassen? Ich glaube nicht. Trotzdem scheint es Zeit in Anspruch zu nehmen – obwohl die Engel, die ich kenne, beharrlich feststellen, dass wir unser Ziel erreichen können, wann auch immer wir es wollen!

Das Einzige, was uns eigentlich daran hindert, sind vermutlich unsere (schlechten) Gewohnheiten, die Dinge auf eine gewisse Art zu tun und daran zu glauben, dass wir einfach nur irdische Menschen sind.

Natürlich müssen wir unsere Energien anpassen, um das Licht eines Engels halten zu können, bevor wir dazu werden. Darum sollten wir auch etwas üben, bevor wir dies in vollen Zügen leben können ...

ANHANG

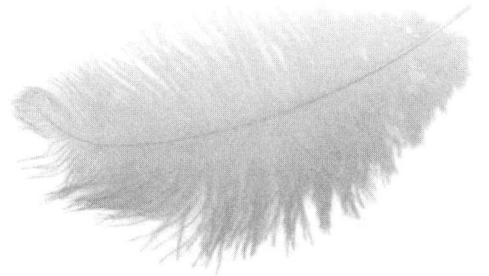

Wenn nichts funktioniert

Falls du trotz der Übungen in diesem Buch Schwierigkeiten hast, ein Engel zu werden, haben die Engel mögliche Fehlerquellen samt Lösungsvorschlägen aufgelistet.

Betriebsstörungen und Maßnahmen

Ich sehe mein göttliches Potenzial nicht.
Hast du in deinem inneren Raum gesucht? Wir glauben, du hast es in irgendeine Schublade verlegt.

Ich spüre keine vermehrte Harmonie.
Du erlebst einen wohlbekannten Fehler, der von einer Fehljustierung deiner Software verursacht wird. Die harmonischen Energiewogen, die du empfängst, werden einfach von etwas, das sich „Gewohnheit" nennt, falsch interpretiert. Wir sind uns zwar nicht ganz sicher, aber wir haben gehört, dass ihr auch so etwas wie „schlechte Angewohnheiten" habt. Vielleicht hilft dir dieser Hinweis, den Fehler zu erkennen.

Egal, was und wie ich es versuche, gelingt es mir nicht, das Leben positiv zu sehen.
Du leidest an etwas, das sich Illusion nennt und ein sehr seltenes Syndrom darstellt, das nur bei 0.0000001 Promille der Bevölkerung des Universums vorkommt. Die Forschung hat in letzter Zeit beweisen können, dass es erfolgreiche Behandlungsmethoden für dieses ernst zu nehmende Krankheitsbild gibt. Darunter ist Meditation zu finden. Die geschicktesten Spezialisten auf diesem Gebiet sind in einer Galaxis zu finden, welche sich die Milchstraße nennt.

Ich kann Engel weder sehen noch wahrnehmen.
Unsere Abteilung für Hilfsmittel hat die Endphase der Entwicklungsarbeit von extrasensorischen Brillen erreicht. Diese sind speziell für die Schwierigkeiten in eurer Dimension angepasst. Bereits nächstes Jahr werden sie an Menschen ausprobiert werden. Freiwillige für unsere Phase 2 „Untersuchungen für Erdenengel" melden sich bitte unter: engelmedizin@engelnetzwerk.info

Ich habe ausprobiert, in die Zukunft zu reisen, und jetzt möchte ich am liebsten dort bleiben.
Hier liegt ein Missverständnis vor. Die Zeit ist nicht so linear, wie du sie erfährst. Du lebst bereits in der Zukunft. Es ist eine

Illusion, dass du nur auf der Erde in den Jahren 2008-2011 lebst. Ewiges Leben bedeutet, dass du überall und gleichzeitig in allen Zeiten lebst. Das eine schließt also das andere nicht aus, es steht dir frei, „gleichzeitig" in mehreren Dimensionen zu leben.

Ich sollte in die Zukunft reisen, bin aber zwei Milliarden Jahre zurück in der Vergangenheit gelandet.
Siehe oben.

Ich glaube nicht daran, dass wir das Leben genießen sollen, sondern dass das Erdenleben eine Prüfung ist.
Dürfen wir dir vorschlagen, Mitglied bei einer fundamentalistischen Organisation zu werden? Sie haben entsprechende Trainingsprogramme.

Ich fühle mich nicht wert, geliebt zu werden.
Siehe oben.

Ich hätte gerne ein besseres Leben, weiß aber nicht genau wie.
Wir schlagen vor, dass du dir unseren Katalog besorgst: „Grenzenlose Lebensstile für Engel, Erdausgabe". Wir sind uns sicher, dass du in unserem reichhaltigen Angebot in diesem Katalog das Passende für dich findest.

Ich kann mir die Unendlichkeit nicht vorstellen.
Buche deine nächste Reise bei Universum Reisen; sie bieten eine 14-tägige Kreuzfahrt auf Lichtwellen durch das Universum an. Während dieser Reise, die außerhalb des Rahmens der Zeit stattfindet, wirst du dir während der Zeit, welche dir wie einige Milliarden Jahre erscheinen, alle Sehenswürdigkeiten des Universums ansehen. Wenn zu zurückkommst, hast du sicherlich ein besseres Verständnis der Unendlichkeit. In Erdenzeit wird die Reise nur eine Millisekunde dauern. Den Rest der zwei Wochen verbringst du dann, um dich wieder zu erholen, bevor du zu deinem Arbeitsleben zurückkehrst.

Ich glaube immer noch, dass meine Möglichkeiten begrenzt sind.
Leider ist bei der Produktion deines „Jahresmodells Mensch" et-

was schiefgelaufen. Es hat sich erst später gezeigt, dass es schwierig umzuprogrammieren ist. Wir können dies nur beklagen und deiner Seele ein neues Modell anbieten, dass voraussichtlich 2012 auf den Markt kommen wird. Was du allerdings alternativ dazu machen kannst, ist, einen Update sämtlicher Programme bei *www.engelprogramme.com/erdenmodelle* herunterzuladen. Alle Programmfunktionen werden durch dieses Update deutlich beschleunigt.

Ich fühle mich kraftlos.
Wir haben deinen Fahrtenschreiber abgelesen und sehen, dass du all deine Servicebesuche bei Engelpower versäumt hast. Ruf bei uns an und vereinbare einen Termin für ein vollständiges Auflanden in unserem neuen Kurort „Gärten der Verjüngung und der Wiedererschaffung". Bestelle das Extrapaket, zu dem eine Reise gehört, die einen vollständigen Anschluss an die unendliche Energiequelle des Universums bietet.

Ich glaube immer noch, dass ich einen Körper habe. Er fühlt sich so wirklich an.
Lieber „Erdling, der gerne anonym bleiben möchte", dies ist ein wirklich häufiges Problem auf eurem Planeten. Trotz des offensichtlichen Missverständnisses glaubt die Mehrheit der Erdbevölkerung immer noch, dass sie nur einen physischen Körper habe. Du bist also nicht alleine. Vielleicht tröstet es dich, dass ihr im Mittelalter immer noch glaubtet, die Erde sei eine Scheibe. Wir wünschen mehr Glück im nächsten Leben.

Ich möchte nicht, dass es allen gut geht, ich selbst möchte aber erfolgreich sein.
Wir können dir unsere Sympathie nicht stark genug ausdrücken. Was du erlebst, muss sich fürchterlich anfühlen. Wir können uns ein derartiges Leid nicht einmal vorstellen. Natürlich werden wir alles tun, um deine Probleme zu beseitigen. Auf irgendeine Art wurde dein Mentalkörper vom Netz der Einheit abgeschnitten, das schlimmste Schicksal, das einen ereilen kann. Wir bitten dich, zwischenzeitlich Ruhe zu bewahren – Hilfe ist unterwegs.

Es fühlt sich nicht so an, als ob meine Liebe wachsen würde. Eher, dass sie stagniert.
Du erlebst einen recht schmerzhaften Zustand, den man unter die schwersten psychischen Krankheiten einreihen könnte, die man im Universum erleiden kann. Allerdings kann dem sehr leicht abgeholfen werden. Buche so schnell wie möglich einen Termin bei: Engel-Liebe Unlimited. Ein bis zwei Behandlungen sollten reichen.

Falls du dein Engelprogramm trotzdem nicht
zum Laufen bekommst, kannst du gerne unse-
ren technischen Service kontaktieren:
Angel Network,
Produkte für den Planeten Erde,
Dimension 7-∞,
Unendliche Universen GmbH

Häufig gestellte Fragen (FAQ): Engelprogramm Version 10:X2

1) Ich habe ein paar sehr spezielle Probleme, für die es keinerlei Lösungen gibt. Ihr Engel versteht vielleicht nicht, wie die Dinge auf der Erde funktionieren?
Es passiert recht häufig auf der Erde, dass man meint, die eigenen Probleme seien so speziell, dass es für sie keine Lösungen gibt. Das Engelprogramm ist allerdings so gestaltet, dass es sich aller Probleme annehmen kann, die ihr auf der Erde erleben könnt. Voraussetzung dafür ist, dass du das gesamte Problem durch das Engelprogramm laufen lässt, da es bei euch auf dem Planeten recht häufig vorkommt, nur Symptome durch das Programm laufen zu lassen, um auf diese Art damit fortfahren zu können, das wirkliche Problem zu verleugnen. Wir schlagen vor, dass du beim nächsten Programmdurchlauf auf den Refresh-Knopf drückst. Meist funktioniert es dann besser.

**2) Ich habe versucht, mein Auto ohne Benzin oder anderen Treib-
stoff zu fahren, aber das hat nicht funktioniert. Bei wem kann
ich meine entstandenen Unkosten für das Abschleppen einfordern?**
Alle Ersatzansprüche richtest du bitte an: Geistige Gesetze, Höhere Dimension 745. Wir möchten dich jedoch zwischenzeitlich
auf Paragraph 37 hinweisen, der die sogenannte Eigenverantwor-
tungsklausel beinhaltet. Diese hat sich bei früheren Prüfungen
von Ersatzansprüchen als entscheidend herausgestellt.

**3) Ich würde gerne meine physischen Teilchen mit nach Cassio-
peia mitnehmen. Ich habe gehört, dass der Frühling dort wunderbar ist. Bisher hat das leider nicht funktioniert. Was soll ich
machen?**
Natürlich ist der Frühling auf Cassiopeia eine sehr hübsche Sache.
Wir haben deren Tourismusverband kontaktiert, um zu sehen, ob
sie behilflich sein können. Leider haben wir die Mitteilung erhalten, dass alle Reisen von der Erde eingestellt wurden, da sich die
Teilchen in ihrer Dichte zu sehr unterscheiden. Das Problem wird
voraussichtlich in ein paar Dekaden in LEZ (Lokale Erden Zeit)
behoben sein.

**4) Ich verstehe euren Blickwinkel nicht, dass es nichts zu verzei-
hen gibt. Könntet ihr das bitte erklären?**
Wir verstehen die Frage leider nicht.

**5) Könnte ich möglicherweise mein Ablaufdatum erfragen, damit
ich mein Leben besser planen kann?**
Alle übrigen Wesen im Universum kennen natürlich ihr Ablaufdatum. Allerdings ist eure Hardware mit gewissen Funktionen
der universellen Version des Engelsprogrammes nicht kompatibel.
Daher raten wir dir, jeden Tag zu leben, als wäre er dein letzter,
um auf diese Art mehr Freude im Leben zu erfahren.

**6) Ich erinnere mich deutlich, dass ich in meinem früheren Leben
eine viel bessere Beziehung hatte als jetzt. Könntet ihr bitte für
mich einen Kontakt zu einem gewissen Herrn Petrus herstellen,
der sich im Jahre 1340 zuletzt im südlichen Italien aufhielt? Als**

ich ihn das letzte Mal sah, hatte er ein beiges Leinenhemd und lederne Hosen an.

Wir haben mit Herrn Petrus Kontakt hergestellt und er erinnert sich lebhaft an dich. Er würde dich gerne zu einem Kaffeepläuschchen auf Arkturus treffen, wenn du das nächste Mal vorbeikommst.

7) **Wenn mein Körper kein Körper ist, dann könntet ihr mir vielleicht dabei helfen, meine Teilchen so umzukonfigurieren, dass sie eher Paris Hilton gleichen?**

Na klar, das machen wir gerne. Unter den augenblicklichen Umständen müssen wir jedoch darauf verweisen, dass für das angefragte Modell eine lange Warteliste besteht. Daher schlagen wir alternativ vor, dass du dich zu einem Besuch beim nächst gelegenen Schönheitschirurgen und einer Stylistin anmeldest, ergänzend zu dem, was ihr normalerweise Friseur nennt.

8) **Ich habe das Engelprogramm heruntergeladen, allerdings scheint es nicht zu funktionieren. Ich spüre, dass ich alles liebe und allen gegenüber Wohlwollen empfinde. Das hat zu ernsten Nebenwirkungen geführt. Ich scheine plötzlich nett zu werden und kann meinen Job nicht mehr machen, der darauf hinausläuft, andere ständig zu übervorteilen. Was soll ich bloß machen?**

Wir haben in dieser Frage die Programmierungsabteilung gesprochen und sie lassen mitteilen, dass sie im Augenblick dazu keinen Kommentar abgeben möchten. Daher bitten wir dich, das Handbuch nochmals durchzulesen.

9) **Jedes Mal, wenn ich meditiere, um die Wahrheit zu erreichen, verliere ich das Bewusstsein und kann mich an nichts mehr erinnern.**

Wir dürfen dir gratulieren. Es ist dir gelungen, einen hoch spirituellen Zustand zu erreichen. Er nennt sich: „Bewusstsein in Ruhe" und sollte nicht mit einem ähnlichen Zustand verwechselt werden, der sich „Blackout" nennt.

10) Ich versuche, nach euren Richtlinien zu leben und frage mich,
ob es okay ist, die Zeche zu prellen. Also, ich bin doch ein
Geschenk an die Menschheit, genau so, wie ich mich im Restaurant benommen habe. Das sollte doch als Bezahlung ausreichend sein, oder?

Lieber „generöser Geizhals", natürlich bist du ein Geschenk an
die Menschheit. Wir haben in deinem Fall Nachforschungen angestellt und herausgefunden, dass auf der Speisekarte für das von
dir bestellte Steak der Preis von 14,– Euro angegeben war. Wir
haben die irdische Gesetzgebung mit den spirituellen Gesetzen der
Engel verglichen und sind zum Schluss gekommen, dass du durch
die Bestellung des Steaks klar die Absicht ausgedrückt hast, diese
14,– Euro zu bezahlen, egal wer oder was du bist.

11) Ich möchte gerne einen Mann finden. Wie kann man Mutter
Maria erreichen? Ich habe gehört, dass sie in solchen Fällen
behilflich sein kann.

Auf Grund der immer weiter angestiegenen Arbeitsmenge lässt
Mutter Maria schöne Grüße bestellen. Sie hat ein „Time Out" genommen und wir verweisen alle Gesuche über Männer an unsere
neue Webseite: www.itsrainingmen.com

12) Ich möchte einen Engel ganz für mich alleine. Könnt ihr das
einrichten?

Lieber „Egoist", wir bedauern, mitteilen zu müssen, dass dies das
erste Gesuch ist, das wir jemals abweisen mussten. Wir haben
überall gesucht, konnten allerdings kein Engelmodell finden, dass
deinen Anforderungen entspricht. Allerdings haben wir einige Engel gefunden, die dich gerne in deinem Leben begleiten möchten.

Über die Autorin

Cecilia Sifontes, die Urheberin von Lightflow, ist ein bekanntes Channelmedium und ein wertvoller Kanal in diesen aufregenden Zeiten der Transformation. Seit über 25 Jahren channelt sie klare und systematische Ratschläge der Aufgestiegenen Meister und interdimensionalen Geistführer, die sich die Höheren Lichtkommandos nennen. Sie ist der ursprüngliche Kanal für Der Neue Lichtkörper® und Autorin zahlreicher anderer Fortbildungsseminare, Artikel, Bücher und CDs. Cecilia forscht, channelt und lehrt das ganze Jahr über in verschiedenen Seminaren und Workshops, um den Frieden, die religiöse Eintracht und das Einssein zu fördern.

Cecilia Sifontes studierte vier Jahre Psychologie und Statistik. Sie arbeitete in der Forschungsabteilung eines Universitätskrankenhauses in Stockholm in der psychologischen und psychiatrischen Forschung. Danach in einer pharmazeutischen Firma in der Entwicklung klinischer Versuchsreihen und im Monitoring.

Lightflow Productions AB bietet einzigartige Energietechniken, die im Laufe der letzten fünfzehn Jahre verfeinert wurden und sich bei Tausenden von Menschen als effektive Instrumente für persönliches Wachstum und Transformation bewährt haben. Lightflow Productions will die Menschheit auf ihrem Weg zu Erleuchtung und Göttlichkeit unterstützen. Wir bieten dazu eine große Bandbreite von Produkten und Seminaren an, mit denen göttlicher Friede gefördert und das Bewusstsein auf diesem Planeten angehoben wird. Wir möchten liebend gerne alle unterstützen, die sich für die Erforschung der Seele, des Lichts, des Geistes, der Meisterschaft, der Engel und des Aufstiegs interessieren, und entwickeln dafür ständig neue Methoden der Selbstentdeckung und Erleuchtung. Die Aufgestiegenen Meister, spirituellen Geistführer und Engel zeigen uns, wie wir die Welt in ein Paradies aus Liebe und Göttlichkeit verwandeln können. Dies spiegelt sich in allen Produkten und Leistungen von Lightflow wieder.

Termine mit Cecilia Sifontes

Engeltage Wien am 1. und 2. November 2008: Mehr Information bei www.engeltage.org

„The Gathering": Konferenz für LichtarbeiterInnen in Solothurn (Schweiz); 26. Februar bis 1. März 2009: Mehr Information bei www.lightflow.info

Seminare und weitere Veranstaltungen von Cecilia Sifontes ebenfalls dort.

Kontakt

Cecilia Sifontes
Box 84, SWE 61922 TROSA, Schweden
Tel. +46-156-17507
E-Mail: office@lightflow.info
Webseite: www.lightflow.info

Cecilia Sifontes

Göttliche Inspiration
Das Tor zu höheren Engelebenen

*112 Seiten, Handbuch mit 50 Weisheitskarten
in Geschenkbox*

ISBN 978-3-7205-6040-5

In ihrem hochwertigen Kartenset – bestehend aus 50 vierfarbigen Karten mit stimmungsvollen Motiven und einem Einführungsbuch – versammelt Cecilia Sifontes inspirierende Affirmationen und Botschaften von Engeln, Aufgestiegenen Meistern und Lichtwesen. Die Botschaften helfen, dem eigenen Leben göttliche Inspiration zu geben, um Führung und Orientierung zu erhalten, Lösungen für Probleme zu finden oder einfach nur Freude und Harmonie in den Alltag zu bringen.

KAILASH